湖北省社会科学基金项目（2017026）成果

# 考试经济研究

胡天佑 著

科学出版社

北京

## 内 容 简 介

随着社会经济发展和考试规模扩大，考试与经济的关系日益密切。考试经济是教育经济的特殊表现形态，是对考试所衍生的各种经济活动和经济现象的总称。考试经济依托考试而存在，与教育活动联系密切，事关人才选拔和培养，影响着教育与社会公平。本书以考试经济为研究对象，运用教育学、经济学和考试学相关理论，审视考试经济的舆论争鸣，梳理考试与经济的关系，考察考试经济的历史图景，探讨考试经济的现实发展，探寻考试经济的理论问题，把握考试经济的政策前瞻，为考试经济的健康发展提供理论与政策启示。

本书适合高等学校、考试机构及教育行政部门相关管理人员，教育学、社会学、经济学相关研究人员，社会各界关注考试事业和考试活动的有识之士学习参考。

---

图书在版编目（CIP）数据

考试经济研究/胡天佑著. —北京：科学出版社，2020.6
ISBN 978-7-03-065248-5

Ⅰ. ①考⋯　Ⅱ. ①胡⋯　Ⅲ. ①教育经济学–研究　Ⅳ. ①G40-054

中国版本图书馆 CIP 数据核字（2020）第 088898 号

责任编辑：杜长清 / 责任校对：王晓茜
责任印制：李 彤 / 封面设计：润一文化

科学出版社 出版
北京东黄城根北街 16 号
邮政编码：100717
http://www.sciencep.com

北京中石油彩色印刷有限责任公司 印刷
科学出版社发行　各地新华书店经销

\*

2020 年 6 月第 一 版　开本：720×1000 B5
2020 年 11 月第二次印刷　印张：16 1/4
字数：300 000

**定价：98.00 元**
（如有印装质量问题，我社负责调换）

# 序

考试作为教育测量与评价的重要工具,在学校教育、招生和各行业部门招聘人员、评定职称等活动中广泛运用,发挥着水平测定和人才选拔的功能。考试也是一项重要的社会活动,与政治、经济、文化密切相连,相互作用,产生广泛的社会影响。其中,考试经济的产生与发展演变,就是一个典型的例证。

一般而言,考试经济是指由考试活动衍生的经济现象、经济活动及其相关产业,它具有特定的目的、功能、表现形态及内在的演化规律和本质特征。从理论上说,考试经济乃是考试与经济这两类不同性质的社会活动相互作用的产物。一方面,考试活动需要一定的物质基础,尤其是大规模选拔性考试的实施,举办者和应试者都需要付出相应的人力、物力、财力等保障条件,只有在社会经济发展到一定程度时,才能由国家或社会机构定期举办这类考试。另一方面,考试活动会对人们的经济行为产生直接或间接的影响。大规模选拔性考试的社会功能不仅决定了相关经济活动的动机,也制约着经济活动的类型、范围和周期,凸显了考试经济的特殊性。

从实践来看,中国的考试经济起源早、历时久、影响广。作为崇尚礼乐教化与"选贤与能"的国度,中国的考试文化源远流长,产生了多种形式的考试经济活动。汉代察举选士,以公家车马接送应举之人,可谓"考试经济"之雏形。隋唐时代,随着贡举制度的确立,与考试活动有关的宴庆、兴学、助考等经济活动逐渐增多。在唐代,国子监和州、府、县学的主管人员为解送赴省试的贡举人而举行的"乡饮酒礼"成为考试经济活动之滥觞。《通典》叙述其选拔、解送过程:"自京师郡县皆有学焉。每岁仲冬,郡县馆监课试其成者,长吏会属僚,设宾主,陈俎豆,备管弦,牲用少牢,行乡饮酒礼,歌《鹿鸣》之诗,征耆艾,叙少长而观焉。既饯,而与计偕。"在京城长安,新科进士举办盛大的游赏宴庆活动。及第进士凑钱在城东南的曲江池举行大宴,并请教坊乐队演奏。其日,行市罗列,城内半空,盛况空前。五代时期,唐明宗天成二年(927年),敕新及第进士有闻喜宴,今后逐年赐钱四百贯。此后,逐渐形成科举礼仪,新科举人、进士,例行"科举四宴",即鹿鸣宴、琼林宴、鹰扬宴和会武宴,分别为文、武两科新科举人、进士所设。

宋代奉行崇文抑武的文教政策,改革科举制度,保障考试公平,加之印刷术的广泛使用,导致寻求教育和参加考试的人数迅速增加,以"举业"为目标的考试经济经久不衰。明清时期,考试经济继续发展。不仅清代地方政府给参加乡试、会试的考生以一定的经济资助,各地民间也自发筹集一定数量的教育基金,扶助和奖励当地参加科举考试者。如民国《四川宣汉县志》卷九《教育》记载,该县宾兴款额,自乾隆以来先后置产。其条例规定:每遇乡试之年,合计三年租入,除支用外,合计应试人数,核算全行分给,不准存留。其恩、岁、优、拔、副贡生赴乡试者,准其付给一股之半。本邑拨入府学各生,准其一体分给。此外,各地设于京城的会馆,也为本籍举子参加科举考试活动提供食宿和经济资助。

清末废除科举后,考试活动的重心从考"官"转向考"学",考试经济随之转型。受人才选拔制度变革的驱动,办学者和求学者趋向新式教育,学校考试的内容、形式及评价标准较之科举考试,发生了重大变革。教育考试类型增多,升学考试竞争激烈,推动考试补习、培训活动及考试辅导产业随之兴起。即使在高等教育大众化时代,由于优质教育的资源供不应求及就业竞争,高考和研究生招生考试竞争依然激烈,校外考试培训、考试辅导材料编写等考试相关产业需求旺盛。不仅如此,在"名校情结"和市场经济的交相作用下,学校招生考试还推动房地产业的发展。

考试经济具有普遍性。在当今高等教育发达国家,考试经济也十分兴盛。以大学招生考试为例,日本高中教育流行课外补习活动,一些大中城市"私塾"机构众多。在美国,大学申请咨询业兴盛。据报道,咨询公司90分钟的咨询辅导及6个小时对申请论文、材料的润色,收费1万美元。最近几年,越来越多的家长会在孩子读八年级时就为他们制订辅导计划,规划未来的学习与生活,如帮助选课,暑期指导做科学研究,为大学申请论文润色,辅导SAT(Scholastic Assessment Test,学术能力评估测试)等。根据计划不同,家长们的花费高达10万甚至20万美元。据美国非营利教育咨询机构IECA(Independent Educational Consultants Association,

独立教育顾问协会）的一份调查报告显示，2015年美国大学申请咨询服务业的市场规模约为4亿美元。美国"考试经济"之发达，于此可见一斑。

近年来，国内媒体和社会大众对于一些考试经济现象和热点问题，如校外培训、考试产业等，有较多关注和评论，但学术界对该领域进行深入的理论分析和系统研究尚不多见。胡天佑博士潜心学术，读博期间，以高等教育考试经济研究作为学位论文选题；在此基础上撰写的这部《考试经济研究》，填补了这一研究领域的空白。该书从考试经济热点问题入手，从高等教育考试理论研究的视角，深入探讨考试与经济的互动关系，辨析考试经济的性质、内涵；运用大量实证材料，考察和展现考试经济的历史图景，论析考试经济的现实发展背景、条件、过程与影响，提出应对考试经济问题的政策建议。这项研究成果对于全面认识和客观评价考试经济的性质与功能，理性看待考试经济对于学校教育和人才选拔的影响，科学选择考试经济的政策导向，提升考试经济的发展效能，均具有重要的参考价值。

是为序。

张亚群

2020年5月3日

于厦门大学考试研究中心

# 前　言

美国学者贾志扬（John Chaffee）在《宋代科举》一书的序言中写道，"我们生活在一个考试无处不在的世界上——不仅用于教育，而且用作挑选工作人员和鉴定人们工作技能的手段，这些问题本不足为奇，因为公平和价值观的问题与竞争选择的制度是形影相随的"[①]。现今社会，不仅是一个考试时代，而且是一个"考试经济"时代。社会变革风起云涌，知识经济迅猛发展，人类知识创新和改造自然、社会的能力已提升到新的高度。社会生产力的发展使考试与社会的政治、经济、文化等发生着紧密的联系，考试业已渗透到社会生活的诸多领域，与社会的生产实践活动紧密地结合起来。因着社会经济发展和教育变革，考试在人类社会的政治、经济、文化等各个领域发挥着交互影响。社会领域的激烈竞争通过考试发挥某种资源配置功能，在高等学校普遍实行以考试为主要招生办法的前提下，人们借由考试的竞争获取相应的教育资源，考试成为社会资源配置和占有的一种初次筛选机制。在现代社会，高等教育越来越成为一种重要的社会分层标准，获得高等教育尤其是优质高等教育，往往是成就社会精英的关键。在高等教育考试竞争中能否脱颖而出，恰是能否获得精英高等教育的关键。换言之，考试作为社会精英教育资源的一种分配机制，起到了整合和调节社会资源的作用。

改革与开放的新时代持续推进，社会经济制度发生了较大变革，社会经济生活中相继涌现了一批新的经济形态。市场经济的发展将竞争特征与企业家精神推进到了人类社会生活的诸多领域。考试是人类社会普遍存在的一种社会活动，它的产生适应了社会分层与社会分工的需要。作为一种社会活动，长期以来考试在人们的社会生活中扮演了极为重要的角色。随着社会形势的变革与发展，与考试相伴而生的考试经济逐步得以形成并获得急速发展，取得了相应的社会地位，对社会民生的影响越来越广泛。考试经济广泛存在于世界上很多地区，它建立在考试基础上，依托于考试而存在，在充满竞争的社会格局中业已形成一个庞大的考

---

① （美）贾志扬. 宋代科举[M]. 台北：东大图书股份有限公司，1995：序.

试经济市场。系统而深入地研究考试经济现象,既是考试学理论建设的需要,也是考试经济实践发展的呼唤,对于考试事业和考试经济的发展,也有着重要的理论和实践价值。

## 一、考试改革已成为全社会关心的重大问题

考试改革事关广大考生的切身利益、学校的人才培养和社会的可持续发展,业已成为全社会关心的重大现实问题。《国家中长期教育改革和发展规划纲要(2010—2020年)》就考试改革问题专列一章"考试招生制度改革",并分四个条目阐述了国家在考试招生制度改革领域的总体规划方向。2012年9月,国务院办公厅发文,要求各省区市在2012年底前出台"异地高考"实施方案。此举意味着随迁子女"异地高考"开始破冰,一场旨在弥合民众高考公平期待的考试实施模式改革随之揭开序幕。作为教育公平乃至社会公平的重要标志,"异地高考"逐渐升温,成为最受瞩目的社会民生议题之一。2013年,中共十八届三中全会审议通过了《中共中央关于全面深化改革若干重大问题的决定》,"深化教育领域综合改革"成为其中的一项重要内容。在考试改革领域,该决定提出,要"推进考试招生制度改革,探索招生和考试相对分离、学生考试多次选择、学校依法自主招生、专业机构组织实施、政府宏观管理、社会参与监督的运行机制,从根本上解决一考定终身的弊端",此举意味着教育领域新一轮考试综合改革的大幕正式拉开。

社会市场经济的发展正朝着纵深领域推进,作为一种教育制度的回应,考试需要在内容、形式等方面进行适应性改革,以补充和维护其生命力。考试制度改革纵然牵扯到了多方面利益,但社会民众所关心的主要涉及两个核心议题:一是效率,即提升考试效率和考试质量,使考试逐步走向科学化,为相关决策服务;二是公平,即促进考试公平,保障不同群体在考试中享有公平对待的机会,确保应试者的考试利益。总而言之,考试改革的要旨在于考试制度要适应教育和经济社会发展的现实需要,考试改革要在完成考试使命的同时承担相应的社会功能。

## 二、公平正义已成为全社会追求的核心价值

教育是最便捷的社会流动渠道,也是个体最可行的跨越社会阶层鸿沟的桥梁。教育公平既是社会公平的重要组成部分,也是促进社会公平的有效手段。

"公平正义比太阳还要光辉。"①对教育公平正义的社会期待,其实也是人们对社会公平正义的期许。

2011年下半年,关于"寒门难出贵子"的话题争鸣,再次引爆了人们对于高等教育大众化持续推进过程中所导致的高等教育公平正义的讨论。2011年8月,《长江商报》刊文云,一位教师发帖称:"做了15年老师我想告诉大家,这个时代寒门再难出贵子!"②此文一出即在网络上引起广泛关注和持续热议,随后更是引起了一场社会舆论对"寒门难出贵子"议题的大讨论。《南方周末》刊发封面文章《穷孩子没有春天?——寒门子弟为何离一线高校越来越远》③,以深度调查的视角关注了寒门学子在精英高等教育领域逐步淡出的这一吊诡且引人深思的困局。

不可否认,通过高等教育实现社会阶层的流动,实为社会底层群体改变命运的主要方式。近年来,"越来越多的公众却感到社会阶层在日趋固化,而一个人如果没有家庭背景和社会资源,想通过教育改变命运,似乎也更困难了"④。在精英高等教育领域,尽管业已发生三次"无声的革命"⑤,但这些"革命"的成果正受到侵蚀,经济因素在获取精英高等教育上的优势日益显著。

以不公平的手段追求考试公平既反映了普通社会民众的焦虑心态,也映射了公平对于社会普罗大众的重要性。2012年6月,湖北钟祥市发生了震惊全国的高考作弊事件,《南方周末》随即进行了实地调查,"'我们要的是公平,不让作弊就没法公平',这是记者在钟祥听到最多的一句解释"⑥。舆论在批判这种大规模考试作弊行为之外,还不停地追问这种现象的成因,其间流露出许多对高考公平的检讨,甚至为推进高考公平鼓与呼。

在教育公平中,机会公平是一个重要的起点。在满足社会民众教育需求,促进教育公平正义方面,高等教育考试中的高考、高等教育自学考试以及研究生招生考试发挥着不可替代的作用。正如乔丽娟所说,"考试是实现社会公平正义的平衡器,为每个社会成员创设了相对平等的发展环境"⑦。社会民众要想借助教育实现向上流动的愿望,首先要在竞争性考试中能脱颖而出。而当下社会的考试经济现象,已经让高考等教育考试的竞争被赋予了更多的知识和能力之外的经济因素。也就是说,对于社会经济背景处于不利地位的考生群体而言,在这种竞争

---

① 雷振岳. 高考变了,公平没变[N]. 侨报,2012-06-07.
② 张瑜琨,郭婷婷. 寒门再难出贵子 金钱左右"起跑线"[N]. 长江商报,2011-08-08(A06).
③ 潘晓凌. 穷孩子没有春天?——寒门子弟为何离一线高校越来越远[N]. 南方周末,2011-08-05.
④ 李松. 重构社会阶层流动[J]. 瞭望,2011(3):6.
⑤ 梁晨,张浩,李兰,等. 无声的革命:北京大学、苏州大学学生社会来源研究(1949—2002)[M]. 北京:生活·读书·新知三联书店,2013:1.
⑥ 雷磊. "不作弊,不公平"一个高考"强"县的养成[N]. 南方周末,2013-06-20.
⑦ 乔丽娟. 致读者[C]//《考试研究》编辑部. 考试研究(第1辑). 天津:天津人民出版社,2002:1-17.

性的考试中可能处于不利的地位。

## 三、考试经济已成为广受关注的社会议题

在市场经济相对发达和产业政策开放的前提下，具有大规模、高利害性特征的考试容易衍生考试经济现象。诸多利益因素聚焦应试行为，提供相应的产品和服务，以满足应试者的各种需求，形成了一个庞大的考试经济市场。《中国青年报》刊文指出，"以高考和研究生考试为代表的升学考场却始终是考试市场的中心，只要这两个考试有一点变化，几乎都会引起全社会的关注。虽然，这两个考试自身的主要功能还是选拔人才，但它们却衍生了中国最庞大的考试经济"[1]。

产业界往往将考试经济作为一个有利可图的消费经济领域。这可能是因为在大规模、高利害性的考试背后，确实蕴含着各种有利可图的商机。典型的如考试培训产业发展，市场发育的不够成熟以及政策规制的滞后带来了一系列的社会问题，引起社会民众对于考试培训机构存在价值的质疑。

新闻舆论往往对考试经济持怀疑的态度，大多对其予以消极的评价。《人民日报》刊文写道，"逐渐形成'考试经济链'，成为严酷地绑架、戕害我国教育的顽敌。无数的家长似乎是不得已地成为这种'考试经济链'所绑架的买单者"[2]。《上海证券报》评论认为"高考经济尤可哀""高考经济的邪火还很灼人"。此外，高考经济还被称为"劳民伤财的毒瘤"和"带毒的鲜花"。考试经济的存在到底是"劳民伤财的毒瘤"，还是市场经济发展的必然之果？考试经济这一社会经济现象的背后，到底是一种怎样的社会逻辑？对于这些问题我们需要在舆论中保持一份冷静。

教育界往往关注到的是考试经济可能会扰乱正常的考试招生秩序，在一定程度上损害考试公平。任正隆曾炮轰"考试经济是附着在中国教育肌体上的'吸血鬼'"[3]。"整个考试经济市场的形成最终说明，从应然性教育向实然性教育的转变是一个艰难备至的沉重话题。"[4]然而考试经济的发展就一定会损害考试公平吗？它是否可能在一定程度上成为推动考试改革的力量？考试培训的发展能否在一定程度上变成驱策教育变革的因素？这些都是值得进一步探究的问题。

社会经济系统急速地发展迈进，教育领域促成了考试经济的逐年火热。高考等竞争性考试是大部分人均会经历的考试活动，但需要竞争的早已不止在试

---

[1] 李丽萍. 考场 2002：推陈出新中凸显商业色彩[N]. 中国青年报，2002-12-31.
[2] 王宏甲. 话说新教育[N]. 人民日报，2012-10-08.
[3] 任正隆. 考试经济已成为中国教育的"吸血鬼"[N]. 华西都市报，2010-03-12.
[4] 肖擎. 考试的教育目的价值观出了问题[N]. 光明日报，2005-04-26.

卷中，需要接受考验的也早已不止考生。客观地分析考试经济的形成和发展，充分利用考试经济的社会功能，为考试的发展与改革服务，发挥其正向功能，制定相应的规制政策，规避其负面效应，应是当下理性认识考试经济发展的必然之途。

## 四、本书的主要内容和结构

近年来，社会上各种校外培训机构泛滥，所谓"高考经济"已成为典型的社会经济现象和影响高考改革的重要因素，甚至成为高中阶段教育健康发展和教育考试良好运行的障碍。然而针对这类显著社会现象，教育研究领域还缺乏系统和深入的研究。

本书从理论与实际出发，以考试经济现象为研究对象，运用教育学、经济学、社会学和考试学理论，审视考试经济的舆论争鸣，考察考试与经济之关系，探究考试经济的历史图景，探讨考试经济的现实发展，探寻考试经济的理论问题，把握考试经济的政策前瞻。

本书共分为六章。第一章经由舆论观察和学者争鸣对考试经济进行现象审视和概念界定。第二章从两个方面讨究考试与经济的关系，并对考试与经济关系的递嬗进行总结梳理。第三章全景式扫描科举时代的考试经济活动，分析其影响因素及应对措施，并就科举考试与经济发展之间的关系进行讨论。第四章探讨考试经济的发展背景和发展条件，同时对其形成的主要过程进行讨究，并述论考试经济在现今社会繁荣发展的具体表征。第五章深长反思考试经济带来的几个重要理论问题。第六章阐明考试经济的价值导向、政策导向和可能的政策选择。

# 目　　录

序
前言

## 第一章　考试经济的舆论争鸣 ……………………………………… 1
　　第一节　考试经济的现象扫描 …………………………………… 1
　　第二节　考试经济的舆论交锋 …………………………………… 6
　　第三节　考试经济的舆论导向 …………………………………… 12
　　第四节　考试经济的学界争鸣 …………………………………… 16
　　第五节　考试经济的概念限制 …………………………………… 19

## 第二章　考试经济的关系考察 ……………………………………… 21
　　第一节　考试与经济关系的递嬗 ………………………………… 22
　　第二节　考试对经济的影响 ……………………………………… 31
　　第三节　经济对考试的规约 ……………………………………… 44
　　第四节　考试系统与经济系统的调适 …………………………… 62

## 第三章　考试经济的历史图景 ……………………………………… 68
　　第一节　科举经济的主要构成 …………………………………… 69
　　第二节　科举经济的影响因素 …………………………………… 82
　　第三节　科举经济的各方因应 …………………………………… 92
　　第四节　科举考试的经济门槛 …………………………………… 97
　　第五节　科举考试与经济发展 …………………………………… 106

## 第四章　考试经济的现实发展 ……………………………………… 120
　　第一节　考试经济的发展背景 …………………………………… 120
　　第二节　考试经济的发展条件 …………………………………… 134
　　第三节　考试经济的发展过程 …………………………………… 158

## 第五章　考试经济的问题探寻……………………………………179
### 第一节　"考试"还是"经济"：考试的性质迷思……………179
### 第二节　"考才"还是"考财"：考试的公平假象……………190
### 第三节　"鲜花"还是"毒瘤"：考试经济的孰是孰非…………208
### 第四节　"限制"还是"发展"：考试经济的政策困境…………216

## 第六章　考试经济的政策前瞻……………………………………224
### 第一节　考试经济的价值导向……………………………………224
### 第二节　考试经济的政策导向……………………………………236
### 第三节　考试经济的政策选择……………………………………239

## 跋……………………………………………………………………243

# 第一章　考试经济的舆论争鸣

舆情动态往往是一定时期社会民众关注焦点的观测器。舆论的关注，说明某种现象已经引起了社会的普遍参与和重视。它以媒体人的视角捕捉某种社会现象，并通过对这种社会现象的观察，借助平面媒体与网络媒体的传播渠道，宣示媒体舆论导向与个人意见。舆论对考试经济的关注，表明这种社会现象已普遍存在，尤其从报道集中于高考经济可见，高考经济已关涉普通民众的切身利益。另外，新闻舆论是第三种权力和力量，针砭时弊，塑造和引领社会舆论，促进社会进步是新闻媒体的重要使命和任务。对考试经济的关注，在另一层面也说明考试经济的发展在客观上产生了某种程度的负面效应。媒体人或大众媒体为普通民众的利益代言，表达了一种相对理性的声音。但有两点尚需注意：一是新闻媒体记者的专业背景与专业眼光可能会受到一定的限制；二是新闻媒体的批评之声或许更能吸引眼球和获得社会舆论的认同。

## 第一节　考试经济的现象扫描

舆论报道往往是映照社会现实的镜子。作为目前社会一种显著的经济现象，考试经济的发展与蔓延已引起社会舆论的广泛关注。这些舆论报道，为我们描绘了一幅考试经济勃兴的图景。系统而完整地搜集新闻媒体就考试经济所发的声音，有助于窥探舆论的全貌。但囿于时间和技术条件，完成这一舆论搜集工作可能不太现实。在此情况下，本书尝试利用 CNKI 重要报纸全文数据库、主流媒体数字报、图文数据库以及谷歌、百度等搜索引擎广泛搜罗有关考试经济的报道；同时利用图书馆的馆藏报纸资料，筛选采行"有据可查"和"主题高度切合"的原则，整理出符合条件的新闻报道和评论 60 篇（表 1-1）。

**表 1-1　舆论媒体关于考试经济的报道**

| 刊发时间 | 标题 | 媒体 | 作者 |
|---|---|---|---|
| 2000/6/27 | "考试经济"大行其道 | 人民日报 | 雪菲 |
| 2000/7/11 | "高考经济"应该降温 | 经济参考报 | 张健 |
| 2000/7/13 | 高考经济：商家的新课题 | 光明日报 | 梁捷 |
| 2000/7/25 | 也谈"高考经济" | 福建工商时报 | 陈育焕 |
| 2000/11/15 | "考研经济"胀鼓了谁的钱包 | 中国劳动保障报 | 智文 |
| 2001/5/29 | 经济观察：高考不是商机 | 光明日报 | 蔡闯 |
| 2002/6/7 | "考试经济"潜涌欺诈暗流 | 中国消费者报 | 李永文、廖君 |
| 2002/7/3 | 考试经济 金山刚露一小角 | 山西日报 | 彭建真 |
| 2002/7/6 | 考试经济的"虚火"该治了 | 人民网 | 何勇海 |
| 2002/7/12 | 考试经济：繁荣背后的危机 | 人民政协报 | 吴学安 |
| 2002/8/9 | 考试经济鱼龙混杂 | 中华工商时报 | 何况 |
| 2002/10/18 | 考试经济：美丑之花开并蒂 | 检察日报 | 何况 |
| 2002/12/31 | 考场 2002：推陈出新中凸显商业色彩 | 中国青年报 | 李丽萍 |
| 2003/3/21 | 东方三大与考试经济 | 中华工商时报 | 思晨 |
| 2004/6/5 | 高考经济不是这么个旺法 | 法制日报 | 孟绍群 |
| 2004/6/8 | "高考经济"何以成"寄生经济"？ | 市场报 | 周士君 |
| 2004/6/12 | 点击"高考经济" | 山西日报 | 陈晓英 |
| 2004/8/11 | 诚信危机拷问"考试经济" | 南风窗 | 周雪飞 |
| 2005/6/2 | "高考经济"新投机的沃土 | 贵州政协报 | 陈雪梅 |
| 2005/6/7 | "高考经济"成为消费黑洞 | 中国经济时报 | 祝慧 |
| 2005/6/12 | "高考经济"该降降温了 | 中国教育报 | 郭炳德 |
| 2005/6/15 | 考试经济：高温下的冷思考 | 中华工商时报 | 文雪梅、初建 |
| 2006/6/7 | "高考经济"应取之有道 | 安徽日报 | 奚旭初 |
| 2006/6/8 | "高考经济"劳民伤财毒瘤须铲除 | 证券时报 | 马婧婧 |
| 2006/6/9 | 看起来很美的"高考经济" | 中国知识产权报 | 肖锋 |
| 2006/6/20 | 理性看待"高考经济" | 陕西日报 | 晓华 |
| 2006/8/12 | 考试岂能成创收工具 | 中国教育报 | 涂洪长、项开来 |
| 2007/1/9 | 考试经济"高烧难退"，大学生为"试"所累 | 大连日报 | 姜成坤 |
| 2007/1/28 | "考试"岂能成"经济" | 河北日报 | 姬建民、屈学东 |
| 2007/5/5 | 考试经济"绑架"了自由阅读 | 光明网 | 童大焕 |
| 2007/6/8 | "高考经济"为什么这样红 | 光明日报 | 闻一言 |
| 2007/6/14 | 高考经济：高额利润隐藏潜规则 | 中国改革报 | 何丰伦 |
| 2008/6/8 | 高考补习班报 3 万元天价 虚火过旺的"高考经济" | 中国经营报 | 胡晓玲 |
| 2009/6/7 | "高考经济"并非"洪水猛兽" | 中国教育新闻网 | 陈韦嘉 |

续表

| 刊发时间 | 标题 | 媒体 | 作者 |
|---|---|---|---|
| 2009/6/17 | 高考经济何时走出寄生性泥淖 | 燕赵晚报 | 周士君 |
| 2009/6/25 | 高考经济：亟待开发的"蓝海" | 人民邮电报 | 周晓慷 |
| 2011/4/1 | 谁来整治"高考经济" | 人民日报 | 袁新文 |
| 2011/6/23 | 从"冷冻"高考状元到"冻结"高考经济 | 东方网 | 巢江淮 |
| 2011/9/22 | "考试通胀"：最被忽视的消费泡沫 | 中国青年报 | 韩妹 |
| 2012/6/4 | 商家逐利"高考市场"考试经济成中国家庭压力 | 中国新闻网 | 阚枫 |
| 2012/6/7 | 高考经济尤可哀 | 上海证券报 | 亚夫 |
| 2012/6/7 | 拒绝"高考经济"，还考试平常心 | 荆楚网 | 周蜜 |
| 2012/6/7 | "高考经济"不能太离谱 | 经济日报 | 韩叙 |
| 2013/2/7 | SAT[1]：考试经济的新魔咒 | 时代周报 | 王珏磊 |
| 2013/5/29 | 考试经济提前来临 | 经济导报 | 吕文 |
| 2013/6/7 | 让"高考经济"回归理性 | 新华网 | 董璐 |
| 2013/6/7 | 高考不该是"经济" | 中国质量报 | 余方 |
| 2013/6/7 | 商家借机推销"高考经济"不断升温 | 中国教育报 | 高毅哲等 |
| 2013/6/9 | "高考经济"不该这么火 | 经济日报 | 朱磊 |
| 2014/5/20 | "考试经济"又来了 | 武汉晨报 | — |
| 2015/5/28 | 父母的焦虑点燃了"高考经济"的虚火 | 中国青年报 | 杨朝清 |
| 2016/1/22 | 漫话古代"考试经济" | 光明日报 | 赵威 |
| 2016/5/30 | 考试经济再升温 | 金华晚报 | 方令航 |
| 2016/6/3 | "高考经济"别让高考心理跑偏 | 光明日报 | 程振伟 |
| 2017/2/21 | 对"考试经济"应釜底抽薪 | 经济日报 | 胡文鹏 |
| 2017/4/17 | 当前需要对"考试经济"降温 | 云南经济日报 | 吴学安 |
| 2017/6/6 | 不能放纵高考经济野蛮生长 | 证券时报 | 何勇 |
| 2017/6/8 | "高考经济"火热 | 经济日报 | — |
| 2017/6/14 | 变味的"高考经济" | 教师报 | 雷嘉等 |
| 2018/6/8 | 追逐"高考经济"不能见利忘义 | 中国商报 | 孙维国 |

1）SAT：scholastic assessment test，学术能力评估测试
资料来源：根据相关资料搜集整理

从时间分布来看，进入21世纪以后，新闻舆论对考试经济的讨论几未间断，并呈现出一定的周期性，尤其是在每年的高考及考研前后。从媒体分布来看，既有《人民日报》《光明日报》《经济日报》《中国教育报》等国家主流媒体，也有《山西日报》《安徽日报》《大连日报》等地方传媒；此外，还有新华网、中国教育新闻网等网络媒体。

除了新闻媒体的连续报道发声外，还有网络媒体针对社会各界对考试经济发

展的关注，制作了考试经济专题讨论空间（表1-2）。央视网常设的新闻评论专题《非常识》栏目，在高考期间专门推出第12期题为"高考经济，带毒的鲜花"的评论专题，将高考经济定调为"带毒的鲜花"；腾讯·大渝网也在高考过后制作新闻专题，直言不讳"用钱'砸'出来的高考"。它们这种利用新闻评论专题将一定时期内的各方讨论和意见集中起来的表达方式，有益于激发讨论，引起社会关注，发挥了网络媒体在价值传播、舆论引导上的重要影响。

表1-2　新媒体关于考试经济的舆论专题

| 主办方 | 主题 | 时间 |
| --- | --- | --- |
| 腾讯·高考 | 警惕中国畸形的高考经济 | 2005/6/7 |
| 新华网 | 谁是"高考经济"的最终赢家 | 2006/6/15 |
| 央视网 | 高考经济，带毒的鲜花 | 2011/6/6 |
| 腾讯·大渝网 | 用钱"砸"出来的高考 | 2011/6/13 |
| 中证网 | 高考经济，热浪来袭 | 2012/6/6 |

资料来源：根据相关资料搜集整理

援引香港特别行政区报纸评论，《人民日报》（海外版）刊文认为，在社会众多考试的背后，一个新的消费市场正在形成。诸如"出版社将考试用书作为稳定的盈利产品；各类考试培训班打出诱人的招生广告；高考期间，宾馆提供钟点房间优惠服务；还有'让你变得更聪明'并能在考试中稳操胜券的脑黄金产品……有需求，就有供给。考试正逐步成为一种巨大的消费。这种消费需求的背后，一种新的经济形式——考试经济正在浮出水面"[①]。

政经杂志《南风窗》也曾对考试经济现象予以关注。该杂志将视线移注到考试经济所致的"诚信危机"上，并指出"在现代社会里，人们从开始上学到步入社会，一生不知要经历多少考试。考试，原本是检验知识、测度智力的一种方式。然而，随着考试日益演化成组织者、管理者、商家等多方获利的'考试经济'，接踵而至的作弊丑闻和泄题事件所暴露出的诚信危机，掀开了'考试经济'的盖子，使人们有机会看看盖子下面的金钱交易与利益比拼"[②]。

财经媒体《中国经营报》则将目光聚焦在高考经济上，"随着经济水平的提高，高考派生出各种各样的产业链，有明的，有暗的，有合法的，也有灰色的。除了出版辅导教材、开办高考补习班这些传统行业以外，还出现了新的行业——办理高考移民，而在高考补习上也出现了3万多元一学期的'天价'班"[③]。这些现象值得我们认真审视高考经济，以窥探其中的虚实。

---

① 冯雪梅. 中国"考试经济"浮出水面[N]. 人民日报（海外版），2000-06-10.
② 周雪飞. 诚信危机拷问"考试经济"[J]. 南风窗，2004（15）：64.
③ 胡晓玲. 高考补习班报3万元天价 虚火过旺的"高考经济"[N]. 中国经营报，2008-06-08.

商业财经杂志《创业家》刊载的《谁在消费高考，高考又消费了谁？》一文，细数"那些与高考相关的产业链"。这条庞大的经济链条主要由"考前消费""考后生意""周边产品"三部分构成。"考前消费"主要包括高考教辅行业、高考补习机构以及酒店宾馆等行业；"考后生意"包括状元效应、指标玩家、旅行社、美容等主要板块；"周边产品"则囊括校园诊所、保健品机构、寺庙等。在文末该杂志还调侃道，"鉴于中国家长的巨大能量，农药行业也可能会被牵涉进来"①。

中国新闻网刊文指出，"近年来出现的'高考房''谢师宴''高考保姆''高考算命'等高考新词汇，说明高考经济在持续高温"②。舆论关注到，每年高考期间，均是高考经济等考试经济火爆之时。"高考套房、高考套餐、高考专车、高考保姆……一系列名目繁多的'高考产业'令人目不暇接。"③以上所述高考经济现象，由于涉及高考这一敏感而重大的社会问题，频受各方非议，以至于有论者已经将其上升为一个社会问题而加以讨论。

《光明日报》刊文分析高考经济为何火爆：一年一度的高考来临之时，精明的商家们不失时机地大炒"高考"概念，推出一系列与高考相关的产品和服务，从"高考保姆"、"高考房"、高考心理咨询，到高考冲刺辅导书、高考营养餐，再到高考补脑营养品，如向家长推介高价野山参，各路商家围绕着高考经济真是花样繁多，招数百出，让人眼花缭乱。④言语中流露出对此现象的不满。

《经济日报》在描述高考经济现象时，也描述了一番"缤纷"的图景，在感情色彩上与《光明日报》相似而又更甚。"又是一年高考时，许多商家瞄上了'高考经济'这块'唐僧肉'。看看这些令人眼花缭乱的'高考经济'吧：有的保健企业推出了神乎其神的健脑产品，还在广告中自称是'高考兴奋剂'；不少考点周边的酒店推出了'考试房''复习房'，其实不过是普通客房换了个高考招牌；有的医疗机构专门为考生提供吸氧服务，吹嘘'考生纯氧'的特别功效；更有个别家政服务公司推出'高考保姆'，特制'高考营养餐'……"⑤

《中国邮政报》刊文，在列举高考经济表现形式之外，还将涉及考生的部分邮政业务归入高考经济之列。"高考经济是现今的一个社会现象，比如餐饮业的'谢师宴'，比如金融业的校园卡，比如通信业的校园套餐等，均是看到高考考生们的需求应运而生。我们邮政前几年也推出了'高考大礼包'。综观这些业

---

① 王静静. 谁在消费高考，高考又消费了谁？[EB/OL]. http://www.iheima.com/article-77484.html，2013-06-07.
② 阚枫. 商家逐利"高考市场"考试经济成中国家庭压力[EB/OL]. http://www.chinanews.com/edu/2012/06-04/3936673.shtml，2012-06-04.
③ 陈韦嘉. "高考经济"并非"洪水猛兽"[EB/OL]. http://www.jyb.cn/opinion/jcjy/200906/t20090607_280400.html，2009-06-07.
④ 闻一言. "高考经济"为什么这样红[N]. 光明日报，2007-06-08.
⑤ 韩叙. "高考经济"不能太离谱[N]. 经济日报，2012-06-07.

务种类，共同的特点是通过迎合考生的心理需求和实际需要，在价格或者实用性上给予一些实惠和量身定制，并且在业务办理方式上，本着双方自愿的原则，借此赢得市场。"①"谁都想削尖了脑袋钻进'高考经济'的钱袋，其运作完全是一种市场化的方式。就连一贯不被市场经济眼光看好的邮政局，都在这个时候发动干部职工往学校送录取通知书的广告信函，希望从中分一杯羹。"②

不仅国内考试如此，那些海外考试往往也可以借此产生相应的经济影响。《时代周报》刊文将"SAT"称为"考试经济的新魔咒"。"参加SAT的考生人数，正以惊人的速度连年攀升。在一些大城市，不少重点高中都设有'出国班'，学生放弃国内高考，专以准备出国留学为务。这一时尚已由东部发达地区向内地延展。在人数持续骤增背后，是考试培训、（留学）中介和香港消费市场的一场经济盛宴。"③

纵览舆论对于考试经济图景的描绘，可以知晓，"考试经济"已成为一种普遍存在的重要社会现象，对考生、社会和考试本身产生诸种效应。根据舆论对考试经济的现象素描，主要是聚焦于各类考试活动衍生而来的经济行为。一是在时间序列上，舆论将考试周期分为考前和考后，两个时间段的考生需求存在差异；二是在考试类型上，舆论聚焦于高考经济，对"考研经济""自学考试经济"等其他类别的考试经济关注较少；三是在现象描述上，舆论并未关注此等现象的裨益，而是聚焦于考试经济的不良效应；四是在情感表达上，舆论附加有传媒立场的表达与个人情感的宣示，聚焦于对此现象的批评与挞伐。舆论对考试经济的表达，高考经济频繁见诸报端，而考试经济反而相对较少。这可能是"高考"这样一种大规模、高利害性考试所系尤重的缘故。一来，高考为我国最大规模的竞争性高等教育考试之一；二来，高考事关重大，涉及千家万户的切身利益，全社会都极为关注。而研究生入学考试等考试在规模上不及高考，且在考生来源构成上呈现多样化特征。

# 第二节 考试经济的舆论交锋

## 一、考试经济：亟待开发的"蓝海"

在市场嗅觉敏锐的媒体人看来，考试经济的存在有其合理性和社会价值，它

---

① 李潮. 面对"高考经济"你需慎之又慎[N]. 中国邮政报，2013-06-08.
② 孟绍群. 高考经济不是这么个旺法[N]. 法制日报，2004-06-05.
③ 王珏磊. SAT：考试经济的新魔咒[N]. 时代周报，2013-02-07.

满足了社会考生及其家庭的考试需求，蕴含着巨大商机，它的发展有助于拉动内需，推动地方经济社会发展。然而认识到考试经济的商业价值是一个产业化思潮逐步解冻和勃发的过程，考试经济普受欢迎，受益者乃众多的考试机关、应试考生、考生家长及商家。因着考试经济的刚刚兴起，"一些商家还未充分认识到它的价值、特点，没有看到它所蕴含的巨大商机"①。

《人民政协报》刊文，指出"全社会高涨的学习、考试热正催生出一个以考试为中心的考试经济产业链"。面对此种热潮，"无论是投资于考试还是投资于与考试相关的产业，都有可能带来滚滚财源"。可以说，"考试经济孕育着十分巨大的消费市场"，因为"各类升学、资格考试中数十万、数百万，甚至上千万考生所带来拉动内需的效应不可小觑"②。换言之，考试经济不仅有益于商业盈利，还有助于拉动内需。

《人民邮电报》刊文，视高考经济为亟待开发的"蓝海"，认为"高考经济已从'注意力经济'上升为'社会生态经济'。一片独特的'蓝海'，因高考经济逐步显现出来"③。因而，制定适合高考经济的蓝海战略，以促使我们驶入开拓创新、持续发展的良性轨道可谓正当其时。

在舆论一片斥责与质疑声中，陈韦嘉的意见相对较为客观。他认为高考经济并非什么"洪水猛兽"，其火爆发展存在诸种原因，过度关注这种社会现象实无必要。"对'高考经济'的过度关注也是没有任何实在意义的。"相反，还应给予多一份的理解和宽容。"对于'高考经济'，我们应当保持一份理解与宽容。'高考经济'并非'洪水猛兽'，也没什么大不了的，关键是我们以怎样的心态来看待它。"④与其过度关注，不若审慎认真地加以研究，并以积极的姿态来面对它。

## 二、考试经济：劳民伤财的"毒瘤"

从搜集整理到的资料来看，舆论对于考试经济的关注和讨论往往集聚在它所带来的不良影响上。对考试经济的评价，普遍持批评的态度。

在考试经济、高考经济大行其道的情境下，有舆论对考试经济、高考经济等说法提出了质疑。《中国经济时报》刊载的评论认为，"进行口号制造，善于名

---

① 梁捷. 高考经济商家的新考题[N]. 光明日报，2000-07-13.
② 吴学安. 考试经济：繁荣背后的危机[N]. 人民政协报，2002-07-12.
③ 周晓慷. 高考经济：亟待开发的"蓝海"[N]. 人民邮电报，2009-06-25.
④ 陈韦嘉."高考经济"并非"洪水猛兽"[EB/OL]. http://www.jyb.cn/opinion/jcjy/200906/t20090607_280400.html，2009-06-07.

词创新，确实是国人的强项"①。高考经济一词就是如此。"把原本挺好的'经济'这个词，四处滥用，将'高考'和'经济'硬给联姻，闹不清到底是'高考'把'经济'侮辱了，还是'经济'把'高考'糟践了。"①换言之，将"考试"与"经济"结合成一个词是极不合适的。

陈育焕也持此论，认为高考经济只不过是在特殊状态下的一种局部消费，它主要依赖于"高考"而存在。"'高考经济'火也就是个把月，再火还要等上一年，称其为经济，似乎是勉为其难。"对于有人热衷于将某种经济现象冠以"某某经济"的行为，陈氏认为"其实大可不必"。这主要是因为：一种新经济模式的提出，理应立足于这种经济行为是否对社会经济全局产生广泛的影响，而不应使这种新经济模式的提出成为一种追求时尚的口号。②

在对考试经济的性质和特点的认识上，新闻舆论存有不同的声音。

有舆论认为"所谓的'高考经济'在世界其他国家是不存在的，近年凸现的这一经济现象可谓一个有中国特色的专利"③。《中国质量报》刊文指出，"所谓'高考经济'的出现有一定的市场需求基础，但很大程度是炒作出来的、误导出来的，世界上很多国家也都有高考，但没有像我们弄出这么大'动静'的"④。还有媒体刊文，指出高考经济在"本质上是围绕高考的商业运作，商家希望从中牟利，消费者希望满足自己情感、心理诸方面的需求"⑤。

新华网刊载评论文章，将考试经济被火爆炒作的情形称为"虚火上窜，急火攻心"。作者何勇海认为"人们所谓的'考试经济'，只不过是一种短期内的狂热消费现象，是一种局部消费热，且具有稍纵即逝的局限性"⑥。而在另一些媒体人看来，考试经济不仅是一种短期内的消费现象，而且还是一种畸形消费。"这一切都是商家的刻意炒作，利用亟须改革的高考制度，利用考生和家长渴望成才的心理，制造出一种畸形的消费。"⑦此言论还算平和，更有甚者，则直接将考试经济喻为寄生于考试而吞噬考生躯体的"一颗毒瘤"。《证券时报》刊文指出，"'高考经济'就像是寄生在高考这一特殊社会载体上的一颗毒瘤，即便其疯狂而短暂的生命，也往往是靠吞噬考生身上的养分来维持的"⑧。

---

① 赵刚. 给高考经济败败火[C]//赵刚. 在第 N 只眼睛的背后. 北京：金城出版社，2005：304.
② 陈育焕. 也谈"高考经济"[N]. 福建工商时报，2000-07-25.
③ 张昆，石军鹏. 谁在高考经济战中受伤[N]. 甘肃经济日报，2004-06-16.
④ 余方. 高考不该是"经济"[N]. 中国质量报，2013-06-07.
⑤ 陈晓英，孟绍群，周士君，等. 点击"高考经济"[N]. 山西日报，2004-06-12.
⑥ 何勇海. 考试经济："虚火症"该治了[EB/OL]. http://www.people.com.cn/GB/guandian/30/20020706/769560.html，2002-07-06.
⑦ 赵刚. 给高考经济败败火[C]//赵刚. 在第 N 只眼睛的背后. 北京：金城出版社，2005：303.
⑧ 马婧婧. "高考经济"劳民伤财毒瘤须铲除[N]. 证券时报，2006-06-08.

《燕赵晚报》刊载周氏时文，试图为高考经济把脉定调，指出其所展现的最大特征，"就是附丽其上的浓郁寄生色彩"。因此，高考经济完全可以命名为一种"寄生经济"。考试经济范畴内形形色色的考试服务无不折射出其独具特色的"寄生性"特质。周氏进一步指出，这种"寄生经济"有两层含义：一是作为消费主体的考生们，以考试为寄生载体，让望子成龙的家长们打开钱包，大把撒钱；二是众商家为获得高额回报，纷纷不择手段地吞噬考生身上的"养分"以维持其"寄生毒瘤"的蓬勃活力。①

至于考试经济的发展会带来怎样的效应，尽管各方所做解读存在差异，但还是在某些层面上形成了较为一致的意见。舆论普遍认为社会将过多的注意力集中于考试经济上，这可能源于"攀比的陋习和舆论的相逼"，但其实还有产业界的推波助澜。舆论普遍认为以高考经济为代表的考试经济的发展，在一定程度上会增加考生及其家庭的经济负担和心理压力，还可能会损害正常的考试环境和秩序。在考试产业蓬勃发展的过程中，种种不良经济现象的发生让虚热的考试经济出了一身冷汗，这些畸形的、不健康的趋势，也给考试产业带来了极大的隐患。

《人民日报》的刊文极具代表性，袁新文认为"喧嚣的'高考经济'，不仅干扰了正常的学习和考试环境，也扰乱了考生和家长的正常心理；五花八门的'高考作弊服务''高考移民服务'等等，更是严重损害了高考公平，严重破坏了高考秩序。站在高考全局想一想，在利益的驱逐和纷争中，'高考经济'也损害了广大考生的切身利益"②。奚旭初认为"高考经济的虚火不但陡增家长经济负担，而且破坏了高考的正常社会环境"③。《甘肃经济日报》也直指"一波胜似一波的'高考经济'如此恶性地发展下去，加重的只能是无数家庭的经济负担，考生的压力也会愈发沉重，过重的思想包袱有时会导致考试发挥失常，使考生成为'高考经济'下的牺牲品"④。

持相同立场的还有《中国质量报》的报道，"高考成了'经济'，给正在备考或将来备考的孩子们施加了无处不在的精神压力，也给家长们增加了很大的物质压力"⑤。《经济日报》也刊文指出，"对广大百姓来说，这哪里是什么'经济'，纯粹是种浪费，额外的负担。特别是对一些家庭经济困难的考生来说，'高考经济'只会让他们原本饱受煎熬的身心再多些沉重"⑥。《光明日报》刊

---

① 周士君. 高考经济何时走出寄生性泥淖？[N]. 燕赵晚报，2009-06-17.
② 袁新文. 谁来整治"高考经济"[N]. 人民日报，2011-04-01.
③ 奚旭初. "高考经济"应取之有道[N]. 安徽日报，2006-06-07.
④ 张昆，石军鹏. 谁在高考经济战中受伤[N]. 甘肃经济日报，2004-06-16.
⑤ 余方. 高考不该是"经济"[N]. 中国质量报，2013-06-07.
⑥ 朱磊. "高考经济"不该这么火[N]. 经济日报，2013-06-09.

文，"高考经济的火爆，甜了商家，累了家长，苦了考生，让商家在不经意间赚得个钵满盆满"。高考经济所延伸的各种服务，家长的狂热参与可能会打破考生平时的生活规律，"考生恐怕难以保持一颗平常心走进考场"①。

此外，考试经济所导致的其他诸如"违背市场规则""败坏学术风气"，也引起了舆论的关注。高考经济硝烟弥漫、杀气腾腾，更像是战场，学生像玩偶一样被争来夺去。而那些蒙事捞钱之人却大言不惭地说是在给考生做好事，这就让人嗅出了一种异味。《中国改革报》直指在高考经济的高额利润之中，隐藏着某种潜规则，"与直接支出相比，更需要警惕的则是高考经济中蕴藏的潜规则和考场之外的'关联交易'"②。在考试经济的教育影响上，《中华工商时报》则提出了一个引人深思的命题："考试经济或许多少拉动了点内需，至少已拉动了学历腐败的内需，但可以肯定，考试经济最终将带来非富人而莫读书的结局。"③

相较于上述"徒增经济负担""损害考试公平"等负面效应，光明网刊载的评论直指"考试经济使阅读变成了人生的苦役，天马行空的阅读变成了标准答案下的镣铐，自由自在的探索与质疑，变成了戴着枷锁的舞蹈，心灵的愉悦、自由、快乐和满足，超功利的旷达和享受，变成了彻头彻尾的被灌输之下的劳役；自由选择与自由创造的精神因此荡然无存"。在此情境下，如要扭转上述这种阅读被劳役的局面，"惟有正本清源，驱除考试经济的魔鬼，斩断权力滥设考试许可的魔爪，自由的阅读和创造才会在我华夏大地遍地开花结果"④。

借由舆论观察，对于考试经济这一重要的社会现象，各方对其的归因也不尽一致。《中华工商时报》刊文，"人们总想以最小的努力取得最高的分数是考试经济的根基"③。《检察日报》刊文称"只要有考试有选拔，就会形成考试经济、培训产业，这已经是一个非常普遍的市场现象"⑤。《第一财经日报》记者周小雍则直言"肥沃的赶考土壤是考试经济的孵化器"⑥。这些论断均在一定程度上反映了考试经济现象的成因。

舆论在观察考试经济的推动之因时，"社会对考试的极端重视"也屡被提及。《中国青年报》刊文，指出"中国已进入一个'考试通胀时代'，大家对各

---

① 闻一言. "高考经济"为什么这样红[N]. 光明日报, 2007-06-08.
② 何丰伦. 高考经济：高额利润隐藏潜规则[N]. 中国改革报, 2007-06-14.
③ 思晨. 东方三大与考试经济[N]. 中华工商时报, 2003-03-21.
④ 童大焕. 考试经济"绑架"了自由阅读[J]. 成才之路, 2007 (17)：66.
⑤ 舒圣祥. 谁该为奥数之害负责[N]. 检察日报, 2009-05-25.
⑥ 周小雍. 谁泄露了CPA考题？[N]. 第一财经日报, 2011-09-21.

种考试空前重视,导致考试经济异常繁荣"①。《证券时报》刊文,"'高考经济'的出现和红火,是不正常的,是国民严重关注高考的结果。这个严重关注,才是'高考经济'的土壤"②。

舆论讨论最多的还是家长和考生对考试经济的过度关注,以及考试所致的焦虑情绪等。荆楚网刊载评论指出,"家长和考生对高考的焦虑情绪是'高考经济'兴起的土壤。而许多人就是利用甚至夸大这种心理来谋利"③。《经济日报》记者朱磊在"家长心理"之外,还增加了"不良风气"这一因素,"变味的'高考经济'能够'火'起来,家长们的心理起了推波助澜的作用。不良风气助长了'高考经济'虚火。商家挖空心思地炒作,'高考经济'变成了一块'唐僧肉',各行各业想出奇招、怪招以期分得一杯羹"④。《光明日报》刊发署名评论文章,分析称"助推'高考经济'红红火火的正是家长过度关注和关心考生的心理,正是残存在人心底的某种攀比心理在作怪。'高考经济'的火爆一定程度上反映了社会对'高考'的高度关注"⑤。"高考异化为'经济',不能只怪家长和考生的不理性,也不能只抨击商家的唯利是图和指责管理部门的不作为,这种'异化'其实折射出的是当前社会中广泛存在的急功近利、患得患失、不择手段,以及畸形的'成功观'。"⑥

除此以外,还有媒体将考试经济盛行于世,归因于政府教育资源配置的失衡,以及我国教育制度的落后等。《中国经济时报》刊文,"我国特殊的教育制度也造就了我们特殊的教育消费。所有这些原因造就了我们今天的教育消费黑洞"⑦。《中华工商时报》也将考试经济归因于教育制度的问题,"包括考研经济在内的其他考试经济的盛行,也是我国落后的教育制度的产物。在这样的制度下,教育陷入了'考试主义'的泥潭,成为片面的应试教育"⑧。还有舆论认为,高考经济的繁荣,虽然有传统社会心理中"一考定终身"的鼓动,但主要的还是"中国教育中应试考核顽疾的作祟"⑨。《上海证券报》的评论文章分析称:"造成这种高考经济热的一大原因,不是别的,

---

① 韩妹."考试通胀":最被忽视的消费泡沫[N].中国青年报,2011-09-22.
② 马婧婧."高考经济"劳民伤财毒瘤须铲除[N].证券时报,2006-06-08.
③ 周蜜.拒绝"高考经济",还考生平常心[EB/OL].http://focus.cnhubei.com/original/201206/t2095241.shtml,2012-06-07.
④ 朱磊."高考经济"不该这么火[N].经济日报,2013-06-09.
⑤ 闻一言."高考经济"为什么这样红[N].光明日报,2007-06-08.
⑥ 余方.高考不该是"经济"[N].中国质量报,2013-06-07.
⑦ 祝慧.高考经济成为消费黑洞 教育消费呼唤回归理性[N].中国经济时报,2005-06-07.
⑧ 文雪梅,初建.考试经济:高温下的冷思考[N].中华工商时报,2005-06-15.
⑨ 阚枫.商家逐利"高考市场"考试经济成中国家庭压力[EB/OL].http://www.chinanews.com/edu/2012/06-04/3936673.shtml,2012-06-04.

正是中国教育的失衡，教育资源配置的失衡。当然，再往深处想，还有教育理念的问题。"①《中国经营报》将观察高考当作检视中国经济成长的"另类视角"。"高考经济已衍生出庞大的产业链条，枝节繁茂，新意迭出。预期产出大被估量为无限大，成本再高相对都显得微小，这成了维持高考经济循环往复的内在动力。"②

从舆论的归因可以知晓，考试经济是一个复杂的问题，它不仅涉及教育理念、教育资源配置、考试制度变革，还涉及整个社会的心态等宏大命题。当然，需要注意的是，限于专业领域，舆论对考试经济这一社会现象的归因，也许还不够科学和系统，但却再次体现了大众媒体的责任感与观察社会现象的视角与思考。

## 第三节　考试经济的舆论导向

随着现代社会考试愈渐普遍，考试经济已成为一种重要的社会现象，其运行也越来越需要规范，考试经济只有正视其自身存在的问题才能得到更好的发展。舆论在考试经济的发展呈现"虚火过旺"的判断上，已达成共识。《中国质量报》刊文指出"冷热不均的市场、有好有坏的服务、缺乏积极正面的引导力度"，已成为制约高考经济发展的三大关键③。但正如媒体所指的"对于寄生在考生这一特殊载体上的毒瘤，的确有必要依法为之采取一番'透析'排毒的治疗，以还一个完善而健康的躯体"④。纵览这些媒体的报道，可以知晓，其舆论导向主要体现在以下数端。

其一，有舆论认为，考试经济皆因考试而兴，唯有在形式和内容上改革考试，使考试回归理性，才能使考试经济回归理性的轨道。

《中华工商时报》载文，"随着应试教育改革的深入，招生考试制度的成熟，相信目前这种非理性的、虚热的考试经济最终会随之降温，重新回归理性和成熟"⑤。

《证券时报》刊载的评论，尖锐地指出高考经济是"劳民伤财的毒瘤"，主张"我们应该从形式到内容改革高考，使它本身回归理性，这样，'高考经济'才能回归理性"，同时"呼吁社会特别是新闻媒介应该倡导文明风尚，不要刻意

---

① 亚夫.高考经济尤可哀[N].上海证券报，2012-06-07.
② 胡晓玲.高考补习班报3万元天价 虚火过旺的"高考经济"[N].中国经营报，2008-06-08.
③ 杜吟.高考经济三大考题[N].中国质量报，2012-06-12.
④ 周士君."高考经济"何以成"寄生经济"[N].市场报，2004-06-08.
⑤ 文雪梅，初建.考试经济：高温下的冷思考[N].中华工商时报，2005-06-15.

炒作'高考经济',以防止相互攀比的畸形消费"①。

《经济参考报》刊文,主张高考经济不宜过热,应在逐步从体制和技术上解决考生压力的同时,更加注重其在青年人培育上的社会效益。"它应该随着体制和技术上的完善、改进,而逐步降温、降档,考生和家长逐渐可用平常心态、正常心理应付考试。"②

东方网发表署名"巢江淮"的媒体评论,认为"有高考就会产生高考经济,有不健全的高考制度,就会'孕育'高考经济的'怪胎'"。故而主张对高考经济进行"冻结"。实现高考经济的健康发展,"根本之策在于,健全与完善高考制度,也就是进行彻底的高考制度改革"。高考制度的附加功能越来越强大,并反作用于高考制度,从而禁锢了对高考制度的实质性改革。③

其二,在考试经济"虚火"过旺的现实情境下,有舆论主张考试经济应该"降温",其发展应纳入法治的轨道,同时注重社会责任感。简而言之,考试经济应取之有道。

《中国知识产权报》发表署名肖锋的短论,认为"知识经济时代的热浪加速了'高考'这锅热水的沸腾。看起来很美的'高考经济'有点'虚火'过旺"④。《法制日报》刊文也直言不讳,"'高考经济'有点'虚火'过旺,有必要给它注射一支冷静剂降降温,因为任何发展都要在法治的前提下,'高考经济'也不能搞特殊"⑤。意即在降温的同时,还要将其纳入法治的轨道。但其实正如《中华工商时报》所宣示的,应该降温的不只是高考经济,从形形色色的考试中衍生出来的"考试经济"都应该降温,回归到理性的轨道上去。

其三,在社会行为失范之情形下,总是少不了呼吁政府规制的声音。在面对考试经济这一社会现象时,舆论提出了政府应转变相关职能,加强对考试经济行为的监管等措施。

《发展导报》刊文指出,"在众商家的追捧和考生狂热需求的推动之下,考试经济渐渐偏离理性的轨道,产生出许多侵害考生利益的现象。当前遏制考试市场炒作之风盛行的有效手段是加强监管,有关部门应采取措施对培训、出版、保健品等考试经济范畴内的企业市场行为进行规范"⑥。

《中国教育报》质疑考试被异化成了相关部门的"创收工具",认为政府部

---

① 马婧婧. "高考经济"劳民伤财毒瘤须铲除[N]. 证券时报,2006-06-08.
② 张健. "高考经济"应该降温[N]. 经济参考报,2000-07-11.
③ 巢江淮. 从"冷冻"高考状元到"冻结"高考经济[EB/OL]. http://pinglun.eastday.com/p/20110623/u1a5957713.html,2011-06-23.
④ 肖锋. 看起来很美的"高考经济"[N]. 中国知识产权报,2006-06-09.
⑤ 孟绍群. 高考经济不是这么个旺法[N]. 法制日报,2004-06-05.
⑥ 李永文,廖君. "考试经济"渐渐偏离理性轨道[N]. 发展导报,2002-06-07.

门应采取行动，进行彻底的整顿。"'考试经济'肥了部分人，害苦了广大百姓。要根除这一社会发展中的毒瘤，治本之策是约束政府部门的权力，加快转变政府职能。当务之急是对名目繁多的考试进行严格的整顿和清理，从根本上改变上下级部门、职能交叉部门、行业组织和行政单位之间考权不明、考核重叠的局面，严防政府部门借考试之名行牟利之实。"①

考试经济这个问题值得教育界及社会的关注，"健康的市场经济应该是道德经济，'高考商战'中出现的种种变味现象，以及借机哄抬价格、宰客等不良行为，应该引起有关部门警惕并加以引导和管理"②。

朱磊在《经济日报》发表的文章也认为考试经济的返璞归真需要多方协调行动，"教育、工商等相关部门要严把监管关口，让一些恶意炒作的企业失掉生存土壤；考生和家长也要理性面对高考消费，让高考有一个纯净的理性环境"③。

随着考试改革进入深水区，整治考试经济已势在必行。《人民日报》载文呼吁，"期盼政府有关部门责任明晰、举措到位、整治得力，还万千考生一个平静的高考"④。

其四，作为考试经济行为的主体，考生、家长和商家等，也在舆论所虑及的范围之内。呼吁考试人群理性消费，社会舆论与商家不再炒作，成为媒体导向的普遍选择。

舆论普遍认为近年来商家的持续性炒作，已让考试经济"变了味"。对于寄生在考试这一特殊载体上的考试经济，实有必要理性地看待和冷静地审视。"一种经济现象的健康发展，应该建立在理性消费的基础上，不切实际地为'高考经济'造势，极易导致'虚火'过旺。"⑤就像《贵州政协报》刊文所呼吁的："在接踵而来的'经济链'面前，应根据需要，理性对待'高考经济'，做到既不给考生增加思想负担，又不铺张浪费，误入畸形的消费怪圈。"⑥"考生并不是不需要关照，但是他们不需要过度的、特殊的对待。希望整个社会能以平和的心态来对待高考，也还考生一份平常心。"⑦

考生和家长需要的是审时度势，冷静地对待考试经济，而不是做考试经济的"牵牛鼻者"。新华网刊文也主张让高考经济回归理性，"社会、家长和考生都要把心态放平和，对高考要有一个正确的心理预期和目标设定。如

---

① 涂洪长，项开来. 考试岂能成为创收工具[N]. 中国教育报，2006-08-12.
② 双百，平任. 如何正确看待"高考经济"[N]. 通信信息报，2007-05-23.
③ 朱磊. "高考经济"不该这么火[N]. 经济日报，2013-06-09.
④ 袁新文. 谁来整治"高考经济"[N]. 人民日报，2011-04-01.
⑤ 陈晓英，等. 点击"高考经济"[N]. 山西日报，2004-06-12.
⑥ 陈雪梅. "高考经济"新投机的沃土[N]. 贵州政协报，2005-06-02.
⑦ 周蜜. 拒绝"高考经济"，还考生平常心[EB/OL]. http://focus.cnhubei.com/original/201206/t2095241.shtml，2012-06-07.

果不切实际盲目跟风消费，不断吹大畸形的'高考经济'只会徒增商业荒诞和坊间谈资"①。

考试经济与考试这一特殊的制度安排相联系，在具体对待时，必须要顾及考试的特殊性，"由于和考试有关，由于和教育有关，所以在考试经济中寻觅商机的企业也必然要比其他行业的企业更为注重对社会、对未来的负责态度，这样才能使产品的生命线无限延长"②。

也有媒体注意到服务品质在考试经济发展中的重要性。"商家要盈利，靠的就是服务，只有丰富服务品种、提高服务质量，才能吸引更多的人。因此，只有清除滥竽充数者、刻意为害者，守法诚信经营的商家才能展开手脚，更有效地把握商机，考试经济也才能得到健康、有序的发展。"③

在社会实际的操作中，考试经济的运行受到相关部门的利益驱动，这种情形容易导致考试经济的发展走向异化，而成为相关权力部门的敛财工具。基于此，有舆论主张相关部门公开考试经济的"账本"。"资费成本长期不透明运行，'考试经济'就容易变成一个灰色地带，引发人们的猜测。'考试经济'只有主动公开信息并接受社会监督，才不会使'考试经济'变为滋生腐败的温床，才能促进'考试经济'的健康发展。"④

从价值判断来看，舆论主要聚焦于考试经济发展所致的负面社会和教育影响。典型表现是将考试经济视为"畸形的消费""寄生在考试上的一颗劳民伤财的毒瘤"。这也许是根源于大众媒体的情感态度和意见倾向，以及作为一种社会批评和建构工具所使然。在最后的舆论导向上，各方讨论和意见表达之后，相关政策与建设性意见则集中于政府管制、考试制度改革、理性消费观的培植和转变上。这些舆论导向可能忽略了一个重要事实，那就是考试经济已是如此广泛的普遍存在，这种重要的社会现象背后到底蕴含着怎样的社会经济、政治、教育影响。这样的讨论或许已超出了大众媒体的职责和能力范围，但却是一个亟须回答的问题。上述媒体所提及的考试经济、高考经济等，均是日常语言或经济语言的表达。但日常语言往往具有模糊性，一般情况下不利于从事纯理论的或者经验的学术研究。专治考试之人决不能停留在现象的描述上，唯有在舆论关注的基础上，理性地思考并尽可能地紧密结合考试经济实践，透过考试经济的诸表象，才能洞悉其本质。

---

① 董璐. 让"高考经济"回归理性[EB/OL]. http://news.163.com/13/0607/17/90PJQ9AT00014JB5.html，2013-06-07.
② 彭建真. 考试经济 金山刚露一小角[N]. 山西日报，2002-07-03.
③ 何况. 考试经济：美丑之花开并蒂[N]. 检察日报，2002-10-18.
④ 赵继珂. "考试经济"能否也"晒晒"账本[EB/OL]. http://www.jyb.cn/opinion/gnjy/200910/t20091028_319559.html，2009-10-28.

## 第四节　考试经济的学界争鸣

　　严肃的学术研究与活跃的舆论观察很不一样。新闻媒体讨论的主要目的是激发和推动社会民众和政府当局检讨与反思某些社会问题。但虑及新闻媒体的受众群体以普通民众为主，它并不是非要将问题研讨得淋漓尽致，而是只要引起社会关注和广泛讨论，其目的就已达到，其使命亦已完成。学术研究则不同，虽然许多学术研究的问题往往也是借由对现实社会实践的关注而生长出来的，但社会实践或社会问题能否进入学术研究的视野，除了问题本身的重要性之外，还与研究条件及研究旨趣有关。悄然迈入人类社会生活视域的考试经济现象，参与和影响了社会民众的生活实践，成为社会民众普遍关注的对象。学术研究课题的一个重要来源就是社会实践中的具体问题。对这些具体问题的关注，有时还是新的研究领域甚至新学科形成的重要驱动。

　　社会经济生活和经济关系的变化推动了社会经济语言的新陈代谢，"经济词汇是一个特定知识领域的专门用语，代表有关经济的特有范畴"①，这些专门用语的形成，有的是学术研究的产物，有的则是从"大众语"转化而来的。"考试经济"这一社会经济语言进入学术研究的视野，实际上是一个大众语言转向学术语言的过程。这一转变使普罗大众对社会经济现象描述的语言，进入学术研究的领域，在得到系统研究后，进一步增强大众语言的张力，从而成为严肃的学术语言。

　　从文献回顾可以明了，学术界对于"考试的经济功能"以及"考试与经济的关系"等问题均有不同程度的探讨，但考试经济作为一个专门问题/概念，进入学术研究的视野，则是较晚的事情了。这或许是因为"考试学"理论的研究相对还不够成熟，专注教育的学者较少关注这一微观问题；对这一涉及跨学科领域的社会现象，缺乏一定的学术观察与掌控能力；研究人员对于这类看起来学术理论价值不太大的微观领域兴趣不足等。

　　从既有文献对于考试经济的讨论来看，学术界实际上秉持了一种较为审慎的态度。一些学者、论者在谈论考试与经济的关系时，虽然承认与考试有关的经济现象普遍存在，但在很多情况下避免使用"考试经济"这一表述，可见学术界对于考试经济的认识仍然存在一定的分歧，可谓"众说纷纭，莫衷一是"。故而对考试经济的学术探讨，不能不以严肃审慎的态度对待之。

　　教育经济学者靳希斌在《我国考试经济的发展与变革研究》一文中，对考试

---

① 雪翔. 试论经济词汇的演变[J]. 辞书研究，1986（2）：105-111.

经济进行了一次相对完整而系统的界定。"考试经济则是在我国经济发展和改革的进程中,由诸多考试形式所派生形成的各种经济现象的统称,主要表现为市场行为主体为各种考试活动而展开服务,从而实现各主体利益的各种经济行为。一般可以将考试经济分为核心考试经济、主干考试经济与边缘考试经济。"[1]

石邦宏认为考试经济是以服务于人们各种应试需要为目标而产生的一种新的经济形式或经济活动。[2]从产业划分来看,考试经济在第三产业中以知识产品交易和提供考试服务的方式为国民经济做出贡献。考试经济到底是不是一种"新的经济形式"仍值得商榷。满足各种应试需要的经济行为,也不都是所谓的"新的经济形式",满足应试者考试期间的衣食住行等需要的相关产业都是典型的传统经济形式或经济活动;按照石邦宏所给的定义,文具制造业应属于"考试经济",但文具制造业并非"新的经济形式和经济活动",而且主要在传统制造业中为国民经济做贡献,不属于第三产业。

沈有禄在《考试经济及其成因分析》中,述及"考试经济顾名思义是围绕考试而形成的各种经济活动或经济行为,即由市场行为主体为各种考试活动而展开服务或举行考试所带来的经济利益,以及各主体为实现政治、经济、文化、教育等目标而进行的经济行为"[3]。沈有禄进一步指出,考试经济可以粗略地分为核心考试经济、主干考试经济、边缘考试经济。在这一点上,沈有禄与靳希斌的表述在内容上基本一致。沈氏对考试经济概念的界定可以简化为"考试经济=考试经济利益+考试经济行为"。

李长安与邱晨曦也给考试经济下过一个定义:"由各类考试产生的考试市场和与之相关的衍生市场所共同构成的经济系统。在这个系统中,考试是最核心的市场,主要由组织机构和参加考试的人员构成。如果没有考试市场,就不可能衍生出辅导教材市场、培训市场等相关联的经济行为组织。"[4]第一,市场并非考试所能产生的,什么是考试市场,什么是衍生市场,这些概念均是需要进一步做解释的概念;第二,该定义将考试经济视为一种"经济系统";第三,在语义上,存疑的是"考试是最核心的市场",考试并不是一种市场,施考者与应考者之间也不是一种纯粹的市场交易关系。"辅导教材市场""培训市场"也不是所谓的"经济行为组织"。

郑若玲在《考试经济与社会发展——以科举和高考为例》一文中认为,随着考试制度的逐步完善及其在社会生活中被越来越普遍地运用,考试的经济性愈渐

---

[1] 靳希斌. 我国考试经济的发展与变革研究[J]. 中国考试, 2008 (10): 3-9.
[2] 石邦宏. 论"考试经济"及其成长[J]. 湖北招生考试, 2006 (4): 13-15.
[3] 沈有禄. 考试经济及其成因分析[J]. 湖北招生考试, 2006 (4): 8-12.
[4] 李长安, 邱晨曦. 考试经济的产权分析[J]. 湖北招生考试, 2006 (4): 17-19.

凸显，考试的经济功能愈渐强大。考试的应用范围和规模达到一定程度，就会形成一条考试产业链，与考试有关的各种产业都将被带动，并直接从考试活动中获取经济利益。作为各自社会的重要考试制度，古代科举和现代高考都通过考试产业的形成发挥了客观的经济功效，进而形成各自社会的考试经济。那么考试经济到底所谓何物，郑若玲接着指出，"顾名思义是指因考试而引发的经济活动及其所产生的经济效益"①。简而言之，郑若玲对考试经济概念所下的定义用一个公式表达就是"考试经济=考试经济活动+考试经济效益"。但对什么是"考试产业"可能需要做进一步的说明。

吴秋颖在《考试经济与其兴起的历史必然性》一文中，尝试性地对考试经济进行了界定。"考试经济是以人的考试消费、考试心理、考试行为、考试需求为考察对象，以满足人的个性、多样性、多元性发展为目的，研究人类考试行为和经济现象之间互动规律的一门人文社会科学。"②吴秋颖将考试经济界定为"一门人文社会科学"是有失妥当的。考试经济显然不是一门学问，而是一种经济行为的集合体，或一种社会经济现象。"研究人类考试行为和经济现象之间互动规律的一门人文社会科学"，无疑是从"学问"的角度将考试经济等同于"有关考试经济的学问"。简而言之，它混淆了考试经济与"考试经济学"的关系。吴秋颖而后进一步将考试经济做了"狭义"和"广义"的区分，却又自相矛盾。"狭义的考试经济主要考察考试本身所发生的经济活动"，"广义的考试经济则包含考试前辅导、考试过程的运作以及由考试活动所引起的相关经济活动"。"考试过程的运作"属于"考试本身"，"考试前辅导"也是"由考试活动所引起"的。吴秋颖狭义的考试经济概念中所指的"考试本身所发生的经济活动"实际上包括了考试活动所引起的经济活动，显而易见，没有考试活动的考试是不存在的，也是不可能引起经济活动的。

杨海敏撰文指出"围绕着考试，会带来一系列的消费。一般来说，考试前，应试者大多需要接受考前培训或辅导，需要购买相关的考试资料；考试过程中，要交纳一定的考试费用，外地应试者还需支付车旅费、餐饮费；考试后，应试者常会购物消费。而某些考试一旦通过后，又要交纳学费，购买学习或生产工具等，带来更大的消费"。杨海敏认为"这种因以考试为中心的各种消费活动而带动相关产业经济的发展，称为考试经济。它涉及社会教育机构、文化出版、考试主管部门、交通部门、服务性行业、商家、厂家等多方面利益，可以把它视为教育消费的前奏或延伸，当作一个新的经济增长点"③。杨海敏将考试经济视为一

---

① 郑若玲. 考试经济与社会发展——以科举和高考为例[J]. 湖北招生考试，2006（4）：4-7.
② 吴秋颖. 考试经济与其兴起的历史必然性[J]. 中国外资，2013（10）：316.
③ 杨海敏. 关注"考试经济"[N]. 浙江日报，2000-10-09.

个"消费活动带动相关产业经济的发展"的动态过程。

张苏、蔡建兴等认为考试经济是一种以考试为中心,形成一条涉及多种行业的"产业链",促使人们自觉和不自觉消费的经济形式。张苏、蔡建兴二人的界定与杨海敏的相同之处在于承认考试经济是"以考试为中心"。相异之处在于杨海敏将其视为"相关产业经济发展"的动态过程;张苏、蔡建兴则将其视作一种"产业链促使消费的经济形式"①。

文雪梅、初建二人将高考经济分为两个层次。在第一层次上,是与高考直接相关的经济活动。例如,"考生们要吃得好一些,要增加营养,考生家长还会在考场附近包一间房,解决就近休息问题,出租车的生意也有增加,等等"。在第二层次上,高考经济不过是整个教育经济的组成部分。"千百万个家庭实际上在孩子很小的时候就在为高考做准备,高考经济概念的外延由此而扩大。"②一个定义得以存在的根本原因,通常要从该定义的实际运用中寻找③。文雪梅、初建二人上述关于高考经济的定义,并不符合定义规则,内涵并不清晰,将高考经济延伸到"在孩子很小的时候就在为高考做准备",外延也过于宽泛,这是不符合形式逻辑规则的。

## 第五节 考试经济的概念限制

本书以考试经济为研究对象,但考试经济并非一个公认和相对成熟的概念,这就意味着在进入具体讨论之前,实有必要确定考试经济的概念。"无论何学科,欲就其性质,下一定义,非贯彻该学科,必难得明确之理解。"实际上,为考试经济这一概念下定义的真正关键之处,或许是怎样去叙述其内容和界限。

形式逻辑从内涵与外延两个方面去认识概念。考试经济的内涵,就是考试经济这一概念所指事物的本质或特有属性,它所回答的问题主要是考试经济所特有的属性是什么,或者考试经济的本质属性是什么;考试经济的外延,就是表征考试经济这一概念所反映的事物之全体,它所回答的问题主要是考试经济主要包括了哪些事物。

诚如郭湛所论,"任何词、概念都是一种概括,是对所指的具体事物及其属

---

① 张苏,蔡建兴. 考试经济的若干思考[J]. 考试周刊,2007(26):4-6.
② 文雪梅,初建. 考试经济:高温下的冷思考[N]. 中华工商时报,2005-06-15.
③ (英)莱昂内尔·罗宾斯. 经济科学的性质和意义[M]. 朱泱,译. 北京:商务印书馆,2000:14.

性的提炼或简化，是对诸多同类事物的共性的抽象把握"[①]。依据考试经济的现实表征，考试经济所包含的各种经济活动主要由以下两类构成：其中一类是那些一旦脱离考试，就无所凭依的经济活动。此类经济活动以考试为业，存续时间较长，它们在整个考试活动期间都在持续地进行和不间断地发展。尤以考试培训产业为典型代表，这类经济活动必须依存于考试活动。换言之，如果没有考试活动就不可能产生此类经济活动。另外一类是那些即便脱离考试，照样还能正常运行的经济活动。此类经济活动不以考试为业，它所形成的产业并不依存于考试活动，但在考试活动期间会增加经济活动的频率和范围。此类经济活动存续时间较短，它们只在考试活动期间才形成或才获得较为迅猛的发展。

本书认为，考试经济是一种建立在考试基础上的经济，它主要是对因考试活动的进行而产生的各种经济行为和经济现象的总称。它以考试产业为核心，包括由考试所衍生的关联经济，是一种综合经济形态，同时也是一种教育经济的特殊表现形态。具体来说，考试经济主要包括两类经济行为和经济现象。第一类是经由考试活动本身引起的经济现象，包括考试主体、考试客体为考试活动的举行而发生的各种经济关系；第二类是经由考试活动衍生出来的其他诸种经济行为和经济现象，诸如考试活动的举行给酒店、餐饮、交通、旅游、出版等行业带来的商业机会。

---

[①] 郭湛. 人活动的效率[M]. 北京：人民出版社，1990：20.

# 第二章　考试经济的关系考察

2003年10月，海峡两岸及香港、澳门考试与社会发展学术研讨会在武汉召开，这次会议预设的主题之一，即"考试与经济发展"。然而遗憾的是，在研讨会论文集所收录的六十余篇论文中，无一篇论及此议题。在市场经济条件下，考试活动得到了极大的弘扬和发展。"考试的触角，考试的影响，绝不限在教育领域；在当代，凡是需要选才的部门和处所，几乎都离不开考试。"[①]作为人类社会普遍存在的现象，考试活动深深地根植于现实社会，它与社会的政治、经济、文化、教育等外部因素有着紧密的联系。对于考试与外部社会的政治、经济、文化和教育等关系问题的回答，基本属于考试社会学的研究范畴。虽然这种社会学的研究难以为考试制度的改革和完善直接提供完整的方案，却能够为考试改革的宏观决策提供理论依据和实践指导。根据社会需要调整考试系统的结构和功能状态的宏观决策，从根本上决定着考试制度的兴衰成败和社会效应的正负大小。[②]

考试与经济之间的关系问题，是考试社会学探究的主要问题之一。从整体上把握考试活动与社会经济系统之间的关系，探求考试系统与经济系统之间的一般关系，对考试事业的发展有着重要的意义。教育部考试中心原主任杨学为指出，"我们研究考试，既要研究考试内部诸因素的关系，如命题、考试实施、评卷、分数制度、统计分析等"，他认为这属于考试认识论的范畴。同时，"我们也要研究考试与其外部诸因素的关系，如考试与教育、教学的关系，与人事、劳动制度的关系，与社会、经济发展的关系等"[③]，他认为这属于考试社会学的范畴。杨学为进一步指出，"考试认识论的水平，决定了考试质量的高低，而考试社会学的是非，却决定着考试的存废"[③]。易言之，对于考试与经济两者之间关系的回答，揭示考试与经济之间的关系，在一定程度上有助于梳理考试经济的发展脉络，认识考试经济的本质和未来的发展趋势。

---

① 于信凤. 考试学引论[M]. 沈阳：辽宁人民出版社，1987：8.
② 于信凤. 关于考试社会学研究的思考[J]. 辽宁教育研究，1997（1）：62-63，71.
③ 杨学为. 中国考试改革研究[M]. 北京：北京大学出版社，2001：125.

考试是一种社会现象、一种社会行为、一种社会活动。考试与社会是局部和整体的关系。不能将考试作为一个独立的封闭系统，仅对考试的内部运行机制进行微观分析，而要研究考试与外部环境，考试活动与社会活动，特别是政治、经济活动之间的关系。①本章主要探究的是经济发展对考试活动的规约，以及考试活动对经济发展的影响两部分内容。探究考试与经济的关系，正确认识考试与经济之间的相互关系，并在此基础上建立考试与经济之间的协调发展机制，对制定考试政策和促进考试事业的发展而言，有着特别重要的理论和实践意义。

## 第一节　考试与经济关系的递嬗

考试活动伴随着人类社会至少存在了一千余年，我们考察到中国古代运用考试的方法来选择高级官员的事实②。而在现代社会，教育和职业领域运用考试来进行选择的历史亦有三百余年。考试一直被视为一种鼓励发展才能和提高学校表现的方式，对抗稀缺机会分配领域的裙带关系、偏袒以及腐败等行为的一种手段。②

社会上之所以需要政治的考试制度，就是要"举贤任能，以图治理"。教育的考试制度就是在借知识上、需用上的总量和智识上的能力去测验教育的进步。职业的考试制度就是审查一个候选者能否符合所定的标准。③由此可见，考试在这些不同领域的应用，完全是由考试自身所具有的性质和功能所致。那么在这漫长的历史长河中，考试的应用领域是如何演变的？它与社会经济系统的关系是如何递嬗的？对于这些问题的回答，就是下面要讨究的内容。

### 一、考试应用领域的变迁

虽然中国有着悠久的考试文明，考试也被誉为"中国的'第五大发明'"④，但也有人认为，"声称中国人发明了考试的观念，是一个令人难以接受的说法"⑤。考试，即评估教育进展或学识程度的方式，是所有教育系统自然而然都会产生的制度。虽有此说，但至少从西方主要的考试文献来看，考试制度缘起于中国应无大虞。考试这种方式的产生时间和应用的领域却有着极大的不同之处。由

---

① 韩家勋. 教育考试评价制度比较研究[M]. 北京：人民教育出版社，2010：8.
② Eckstein M A, Noah H J. Examination: Comparative and International Studies[M]. New York: Pergamon Press, 1992: ix.
③ 杨鸿烈. 考试制度的研究[J]. 教育丛刊，1922（3）：1-10.
④ 刘海峰. 科举制：中国的"第五大发明"[J]. 探索与争鸣，1995（8）：41-43.
⑤ 李弘祺. 学以为己：传统中国的教育[M]. 香港：香港中文大学出版社，2012：595.

于世界各国具体国情的不同，考试应用领域的变迁具有很大的差异。本节所讨论的考试应用领域的变迁主要指的是在中国情境中考试应用领域的变迁。

考试应用领域的变迁是与经济发展的变迁联系在一起的，考试在经济领域应用的程度是经济发展对考试需求的结果。考试应用领域的逐步扩大并不是说考试的本质发生了变化，而是从最根本上取决于考试自身所具有的价值和效能。考试在不同领域的应用，决定了效能的内容，其应用的方式和程度决定了考试在该领域发挥效能的大小。

（一）生产生活领域

从时间上来说，考试主要应用于生产生活领域是在考试的滥觞时期。考试的应用领域最早是在生产和生活领域，直到教育专业逐渐从生产生活中分离出来，考试的应用领域才进而扩大到了教育领域。

美国教育测验专家亚尔保德·兰（Albert R. Lang）在《新法考试》（Modern Methods in Written Examinations）中指出，"考试由来已久，它到底始于什么时候，什么地方，已无从稽考了。它的起源，在古代时候，恐怕早已失传了"[1]。在原始社会时期，限于社会生产力水平低下和文化科学知识的贫乏，教育、考试、任用三者不仅不必要而且也没有可能独立，一切都在生产劳动和日常生活的过程中进行。[2]

上古时代先民的冠礼已经含有心理特质和身体特质的测验在内了。他们以为必须过了这种测验，才可担当成人的责任。在公元前500年的时候，雅典人（Athenian）和斯巴达人（Spartan）已举行各种定期考试，以测验青年的技能和能量[2]。其测验的方法是在祭坛前对青年执行鞭笞。

在中国上古时代，拔取人才的方法主要是在实践中考察试用，古代传说中尧选舜做首领时就是采取的在实践中加以考察的办法。经过"妻二女""和五典""入百官""宾四门""入山林川泽"等多维度考察，历时三载，证明舜"谋事至而言可绩"，方才决定让舜"登帝位"。[3]

借此可见，在原始社会时期，不仅有了考试的现象，而且有了有意识、有组织的考试实践活动，并有多种考试内容和方法，以及人类最原始的考试制度。尽管这些考试还不是原始意义上的考试，但它实质上具有考试的性质，应是人类考试的先声，也是当今考试之源。[4]也就是说，从考试的产生来看，考试最早源于

---

[1] （美）亚尔保德·兰. 新法考试[M]. 浦漪人，黄明宗，译. 南京：正中书局，1935：1.
[2] 廖平胜，何智雄，梁其健. 考试学[M]. 武汉：华中师范大学出版社，1988：26.
[3] 杨学为，廖平胜. 考试社会学问题研究[M]. 武汉：华中师范大学出版社，2003：7.
[4] 廖平胜，何智雄，梁其健. 考试学[M]. 武汉：华中师范大学出版社，1988：56.

生产生活，是寓于生产生活实践活动之中的，其最早应用的领域就是生产生活，并与之不可分离。

### （二）政治生活领域

从时间上而论，考试应用于政治生活领域是在国家制度产生以后，考试建制的时期。一千三百余年以来，政治生活领域是考试最为主要的应用领域，而且在政治领域的具体应用主要是用于拔取治国理政的人才。

我国最早将考试制度化并应用于政治生活领域，还被喻为"考试的故乡"。亚尔保德·兰在《新法考试》中认为，"远在纪元前二千二百年的时候，中国已有精密的国家考试制度了，其目的在考选官吏"①。显然，亚尔保德·兰是将三代时期"三载考绩"的传说也算到考试制度里面了。

考之历代鉴别人才之方法有二：一为选举，或称贡举，或谓辟举，或曰察举；二为考试。选举以众论为取舍，考试以学力为权衡。考试制度之由起，乃以改善选举制度之缺点。②可见，考试制度之由来完全是政治的需要。所以杨鸿烈认为，中国几千年的考试观念，不过就是在"举贤任能，以图治理"这八个字上，中国的考试制度就是应于这种要求而产生的。中国人有的只是一种政治的考试制度。③

考察西洋各国之考试制度，以英国在印度施行者为最优，然英国在印度施行之考试制度，始于1838年麦考莱的改革案，这个改革案到1853年才开始施行。普鲁士的行政制度最完善，然普鲁士最早的考试也不过是在1713年才开始，且当时竞争性考试主要适用于法官的任用。依时间而论，它们的公开竞争考试制度比中国要迟一千多年。论考试的方法，我国早已创立了"弥封""誊录""锁闱""回避""监场""磨勘"等严格公平之制度。④

从历史的事实来看，中国上古时代，拔取人才的方法有私人之推荐，有贡举，有上书自荐，而没有考试之方法。史称汉初令公卿郡国选举贤良、文学、孝悌、力田，尚无考试，至汉顺帝时用左雄议，始命"诸生试家法，文吏课笺奏"，选举之后，再加考试。于是十余年间"察举清平，号为得人"⑤。中国的考试制度是由选用人才之方法进步而成，由专重品行而为兼重学识。由贡举之滥，而生先贡举后考试之法，再进而为公开竞争之考试。⑤即中国考试制度的演

---

① （美）亚尔保德·兰. 新法考试[M]. 浦漪人，黄明宗，译. 南京：正中书局，1935：1.
② 邓定人. 中国考试制度研究[M]. 上海：民智书局，1929：11.
③ 杨鸿烈. 考试制度的研究[J]. 教育丛刊，1922（3）：1-10.
④ 周匡. 中国考试制度之起源[J]. 真理学报，1942（4）：41-45.
⑤ 许扬本. 我国现行考试制度述评[J]. 胜流，1948（3）：645-649.

进之路。

严格来说，隋建立之前所行"乡举里选""察举之法""九品官人之法"等拔取人才之方法只能算是考试之滥觞或考试之雏形，而不能算作正式的考试制度。隋唐之际的科举考试是考试制度开始正式建立的时期，它标志着政治性的考试制度的正式建立。从此考试制度在政治领域驰骋了一千三百余年，其影响贯穿中国封建社会而及于全世界。

### （三）教育生活领域

从时间上而言，考试应用于教育生活领域，贯穿着人类教育活动的始终，但特别盛行于考试的科学化时期。考试的科学化运动，推动了考试技术在教育领域的全面应用。

考试与教育均萌芽于原始社会的蒙昧时代。考试与教育是一对孪生子，它们因社会生产和社会生活的客观需求而同时问世。[1]但在原始社会时期，教育尚未相对地分离于社会生产生活，考试也只是雏形，而不是严格意义上的考试。考试真正应用并盛行于教育领域，是在考试的科学化时期。

现代大学盛行的考试观念可以说是从欧洲中世纪大学流传下来的传统。众所周知，中世纪大学是一群有志于教学的人所组成的公会或团体，这种公会与当时各种职业公会一样，分为学徒、职工和工头三个阶段，从下一阶段晋升到上一阶段，必须经过一种考试，以测验其能力，考试通过的则授予一定的学位。但这种考试仅是口试而已。1702年，英国的剑桥大学开风气之先，在中世纪大学中第一次施行了文字考试，此后牛津大学及英国其他大学开始相继仿效。

在美国教育史上，第一个考试是1845年的波士顿考试。波士顿学校委员会有一种任务，就是每年举行一次正式的学校调查，其中就包含了对学生的考试（口试）。但随着学校规模的扩大，对每一位学生进行考试（口试）势所难能，于是就决定举行一种文字考试，这就是波士顿考试。波士顿考试是一种包罗极广的文字考试，亦是一种极完美和精密的文字考试，在美国教育史上实为一件最引人注目的事情。时任马萨诸塞州教育局总干事的霍瑞斯·曼（Horace Mann）称这次考试开辟了教育测量的新纪元。

废科举，兴学校，是中国教育史上划时代的变动。[2]旧式的科举考试废除了，新的"洋科举"——学校考试制度建立。在教学领域，考试是学习过程中必要的一项[3]，是一种相对有效的教学工具。"教育的考试制度就是在借知识上、

---

[1] 廖平胜，何智雄，梁其健. 考试学[M]. 武汉：华中师范大学出版社，1988：56.
[2] 董渭川. 洋科举之成因与结果[J]. 青年风，1947（1）：5-9.
[3] 云生. 考试是学习过程必要的一项[J]. 太行教育，1949（5）：9-11.

需用上的总量和智识上的能力去测验教育的进步。"①在高等教育选择领域，考试是一种高等教育机会的分配机制，将"珍贵而稀罕的教育机会，加给在一位智能学力较高及人民可寄重大希望的青年身上"②。

西方近代心理和教育测量科学的兴起和发展，为考试的科学化提供了知识和技术上的基础。随着近代科学技术对考试科学化的推进，考试的形式从口头考试过渡到文字考试，人们对考试实践有了新的认识，对考试活动的规律和功能有了新的认知，对考试实践有了新的需求，考试的应用领域开始从教育和政治领域扩展到社会生活的各个领域，成为人们社会生活中不可或缺的工具和手段。

### （四）经济生活领域

从时间上而论，考试一直都有应用于人类的经济生活，但广泛应用于经济生活领域则是在考试的发展繁荣时期。这主要是因为在考试的发展繁荣时期，考试的科学化进一步提升，考试的规律和实际效能已得到更加普遍的认识，社会经济的发展，推动了社会分工和技术的进步，经济生活领域对考试有了新的需求，考试的应用领域开始从教育和政治领域渐进推广和扩充到社会生活的各个领域，尤其是经济生活领域。

新近在政界、军界、工界或商界各领域，应用考试方法来选择人才的，一天普遍一天，而且获有很大的成效。可见考试不特为解决各种教育问题的必要工具，亦是一种推进各种事业的良好方法。③与社会需求相适应，科学的考试已成为现代社会实现教育目的的"整速器"，调节现代生产部门人才结构的有力杠杆，开发利用人力资源和促进现代生产发展的重要手段。④

考试应用领域的拓展和扩充对于中国的情形来说，还有着特殊的背景，那就是国家考试制度的建立。孙中山是"五权宪法"的提倡者，考试乃五权之一，"考试权独立"为独一无二的中国文化传统。孙中山深信，考试可以救济选举之穷。南京国民政府成立之后，为奉行总理遗教，施行"五权宪法"，1928年设立考试院，戴传贤任首任院长，开始规划和实施国家考试制度。1929年8月国民政府公布《考试法》，依照《考试法》之规定，"凡候选及任命之人员及应领证书之专门职业或技术人员，均须经中央考试，定其资格"⑤。考试分为公务人员考试

---

① 杨鸿烈. 考试制度的研究[J]. 教育丛刊，1922（3）：1-10.
② 袁伯樵. 改进大学入学考试之商榷[J]. 中华教育界，1949（10）：32-35.
③ 杜佐周. 现代考试方法的评判与改进[J]. 中山文化教育馆季刊，1937（1）：275-292.
④ 廖平胜，何智雄，梁其健. 考试学[M]. 武汉：华中师范大学出版社，1988：28.
⑤ 考试法[J]. 东方杂志，1929（15）：117.

及专门职业及技术人员考试两大类。考试分为普通考试、高等考试、特种考试三种。考试施行后,"对于学校和社会,均有极大的影响"①。杜佐周称,"若果今后社会用人,都从严密的考试出身,政治可以日上轨道,学风可以积极改良,社会的能率可以愈益提高"②。

考试不仅应尽量应用于政治方面,而且应扩充其范围,尽量应用于其他各种职业上。②职业的考试制度就是审查一个候选者能否符合所定的标准。③可见,职业领域应用考试制度满足的是该职业领域对人才的需求。

## 二、考试与经济之关系迁嬗

考试在现代社会起到重要作用。④考试与经济之关系迁嬗,是与考试应用领域的变迁紧密联系在一起的。考试活动的迁嬗史,在某种程度上反映了考试与经济之关系演变的基本脉络。本节所论的关系迁嬗并不是要为了进一步说明考试与经济之间的关系,而是要阐明考试与经济之间的关系在漫漫历史长河中到底是怎样发展和演变的。

### (一)融合时期:考试是生产力发展的产物

从考试与经济的最初关系来说,考试是产生于经济生活之中的,考试的产生是社会生产力发展的产物。廖平胜认为考试作为一种有意识的社会活动,其产生必须具备三个条件:人类有了制造并采用工具从事生产劳动的社会实践活动,以及维系社会成员生存与发展的基本生产技能与生活经验;人类有了向青年一代传授生产技能和生活经验的需要,以及判别新生一代接受生活经验快慢、掌握生产技能训练程度的要求;人类有了清晰的意识、语言、思维活动和一定的判断能力。⑤在原始社会的蒙昧时代,开始具备了这三个条件。

从关系形态上来说,考试活动与社会的生产实践活动是同时进行的,大体上是不分彼此的。人类要维系社会成员的生存和发展,就需要传授生产生活技能与经验,就需要对这种传授的程度进行判别,就存在对下一代进行选择的需要。换言之,就存在考试活动的需求。人类社会生产、生活活动的过程包含了甄别素质和能力差异的原始意义上的考试活动。这些原始意义上的考试活动,

---

① 朱君毅. 第一届高等教育考试经过情形[J]. 厦大周刊,1931(2):6-9.
② 杜佐周. 考试与工作机会均等[J]. 福建教育厅周刊,1931(83):1-9.
③ 杨鸿烈. 考试制度的研究[J]. 教育丛刊,1922(3):1-10.
④ (英)罗伯特·蒙哥马利. 考试的新探索[M]. 黄鸣,译. 南宁:广西人民出版社,1984:12.
⑤ 廖平胜. 论中国考试的起源[J]. 华中师范大学学报,1991(4):119-123.

在人类生产生活的过程中产生，是人类生产生活的需要，其反过来又为人类社会的生产生活服务。借此可知，人类社会的考试活动从一开始就是服务于人类的经济生活的。也就是说，在考试与经济相对融合的时期，考试与经济的关系是统一的。

### （二）分离时期：考试从社会生产中分离出来

考试与经济关系的"分离"，是一种相对的分离，而不是绝对的分离。考试与经济的绝对的分离是不太可能存在的，这是因为经济生活是维系人类生存和发展的根本，人类的经济生活是不可能中断的，否则人类社会就不可能继续向前推展。因此，这就和原始社会时期考试与经济的关系一样，在人类社会不同阶段的经济生活中，仍然一直需要且一直存在着考试活动。只不过考试活动在不同阶段的表现形式不一样罢了。

具有现实考试制度内涵的考试制度，即根据国家性质、统治阶级意志和社会需要制定的考试目的、方针、政策和设施的总称[①]，是在国家产生之后形成的。作为一种制度建制，考试制度主要的应用领域不在经济生活领域。

在人类社会生产发展和文明进步的过程中，考试活动发生了某种程度上的分化：一部分考试继续以相对原始的考试活动的形式存在，而另一部分考试则从考试活动走向了考试制度的形态。而考试制度的应用范围主要是相对独立于经济系统的政治和教育领域。

正如前文所论，对于中国而言，考试在政治生活领域至少驰骋了一千三百余年，可以说，考试制度应用于政治生活领域的时间，占据了考试制度主要的生命历程。仅从中国隋唐之际正式诞生的科举考试制度算起，考试制度主要应用于政治生活的时间就已长达一千三百余年。从1702年英国剑桥大学在中世纪大学中第一次施行文字考试，开风气之先算起，也已有三百余年。从西方国家第一次大规模地应用考试制度，建立系统的文官考试制度算起，也差不多有千余年的历史。

相对独立于经济系统而应用于政治生活领域的考试，以科举考试最为典型。它可以算是专门为政府选拔"治国理政"人才而服务的竞争性考试。

从考试的目的来说，科举考试不是直接为经济生活服务的，而是直接为政治生活服务的。科举考试的直接目的是为朝廷选拔官员，即"拔取真才，为国求治"，间接目的是进一步维护统治者的地位。

从考试的科目和内容来说，科举考试不包括经济生活的内容，不考查经济生

---

[①] 廖平胜. 考试学原理[M]. 武汉：华中师范大学出版社，2003：74.

活的知识。科举考试的科目和内容虽然历代多有改变，但从根本上还是关于人文经典知识的，从科目来说，基本不涉及经济生活领域的内容。

从考试的影响来说，科举考试主要影响的领域不在经济生活领域，而在政治和社会领域。虽然科举时代也存在考试经济活动，科举考试也会对社会经济带来重要影响，从而成为"中国传统社会的重心"[①]所在。科举考试的顺利进阶，还将对应试者的社会和经济地位带来根本性的改变，但科举考试所带动的经济活动并不包括"考试产业"，科举考试对应试者社会经济地位的改变也不是科举考试本身所给予应试者的，而是封建等级制度带来的结果。

### （三）共生时期：考试与经济社会共生发展

一定的社会环境和自然环境是考试活动产生的前提条件。[②]就像廖平胜所指出的，考试因人类社会的需求而产生，又随着人类需求的变化发展而变化发展。每临人类社会跨上一个新的历史台阶，社会对考试的需求就会随之翻新，而人类对于考试的认识和实践也会相应出现新的变化。[③]18世纪的欧洲大陆发生了世界历史上的第一次工业革命，蒸汽机等新技术的产生使社会生产力得到了极大的解放，人类社会快速迈入"工业时代"。在这个过程中，西方近代自然科学与技术获得了迅猛发展。考试也在这个伟大变革的过程中逐步走向客观化和标准化，或曰科学化，推动完成了人类社会考试活动史上的第二次重要的飞跃。

社会需求制约考试的目的，决定考试的兴亡。有社会需求，才会产生考试目的，以及为实现考试目的而展开的考试活动。[②]社会经济发展对考试的需求有了新变化；社会各行业要求劳动者具有一定的知识文化素养和科学技术能力，考试于此就发挥着为社会各行业鉴别从业者素质和能力差异、选拔合适人才的功能。

人类社会考试活动在实践中走向制度化，形成了两种相对独立于经济系统的政治性的科举考试制度和教育性的学校考试制度。两者应用于政治生活领域和学校教育领域，而其影响则早已溢出政治和教育领域。随着工业革命带来的社会生产力的提升，社会各领域尤其是经济领域，对效率的要求与日俱增。而考试就是人们用于追求效率的工具，它所企求的是提高"选才"和"育人"的效率。社会竞争性考试及其结果的处理，往往行使着对各种社会资源的配置功能，考试在这个过程中所追求的也是资源配置的公平与效率。正是由于社会资源的有限性和稀缺性，才有了进行选择的必要，考试的产生最终是人类社会追

---

[①] 张亚群. 论科举文化遗产[J]. 厦门大学学报（哲学社会科学版），2006（2）：28-34.
[②] 廖平胜. 考试学原理[M]. 武汉：华中师范大学出版社，2003：320.
[③] 廖平胜. 考试学原理[M]. 武汉：华中师范大学出版社，2003：74.

求效率和经济的产物。

考试与经济的共生时期，这种"共生"体现为考试与经济的共同发展与交集上。在共生时期，考试与经济的关系是一种共赢的关系。

考试与经济的这种"共生性"所具内涵主要表现在两个方面。

一方面，考试应用于经济领域，可以促进经济发展，发挥着直接或间接的经济效能。

考试应用于经济领域时，直接地对外部经济系统发生作用。在考试活动不断发展的同时，考试应用的范围不断扩充，扩充到社会上一切需要鉴别人身心素质水平差异的领域。在市场经济条件下，考试的经济功能日益彰显，并且伴随着人口的持续增长和考试规模的渐进扩大，考试的经济影响也日益突出。依托考试活动而存在，在社会格局中蓬勃发展的考试经济现象，就是考试的经济影响日渐广泛的明证。

考试应用于经济领域时，考试间接地对外部经济环境产生影响。考试的应用领域扩充到经济领域，在经济领域扎稳了脚跟，发挥着人力资源开发和调配的效能；考试是作用于人的一种对象性活动，反映的是人与人之间的关系。考试通过对人的素质和能力的测量和甄别，来作用于人。考试通过"应试者"这一中介要素来实现对经济环境的促进和改善，有效开发和合理利用社会的人力资源，优化社会人力资源配置，提高生产力水平和经济效益；应试者参加考试是为了获得外界物质，从而满足一定的欲望和需要。廖平胜认为考试促进经济环境的改善主要表现在以下四点：一是促进人力投资的扩大，加速劳动力资源向人力资源转化，提高经济增长率；二是庶全盘人才以统筹有效之用，通过人力资源的优化来实现节资增效；三是促进从业人员扩大人力自投资，不断更新知识、发展能力，使经济潜力转化为现实生产力，实现经济效益增长；四是通过开设在职人员考试吸纳社会性人力投资，降低人力投资成本，为社会带来直接的经济效益。①

另一方面，社会经济发展驱动考试，发挥着推动考试变革的效能。

社会经济发展是考试的重要驱动因素。这主要是因为社会经济的发展往往会催生新的考试需求或者对考试提出新的要求，而这种新的考试需求又是推动考试变革的主导性力量。可以说，没有社会经济的发展，考试的变革就将停滞不前。社会经济发展之所以会产生新的考试需求，主要是由于社会经济发展之后，社会对教育的要求就会发生变化，对人才的素质和能力的要求也会发生改变，考试就承担着将这种变化和改变的要求展现出来，从而引导社会的方向，为社会经济的发展选择与之相匹配的适宜的人力资源的任务。

---

① 廖平胜. 考试学原理[M]. 武汉：华中师范大学出版社，2003：333.

不止于此，考试还是一种存在资源消耗的社会活动，尤其是在现代社会，考试活动本身会产生各种经济行为。这些经济行为又具体分为两类：一是考试组织和运行过程中所产生的资源消耗，它维系着考试的生存；二是考试研究设计开发过程中所产生的资源消耗，它推动着考试的发展。[①]社会经济发展不仅为考试活动的生存和发展提供了物质和资金方面的支持，为考试活动的资源消耗提供了经济支持，还为考试应用领域的扩展提供了广阔的舞台。

在考试与经济关系的"共生"时期，"共生"并不代表考试与经济的关系就全部是共生和互利共赢的。考试与经济的关系也存在矛盾之处，但这种"矛盾"和"共生"并存的状况是不矛盾的。"矛盾"不一定会阻碍"共生"，还有可能在一定程度上促进"共生"，关键在于考试的主、客体及社会治理部门以何种态度来对待这种关系。在考试与经济的共生时期，考试与经济的关系是共赢的，但仍然会存在经济对考试活动的干扰和不良影响，维护考试与经济之间共赢的关系，其最终目标就是要促进考试与经济共同发展，实现各自当为且可为的社会价值。

## 第二节 考试对经济的影响

考试系统是社会的子系统，考试系统既对考试内部诸要素发挥影响，也与考试系统外部的系统发生交互影响。由此，考试对经济的影响也就可能包含两个不同的方面：其一，考试对考试主、客体产生的经济影响，这主要是考试主、客体借由考试活动所带来的经济效果；其二，考试系统对外部经济系统的影响，这集中表现为考试对社会整体经济发展的不同影响。

正如李钦瑞所言，考试制度的历史如此悠久，传播的地域如此广大，应用的方面又如此众多，这绝不是强制执行，凭空相传，或代代相因的结果，完全由考试本身具有实际的、宝贵的功用所致。考试的功用到现在，已不仅为解决各种教育问题的必要工具，而且是一种推进各种社会事业发展的良好法则。[②]

### 一、考试的经济功能

考试的经济功能主要指考试系统对经济系统所产生的实际作用或效能。1988年，廖平胜等合著的《考试学》一书在论述考试的功能时，明确地指出了

---

[①] 胡天佑. 论考试的经济性质[J]. 教育与考试，2014（3）：34-37.
[②] 李钦瑞. 论学校考试的功用[J]. 教育与科学，1946（7）：30-32.

考试功能的多元性和二重性，但并没有述及考试的经济功能问题，而是将考试的主要功能"大致归结为三大功能：调节功能、行政功能和督导功能"①。2002年，廖平胜在《考试研究》杂志上发表《考试的本质与功能》一文，正式提出了考试的"经济功能"这一命题，并且依据考试在现实社会中所发挥的实际效能，将考试的社会功能归为"文化、行政、经济、调节和督导"②五大功能。

郑若玲在其博士学位论文《考试与社会之关系研究——以科举、高考为例》中，主要基于考试系统与社会各子系统之间的关系，将考试的社会功能归纳总结为教育、文化、政治、经济四大功能。郑若玲认为，考试仰赖"人力资本的形成、教育的发展以及社会的协调发展"等中介，发挥间接的经济功能，同时借由考试经济的形成而发挥直接的经济效能。

本书认为，考试作为一种制度安排，其形成和发展本身就是经济的需要，它节约和减少的是交易费用，是人类追求效率的产物，并自始至终是人类追求效率的手段和工具。

毋庸讳言，考试的经济功能是客观存在的，但这种功能在考试发展的历史长河中并未被认识和了解，古代先民对考试功能的关注焦点也并不在此。人类社会的发展将考试置于愈加重要的地位，现代考试活动与社会经济发展之间的联系逐渐紧密起来，考试活动已不可能置身于经济发展之外。由此，考试系统对经济系统所产生的实际效能，越来越引起社会民众和研究者的关注和重视。于钦波和刘民认为，"考试的经济功能是大工业生产产生以后逐步显示出来的"③，"大机器工业和科学技术的发展为考试经济功能的实现创造了条件"④。事实上，从更广范围来看，考试作为一种甄别、测度和选拔人才的机制和社会活动，其经济功能是一直存在的，只是在工业革命以后，社会生产力突飞猛进，技术革新持续不断，考试机制在经济发展的追求中能否发挥作用以及发挥什么样的作用的问题，才逐步得到相当程度的关注。于钦波和刘民认为考试的经济功能的实现途径主要有三，即考试为经济发展的各部门选拔各种层次的人才；考试开始成为现代生产管理的手段之一；考试引导人们形成新的行为模式以适应现代经济社会的节奏。

---

① 廖平胜,何雄智,梁其健. 考试学[M]. 武汉：华中师范大学出版社,1988：78.
② 廖平胜. 考试的本质与功能[C]//《考试研究》编辑部. 考试研究（第1辑）. 天津：天津人民出版社,2002：1-15.
③ 于钦波,刘民. 考试学概论[M]. 沈阳：辽宁教育出版社,1992：30.
④ 于钦波,刘民. 考试学概论[M]. 沈阳：辽宁教育出版社,1992：32.

## （一）考试在活动效率提升上的工具性

考试在客观上是追求效率的工具和手段，它存在的重要价值在于提高了选才、育人、用才的效率，而提升活动效率本身就是发挥了客观的经济功能。所以科学的考试应是一种有效的经济机制。"考试是人类追求活动效率、满足自身及社会发展之内在需求的产物，它与人类社会共始终。"①"为了有效地满足人们多方面的、日益增长的需要，人们必然要求自己活动本身的有效性，追求更高的效率。人类文明的盛衰，除了外部自然界非人力所能改变的因素的制约外，就人自身而言，无疑取决于人的活动，取决于这种活动的方式、过程和结果，也取决于其中所体现出来的人的活动的效率。"②

从古至今，考试在事实上发展成为维护社会公平的工具，以至于忘记了自己的初衷。"考试固然具有维护社会公平的作用，但并不主要是一个维护社会公平的工具，而是一个提高工作效率的工具。"③正如教育测量学专家谢小庆所言，"在许多情况下，我们使用考试是出于经济的考虑"，社会系统的选拔性考试，最有效的办法是"试用"或是在实践中"考察"，但在竞争者多而考试规模较大的情况下，显然不太可能对这些竞争者进行逐一试用，而是采用成文性考试的方法进行首轮筛选，仅让考试通过者进入考察和试用环节，"虽然考试之法并不如考察和试用等有效，但考试是一种比较经济的方法，具有更大的可行性"③。"考试行为存在的必然性和必要性，完全是由于其在人类劳动教化活动中的工具性功能所决定的。"④

考试的工具性价值，在于提升测度、甄别、选拔人才的效率。

在人类"选才""育才""用才"的历史上，考试制度的建立是人类在长时间的社会实践过程中逐步形成的。人类社会早期的考试，是与社会生产和社会生活同步进行的，所以并不存在多少提升活动效率的意义。这一时期的考试主要是在实践中进行试用和考察，"但人人经过在实践中试用、考察，费事不说，花费时间则太长，且不能及时任用"⑤。"尧选舜的方法是通过实践，在实践中试用考察；经过一千多年的探索，当汉文帝对策贤良方正时，已经不是通过实践，而是把从实践中提炼的实际问题作为试题，要考生回答。主考者凭以往实践的经验

---

① 廖平胜. 考试的本质与功能[C]//《考试研究》编辑部. 考试研究（第 1 辑）. 天津：天津人民出版社，2002：1-17.
② 郭湛. 人活动的效率[M]. 北京：人民出版社，1990：1.
③ 谢小庆. 考试：在公平和效率之间寻求动态平衡[J]. 人力资源，2012（8）：13-15.
④ 《考试研究》编辑部. 发刊词[J]. 考试研究，2005（2）：1.
⑤ 杨学为. 考试的起源[C]//《考试研究》编辑部. 考试研究（第 1 辑）. 天津：天津人民出版社，2002：88-94.

与能力，对答案做出是非高下的判断。"①考试之法产生以后，社会不再需要一一经过社会实践的考察和检验，主要通过间接经验的凝结——知识的检测来甄别社会成员的德、才、学、识等内容，这样就大大降低了"选才"和"用才"的成本。在人类社会的考试活动形成社会建制之后，借助于被政府认可的儒家经典等考试内容，政府甄才任用的效率和公正性得到一定程度的保证，考试作为一种社会建制，逐步在传统社会中取得了重要的地位。

对学校系统的考试来说，它提升了教育活动的效率。日本教育学者金子元久认为，"入学考试的基本机能在于选拔适合于一定教育机关的教育内容的个人"②。学校的直接目的在于让学生掌握一定的知识和技能，以维系其生存和发展的需要。这种学校教育目的达成的效果如何，受作为教育对象的学生自身素质的影响，对于适合这一学校教育内容和目的的学生，其掌握这些知识和技能的效果就相对较佳。反之，对于不适合这一学校教育内容和目的的学生，其掌握这些知识和技能的效果就相对不佳。也就是说，学校系统的入学考试，在客观上提高了学校教育活动的效率。此外，学校系统还有教育过程的考试，在运用得当的情形下，对学校而言，作为教育管理的手段，教育过程的考试是对教师教学活动的检验和管理。对教师和学生而言一般可及时诊断和反馈教学效果和学习情况，激励学生刻苦求学，从而提高在教学培养环节的教育效率。

对社会系统的考试而言，它提升了选拔适宜人才的效率。社会上之所以需要政治的考试制度，就是要实现"举贤任能，以图治理"。古代科举考试提升了政府官员选拔的效率。社会的统治阶级永远是少数人，选择什么样的人来充当政府官员，履行社会统治的职能，是社会统治阶层必须解决的问题。科举考试通过选定适应治国理政需要的考试内容，设立一定的考试标准，进行相对客观、公平的选拔，比之于在政治实践中进行考察和试用，大大提高了选才活动的效率和有效性。社会上之所以需要职业的考试制度，就是为了审查一个候选者能否符合所定的标准③，从而保证职业活动的专业性，提高职业工作的效率。

从这两个方面的判断，我们似乎可以做这样一个结论：在现代社会，倘若不存在考试，那将是一场不可想象的社会灾难。

考试的目的性价值，在于为满足人类自身和社会的发展需要而服务。

考试的最终目的是什么？是对人的选拔。康德说过，"人，实则一切有理性者，所以存在，是由于人自身这个目的，并不是只供这个或那个意志任意利用的工具；因此，无论人的行为是对自己的或是对其他有理性者的，在他的一切行为

---

① 杨学为，廖平胜. 考试社会学问题研究[M]. 武汉：华中师范大学出版社，2003：11.

② （日）金子元久，刘文君. 经济发展与大学考试——效率性与公正性[J]. 全球教育展望，2001（8）：73-80.

③ 杨鸿烈. 考试制度的研究[J]. 教育丛刊，1922（3）：1-10.

上,总要把人认为目的"①。

考试促进人的发展与促进社会的发展是相统一的。考试的最终目的或终极目标就在于促进人类自身和社会的发展。无论是何种考试,均是对应试者某些方面素质和能力的测度和甄别,这就让应试者具有了解自身的可能,社会系统的考试赋予应试者一定的获取社会资源的资格,从而其本身也被赋予了一定的社会价值意义。学校系统的考试还是一种促进教育、教学效率和效果的十分重要的手段,而教育教学的进步正是促进人自身发展所不可替代的。

社会考试是实现人与社会协调发展的融合剂,它把对人的能力的培养与提高有机嵌入社会政治经济文化发展的大框架,通过把新知识、新科技的进步与人的学习愿望相结合,使人与社会能够和谐发展。这不仅反映了生产力的要求,同时也反映了对人的多元发展的需要。

社会考试是社会教育资源整合与人力资源开发的推进剂,必须注重人与社会的和谐发展,促进人才的培养和社会对人力资源的合理配置。因为社会考试既能在某些特定的阶段用于指导人力资源在量上的积累和结构上的调整,同时也能在更大的范围和更长远的时期内实现整个社会人力资源机制的建立与良性运行。一言以蔽之,社会考试无论采取什么样的现代科学形式,它都必须从完善人的生活技能出发,从提高人的生活质量出发,更好地服务于人与社会的和谐发展。②正如廖平胜所指出的,"服务于人的发展,促进人的发展,通过考试深化人的自我认识,完善人的意志和品格,造成新的力量、新的观念、新的交往方式和新的需要,使人获得超越受缚于生存需要的更为全面宽广的发展空间,是考试活动的灵魂和发展目的"③。

### (二)考试在人力资源开发上的两重性

在知识经济时代,社会成员的知识创造能力代表着一国经济发展的竞争力,国与国之间的竞争,归根结底还是人才的竞争,谁占有更多和更优质的人才资源,谁就有可能在21世纪的竞争中取胜。也就是说,人力资源开发对经济发展具有极其重要的意义。

考试与人力资源开发之间有着内在的关联性。首先,人力资源开发的实现过程有着对考试的客观需要,这就决定了其与考试发生联系的内在必然性;其次,考试是一种用来测度、甄别人的身心素质个别差异的社会活动,其测度和甄别人素质和能力的内在属性决定了其在人力资源开发的实现过程中可发挥特殊的作

---

① 胡贤鑫. 人性及其根据[M]. 武汉:湖北人民出版社,2000:254-255.
② 曾跃林. 社会考试与人的发展[J]. 继续教育研究,2006(5):75-77.
③ 廖平胜. 考试学原理[M]. 武汉:华中师范大学出版社,2003:181.

用。"正因为人的个别差异的存在以及社会发展需求对人的身心个别差异进行甄别之要求客观存在，所以考试这种判别人身心个别差异的活动，也就客观存在，如若没有考试之类的方法对人的身心个别差异予以测度、甄别，任何社会都难于有效统筹利用其全部人力资源。"①

从考试和人力资源开发的内在关联性来看，考试在人力资源开发和配置上的功用可能是不可替代的。这种功用主要体现在以下几个方面。

第一，考试可调节人力资源结构，促进人力资源优化配置。

社会的人力资源需求变动不居，人力资源的开发需据此进行适当的调整和改进，以使之与社会的技术结构、产业结构和职业结构相适应。科学合理地利用考试，通过调整类别、频率、内容、标准、规模等手段，助益于人力资源结构的调整。

利用增减考试类别、调整考试规模，可在一定程度上协调总体或区域性的人才结构。在科学技术不断发展革新的形势下，可能产生以下两种人力资源结构失衡的情形。一是社会对人才类型的数量、结构比例等的需求与现有的人才类型结构和比例失调。在此情形下，可根据社会对人才需求的变化，增设相应的职业资格考试，或扩大既有考试的录取或合格规模。与此同时，压缩已出现人才供需结构失衡的社会性考试。二是社会对某类人才的技术水平、素质能力等规格的要求有所提高，现有的人才素质和能力规格已经不能满足社会经济发展的需要。在此情境中，可通过调整考试的内容和考试合格的标准，达到对人才素质和能力要求的跟进。

利用考试促进各领域人员结构的形成，调节和再造既有的人力资源结构。"在部门人员结构改旧建新的过程中，考试对部门人员的优化组合可起到鉴别人员岗位适应性和质量把关的作用，即通过选拔性、配置性的综合素质考试，客观鉴别人员素质的个别差异，为有关部门人员的准确甄选与合理配置提供事实依据，以便部门根据不同岗位及总体目标的需要择人、定职和施事，达到优化结构、提高部门整体效能的目的。"②"人才的合理配置，使行业规范与人才效益乃至报酬均构成正比。正如日本对资格制度表述的那样，基于国家的法律，国家考试对个人职业资格的能力、知识、技能等做出判定，考试合格，获得资格，也依据法律保障其一定的社会地位。"③而这或许有助于扭转当下社会一部分"精神贵族"是物质社会的"矮子"，而"物质贵族"是精神世界的"盲人"的局面。

---

① 孙泽兵. 论考试在人的智能发展中的地位与作用[J]. 新东方, 1996（4）：85-91.
② 廖平胜. 考试的本质与功能[C]//《考试研究》编辑部. 考试研究（第 1 辑）. 天津：天津人民出版社, 2002：1-15.
③ 罗民. 日本的职业资格制度和考试[M]. 北京：中国人民大学出版社, 1997：7.

第二，考试可控制人力资源标准，保证人力资源开发质量。

社会对人才素质和能力要求的变化发展，与世间其他事物的发展一样，平衡是相对的，而不平衡则是绝对的。一方面，不同类型的教育，尤其是高等教育，承担着培养社会领袖和各类高级专门人才的使命，以求适应外部社会的发展需求；另一方面，社会对各类人才的类别、结构、规格等的需求又是不断变化的。这就造成了一对矛盾，即人才供给与需求的矛盾。

在社会人才的供给与需求的联系上，可以有多种调节的手段。在计划经济条件下，社会人才的供需矛盾的解决主要通过制定相应的人才需求和培养计划实现；在市场经济条件下，社会人才的供需矛盾主要借市场机制来解决，同时政府发挥宏观的调控作用。无论是在上述哪种经济条件下，考试作为实现资源配置的一种机制，都是必不可少的。

考试可以作为供求双方的中介。考试的标准既能反映社会对人才素质和能力的要求，又能兼顾社会人才培养的可能性。社会经济发展了，技术进步了，社会各行业对人才的素质和能力的要求也就相应提高了。据此，调整考试内容，相应地提高人才录用和选拔标准，就能及时地促进社会人才需求与供给相适应。

考试在检验和评估人力资源的质量上，也能助益于社会人力资源的开发。高等学校系统的考试是检测高等教育质量的重要标尺，也是社会经济部门在录用毕业生时的重要参考。社会系统的考试是职业资格的门槛，考试结果也是社会经济部门在选聘工作人员时的重要参照。它们根据社会对人力资源素质和能力的要求，通过设置一定的考试合格标准，有效地保证了人力资源开发和供给的质量。这样循环往复，便能将社会人才的供给与需求有机统一起来，从而维护社会人才供需的总体平衡。

第三，考试可引导人力资源投资，确保人力资源投资方向。

考试对人力资源的开发还具有强烈的导向功能，它主要是由考试的社会地位和社会职能所决定的。"考试是衡量人们知识技能是否达到某一标准，关系到能否实现某一目标的客观公正的手段，它在人力资源开发利用的激励机制中，具有引导人们提高知识技能水平，为达到期望的目标，实现愿望而努力奋斗的作用。"[①]

考试的社会地位越高，考试的导向功能也就越大；高考等大规模、高利害性考试之所以广受社会瞩目，就是因为它对考生和家庭的未来前途影响重大。也就是说，高考具有重要的社会地位，国家、社会、考生和家庭均会予以特别的重视。

---

① 蒋极峰. 论社会考试在人力资源开发利用中的作用[J]. 湖北招生考试, 2005（2）: 36-39.

然而，考试在人力资源开发上也有其两重性。"科学的考试对人力资源开发有积极的促进作用，不科学的考试对人力资源的开发会产生消极影响。"[1]考试在上述人力资源开发领域功能的发挥，还有一个前提，即考试是科学和有效的。如果考试不科学，不能相对准确地甄别和测度应试者在德、才、识等方面的实际状况，不能按照社会人力资源岗位的客观要求来设计，不仅不能提升人力资源的配置效率，发挥考试在人力资源开发上的积极功效，而且还可能会损害人力资源管理的行为效率。"考试并非万能，如果任意夸大考试的作用，以为考试能指挥各行各业，或可替代其他各种育才、选才以及人力资源开发与利用的手段，随意滥用考试，无疑是违背科学的，同样会贻害人才，断送事业。"[2]

"在追求活动的正效应时，也要考虑到可能出现或者已经出现的负效应或反效应。只有承认这种现象的存在，认真研究和切实克服人类活动中的异化，才能确保人的活动作为手段与目的的一致性。"[3]然而考试也是有局限的，单一性考试方法的运用，有时并不能准确发挥其应有的功能，需要多种考试相互配合，才能有效发挥考试在人力资源开发上的功能。在现实社会中，可以说很多社会部门和单位其实并不具备开发和设计考试的条件，这样势必造成考试的有效性或考试的质量存在严重的问题。也就是说，粗制滥造的考试并不能发挥其在人力资源开发上应有的功能。所以在应用的过程中，必须根据人力资源开发的条件和实际情况的需要设计和应用考试，将考试与其他人力资源开发工具配合使用，才能真正发挥考试在人力资源开发领域的作用。

当然，人力资源开发与考试之间也不是简单的"应用与被应用"的关系，考试可以在人力资源开发中"放一异彩"，人力资源开发也是考试的社会价值转化的重要途径。当考试的结果被社会所采用且证实有效时，考试的社会价值才能得以转化和进一步显现。人力资源开发的有效性还影响着考试的社会地位。借由考试进行人力资源开发，其开发的人力资源在实际工作中的表现与考试结果之间的匹配程度，客观地反映和检验着考试的科学性与有效性。换言之，考试与人力资源开发之间是两相促进的关系：人力资源开发的绩效越显著，就意味着考试的科学性和有效性就越强；反过来，考试的科学性与有效性越高，人力资源开发的效果就越好。

### （三）考试在人力资本形成上的局限性

考试学专家廖平胜在论述考试的经济功能时，将这种功能的形成归因于人与

---

[1] 李勇. 考试在人力资源开发中的作用[J]. 教育与经济, 1996 (4): 57-59.
[2] 廖平胜, 何雄智, 梁其健. 考试学[M]. 武汉: 华中师范大学出版社, 1988: 108.
[3] 郭湛. 人活动的效率[M]. 北京: 人民出版社, 1990: 16.

外部世界的本质关系，认为考试之所以具有经济功能就在于其"能促使人力资源转化为人力资本，提高人力投资的经济效益"。它是促使"劳动力资源转化为能使经济效益成倍增长的人力资本"①的有效手段。那么考试在人力资本形成的过程中到底起了什么作用，考试是否真的能够形成人力资本？在回答这两个问题之前，还有必要说明其含义及形成途径。

对于什么是人力资本，已得到广泛而深入的探讨，在这里不再赘述。按照人力资本理论的创立者，美国经济学家舒尔茨（Theodore Schultz）的定义，人力资本是与物力资本相对应的概念。它是以劳动者的质量或其知识技能、工作能力表现出来的资本。②人力资本是通过人力投资而形成的，其形成途径主要有以下几种：其一，投资于教育的支出，通过投资教育提高工作能力和技术水平，这是最主要的途径。其二，用于卫生保健的支出，借此来增加未来劳动者的数量，保证现有劳动者的数量，提高劳动者的身体素质，从而增强其工作能力。这是人力资本形成的主要途径之一。其三，用于迁移的支出，劳动力的迁移有助于解决劳动力结构失衡等问题，有助于增加迁入地的人力资本存量，也是人力资本投资的一种重要形式。

那么考试在人力资本形成的过程中到底发挥着什么样的作用呢？

廖平胜在《考试学原理》中系统论述考试的经济功能时，从"考试拓宽人力投资渠道，提高人力投资产出率""降低人力资源开发成本，增大人力投资的收益"等方面论证考试的经济功能，却并未说明考试在人力资本形成过程中发挥了何种效能。郑若玲尝试解释这一过程，在其博士学位论文《考试与社会之关系研究——以科举、高考为例》中，郑若玲认为"人力资本的形成"是考试发挥间接经济功能的中介之一。"考试如何促使劳动力资源向人力资本转化？只有阐释清楚这一点，才能使'考试具有经济功能'的观点更有说服力。"③郑若玲的答案是"人们在备考的过程中，必然要接受相关的教育或进行针对性的学习和训练。考试不仅考出了结果，还促进了考生教育水平的提高和各方面素质和能力的提升。而这正是劳动力资源转化为人力资本进而提高生产经济效益的必要条件"③。由此论述来看，"接受相关的教育或进行针对性的学习和训练"或许才是真正形成人力资本的主因。

由此可见，考试本身并不形成所谓的"人力资本"，人力资本的形成主要借由教育投资来实现，而考试在人力资本形成的过程中所起的作用：一是作为获取

---

① 廖平胜. 考试的本质与功能[C]//《考试研究》编辑部. 考试研究（第 1 辑）. 天津：天津人民出版社，2002：1-15.

② （美）西奥多·W. 舒尔茨. 人力资本投资：教育和研究的作用[M]. 蒋斌，等，译. 北京：商务印书馆，1990.

③ 郑若玲. 考试与社会之关系研究——以科举、高考为例[D]. 厦门大学博士学位论文，2006.

教育资源的必经之途，考试赋予应试者一定的教育资格；二是作为获取社会资源的必经之途，考试甄别和检测应试者的素质和能力，即通过考试来检验教育投资的效果；人力资本的形成的主要途径还得依赖教育、培训等主要的人力资本投资手段。

考试在人力资本的形成上，主要是通过对教育发展的导向和辅助功效，发挥其在人力资本形成上的积极作用。即使是高等教育自学考试，考试本身也不会形成人力资本，而是借养成和促进个人自学，在个人自学和社会助学的过程中完成高等教育投资，从而培养经济和社会发展需要的具有高等教育素质和能力的人才。

教育系统的考试通过提升入学考试的科学性，促进教育效率的提高，进而缩短人力资本的形成周期，节约人力资本投资的成本；通过校内过程考试发挥检测、诊断、反馈、激励等功能，提升教育的整体效率和效果，从而促进人力资本的形成。社会系统的考试通过引导人力投资以及某种资格和身份的赋予，发挥衡量人力资本的标尺作用。

### （四）考试在相关产业发展上的带动性

考试早已渗透于人类社会生产和生活的各个领域的不同阶层，成为人们有效开发和利用人力资源、促进社会事业发展、迎接富有挑战性的未来的重要手段。由于考试在社会各方面得到了普遍的应用，考试规模的扩大，考试专业化程度的提高，考试产业的逐步形成，考试的关联产业也因此得到蓬勃发展，形成了以满足考试主、客体双方需要为生存依据的各种产业形态。

前文述及考试的组织和运行需要一定的物质技术条件，这就意味着社会不仅有考试的需求，考试活动本身也存在对物质技术条件的需求。考试应用领域的扩充和考试规模的扩大，意味着考试活动对相应的物质和技术条件的需求也随之扩展。

考试还是一个包含了考试主体、考试客体和考试中介的系统，是施考者和应考者之间的交互活动。考试的这种带动性主要是围绕考试主体、考试客体和考试中介这三种实体性要素进行的。由于考试对相关产业的带动有着一定的广泛性，现择要论述如下。

一类是为考试主体也就是施考者服务的产业，为考试的正常运行提供必需的物质技术条件的产业。典型的如考试技术设备提供商，考试阅卷技术系统和设备提供商，考试器材、设备、技术的提供商。它们主要用于提升考试的组织和管理效率。

另一类是为考试客体即应试者服务的产业。典型的如考试培训产业，它是为应试者谋取考试利益而服务的。还有考试书籍出版业，"在疯狂的应试教育体制下，出版业为虎作伥，刀口舐血"。"20 世纪 90 年代至今，中国出版业几乎是靠卖中小学教辅材料赢利的。"①而在当下社会，施考者本身又是为应试者服务的，他们是考试服务的供给者，构成了考试产业。

由于考试的竞争性和追逐利益的本质，在所有的应试需求中，有一种畸形的需求，就是作弊。在考试利益面前，一些应试者不惜铤而走险，走上考试作弊的歧路，从而推动了畸形的考试作弊产业的产生。

## 二、考试的经济功能具有两重性

任何手段都有其优点和缺点，有其使用范围和场合；即使在其使用的范围内，也不是包治百病的灵丹妙药，也有它的局限性。②需要指出的是，考试的经济功能并不是单一性的，它具有两重性。换言之，考试既有正向的经济功能，也存在负向的经济功能。

考试在客观上是追求效率的工具和手段，它存在的重要价值在于提高选才、育人、用才的效率。但实际上，考试的发展与人类社会其他事物的发展一样，也是一个循序渐进的过程，人类社会对考试效率的追求，还受制于社会生产力水平和考试技术。正所谓"任何时代的考试设计与实施，都要受到人的认识水平和社会发展水平的双重制约"③。

人类社会绵延至今，考试行为不仅与社会各种教育活动息息相关，在教育活动的不同阶段和领域发挥着不可替代的作用，还随着人们对考试性质和功能认识的深化而直接地为不同的社会经济系统所应用。

郑鹤翔在《中国考试制度之史的检讨》中指出，"一种制度原无绝对优劣的区分，只视其方法得当，利用周密，不无相当的功能"④。考试之法，久为人类社会所用。从考试产生至今，历史和现实业已证明，考试的确可以发挥多种功能，而这多种功能还会随着内外部环境的变化演化出新的形态。考试实际发挥什么样的作用，主要在于考试是否被恰当地运用。

科学地设计和正确地使用考试，可发挥考试在合理控制社会流动、统筹社会资源分配、科学开发人力资源等领域的作用，最终助益于人类自身和社会经济的发展。被誉为"世界现代教育史上的一个创举"⑤的高等自学考试，就成为满足社会发展需求，间接促进经济发展的一个实例。

---

① 吴非."共谋犯"之二：出版商[J]. 校长，2009（8）：34-35.
② 于信凤. 考试学引论[M]. 沈阳：辽宁人民出版社，1987：33.
③ 廖平胜. 考试学原理[M]. 武汉：华中师范大学出版社，2003：149.
④ 郑鹤翔. 中国考试制度之史的检讨[J]. 三民主义教育通讯，1936（9/10）：21-26.
⑤ 刘海峰. 高等教育自学考试制度比较研究[M]. 福州：福建教育出版社，2001：281.

在现实社会中，考试之法常常会被不科学地施行，或者因考试设计和使用的科学性不够，导致考试的异化，以至于考试不仅不能如期地完成使命，还被加载了更多超出考试之外的社会压力，导致完成不了其被期许的使命。政府当局行政主管部门热衷于举办各行业对应的资格证书考试，这种职业资格证书制度的设计本身是不错的。人们对这类资格证书的各种质疑，归根结底还是对考试的科学性问题的质疑，人们在意的是，职业资格考试能否真实检测出应试者的职业资格。倘若一方面大力开发和设计各种职业资格考试，另一方面这些设计出来的职业资格考试又不能真正地发挥考试在测度、甄别人的素质和能力上的作用，则说明考试并没有提升人类活动的效率，反而是在损耗社会资源。

清末的科举考试在内忧外患的社会形势下走上穷途末路，其中的关键还在于科举考试制度未能依据社会情势的变化及时予以调整，导致考试内容未能满足社会和经济发展对新式人才的需求，而成为阻碍经济发展的实例。

考试经济功能的两重性实际上在警醒我们，考试的科学性是关涉考试存亡的关键性因素，在关注考试的经济功能时，不能只看到考试所发挥的正向的经济功能，还应在考试发展的过程中，注意预警和转化考试可能带来的负向经济功能，在追求考试科学性的道路上不断劈浪前进。

## 三、考试经济功能的发挥及其限度

考试的经济功能和考试所具有的其他功能之间到底是一种什么关系，在什么情况下可以发挥经济功能，考试经济功能的发挥有无限度？

我们不能不承认，不论是在经济、政治或思想文化领域中，还是在体力劳动或脑力劳动中，抑或理论活动或实践活动中，都在一定程度上存在着人的活动异化的现象，即活动对于目的的某种偏离或否定。①

现代考试的经济功能被不断认识和发现，在一定程度上赋予了考试更多的经济意义。考试具有一定的经济功能，这是没有疑义的，问题在于考试的经济功能应该得到哪种程度的发挥，它的发挥是否应有必要的限度。一方面，人们在论述考试的功能时，往往是笼统地论述考试系统对外部社会系统所发挥的效能；另一方面，在具体谈论考试的经济功能时，又不能笼统地讲考试的经济功能。这是因为考试系统内部有着复杂性，考试的应用领域不同，其受到的限制也存在差异，不能认为从整体上看考试具有经济功能，就将这种整体上抽象出来的功能推而广之到一切的考试领域。本书认为，考试的经济功能的实现，应该考虑到不同领域的考试所承载的价值和核心理念的差异性，它们所发挥的功能也是存在差别的。尽管考试本身具有多

---

① 郭湛. 人活动的效率[M]. 北京：人民出版社，1990：14.

种功能，但评价、选拔人才是最主要的功能。①

正确认识和利用考试的经济功能，建立在科学的考试发展观基础上。考试的发展既是为人的发展服务，也是为社会的发展服务，归根结底还是为实现人的发展而服务的。拓展和利用考试的经济功能的根本目的还在于发挥其对经济系统的正向效应，最终为实现人在不同领域的发展而献力。

现代考试存在经济功能的客观性，意味着考试在发展的过程中要适当关照外部社会的经济系统，使考试活动在人们获得利益和满足需要的基础上发挥积极促进作用。它并不意味着要将考试作为一种能够带来巨大经济利益的工具和手段来大肆开发和利用，而是要求我们进一步重视对考试科学的研究，提升考试的科学性和有效性，从而服从和服务于考试目的的需要。

考试的经济功能的实现是有条件的。考试经济功能的实现，必须具备相应的条件。这个条件就是只有当考试被广泛应用于经济系统时，考试的经济功能才可能得以发挥。长期以来，考试制度的应用领域主要局限于社会政治领域，考试之法主要充当选拔社会治理人才的手段，并未与经济系统发生紧密的联系，而且由于考试内容长期以来也脱离于社会经济生活，这就导致考试的主要作用领域被限制在社会政治领域。虽然民间也存在另外一套不成文的考试系统，但考试作为一种社会建制来说，在与经济系统发生交互影响上并不显著。工业革命以后，科学技术进展神速，社会生产力获得巨大进步，考试的应用领域不断扩大，正式的、大规模的、成建制的考试进入经济系统，成为经济系统选拔、甄别、测度、考核人才素质能力和绩效的重要工具，正如于钦波等所言，"大机器工业和科学技术的发展为考试经济功能的实现创造了条件"②。

考试的经济功能的实现还是有限的。在考试效率与考试公平之间，应寻求一定的平衡，要善于利用考试的经济功能为社会经济发展和人的发展服务；考试经济功能的发挥不等于可以将考试视为纯粹的营利工具。

首先，我们应当承认和了解考试的经济功能，但也须承认，考试并不是用来发展经济的工具。考试的主要目的不是发展经济，不能主次颠倒。倘若将发展经济作为考试的主要目的，那就是本末倒置了。

其次，虽然从不同层面提出了考试的经济功能问题，但这一问题更多的应是意义层面的，不能因为考试的经济功能客观存在，就大肆推动和开发考试的经济价值，这样不仅会损害考试的固有功能，还可能导致考试的异化和膨胀。考试经济功能的发挥，不应该损害考试所具有的其他功能。如果因为追求考试的经济功能而导致考试的固有功能被削弱或者遮蔽，考试就失去了其对人类社

---

① 胡向东. 考试的实践与探索[M]. 武汉：华中师范大学出版社，2002：316.
② 于钦波，刘民. 考试学概论[M]. 沈阳：辽宁教育出版社，1992：32.

会活动效率的永恒追求。

社会机构和个人以提供考试服务而营利，这并无不妥之处。需要强调的是，强调考试的经济功能并不等于忽视其他功能。"人类正是在为实现预期目的的活动中，在不断地劳动、思考、谋划、设计和组织管理的过程中，逐渐进化的"，任何类型的考试都有其目的，考试是具有目的性的社会活动，"源于人及社会发展需求的考试目的，它是考试活动的出发点，也是考试活动的归宿地，考试活动的一切内容与形式，都必须服从考试目的的需要"[①]。

考试功能能否得以适当的彰显，还仰赖于考试是否具有科学性，只有考试是科学的，才能合理地继续发挥这样或那样的功能，考试的科学性与否也是其能否如期实现考试目的的归途。

考试系统可分为学校考试系统和社会考试系统。学校考试系统往往有着不同于社会考试系统的价值取向和目的追求，其经济功能的发挥更多的是间接的和隐性的，不应过于强调，以免损害学校教育的价值理念和教育目标。社会考试系统主要是服务于社会经济系统的，故在强调考试科学性的同时，其经济功能的发挥也应给予重视，从而追求为经济系统的人力资源开发和配置服务。

## 第三节　经济对考试的规约

人类社会特有的考试现象，涉及政治、经济、文化、教育等因素。成文法规考试受政治、教育、文化等影响颇深，更是作为社会政治制度中的一种，在人类社会演进的过程中，扮演着极为重要的角色。无论是从考试发展史的角度考察，还是从现实社会的考试实践来看，经济始终是考试革新发展的现实基础，对考试的整体发展有着直接的制约和决定作用。社会生产力的发展水平是考试发展的最大制约因素。

### 一、经济发展对考试需求的影响

**（一）社会的客观需求是考试发展的驱动**

考试是人类社会特有的现象，是测度、甄别人的德、学、才、识、体差异的

---

[①] 廖平胜. 考试的本质与功能[C]//《考试研究》编辑部. 考试研究（第 1 辑）. 天津：天津人民出版社，2002：1-15.

一种社会活动。①它产生于社会生产和社会生活的客观需要,并随着社会发展需求的变化而不断改变其内容、性质和模式,形成与其社会相适应的结构,从而发挥不同社会或时代所祈求的功能。"只要人类社会传递文化、判别人的个别差异的客观需求不终止,作为追求人类活动效率手段和人的存在发展方式之一的考试活动,就将继续存在。"②

社会的客观需求在社会变迁或社会转型时期表现得尤为突出。这主要是因为社会转型时期,通常是社会生产力的变革时期,也是社会政治、经济制度的形塑期,社会对人才素质和能力的要求也相应随之改变,相应的某一社会时期的人才观也会发生变化,而人才观又在一定程度上决定了考试观。③由此,也就产生了新的考试需求。

"一个社会的制度,就是为事实而想的办法。事实到了之后,才能产生新制度。"而"经济为事实之主要部分,事实之骨干"④。这是说制度从根本上就是为经济事实而想的办法,新制度的产生必有其经济事实的背景。科举考试制度的兴起,受社会的政治、经济、教育、文化等因素影响。但科举考试制度的产生绝非偶然,而是经济事实发展的必然,有着经济事实的背景。我国古代先贤在社会政治领域的"选才"实践中发现,"察举制"或"九品官人之法",虽在一定程度上也能得人,但极易导致"上品无寒门,下品无世族"等不良局面的形成,所谓官僚组织操纵于"世胄名门者"之手,不利于维护封建统治的需要。在经济上,由于铁器等生产工具的发明和改进,农耕技术有相当的进步,社会生产力得到进一步的解放,而在经济地位上得到提升的"庶族地主"阶层随之崛起,他们渴望进入社会统治阶层,获得官僚地位,以维护其既得利益。

进入魏晋以后,中国社会长期处于一种分裂状态。门阀世族垄断了清要仕途,"九品中正制"成为门阀世族维护特权的工具。南北朝时,庶族地主勃兴,门阀世族在各种打击之下渐趋衰落。隋朝建立后,重新统一了中国,同时顺应社会发展的需要,进行了一系列政治改革,地主经济得到了很大发展,庶族地主的势力更为强大。庶族地主尤其是中小地主为了维护和扩大其经济利益,迫切需要废除注重门第和血统的"九品中正制",打破门阀世族在政治上的垄断,代之以一种新的选官制度——"要求一种公平竞争的方法"⑤,即通过较为公平的竞争,获得政治地位,跻身社会统治集团的行列。科举制就是适应这一社会变动而

---

① 廖平胜,何雄智,梁其健. 考试学[M]. 武汉:华中师范大学出版社,1988:74.
② 杨学为,廖平胜. 考试社会学问题研究[M]. 武汉:华中师范大学出版社,2003:176.
③ 廖平胜,何雄智,梁其健. 考试学[M]. 武汉:华中师范大学出版社,1988:124.
④ 朝话:制度与经济[N]. 乡村建设,1935-04-01.
⑤ 陶希圣. 论科举并建议于大主考[J]. 社会与教育,1931(14):1-3.

产生的。在科举制下，不论门第高下，至少在名义和程序上是有着"考试面前人人平等"之精神的。这就较多地为新兴的庶族地主提供了通过公平竞争进入仕途的机会。[1]生产力的进步推动社会经济的发展，导致新兴社会阶层的崛起，新兴阶层在政治上的需要，使服务于政治的选才制度成为社会的迫切需要。也就是说，"到了隋代，世族已失去政治上的垄断地位，庶族地主的势力已发展到要求参加政权的地位，这样，以门第取人的九品中正制度自然就不适用了"[2]。

社会需求驱动考试变革，这种变革最容易反映在考试的内容和形式上。考试的内容主要就是考试所测量的对象，代表着社会对应试者素质和能力领域的要求；考试的形式主要是考试所呈现的形态与结构，是考试外在的表现方式。考试的形式主要受外部社会环境制约。换言之，外部的政治、经济和社会环境的变化可能影响到考试的外在表现形式。

社会转型时期的客观需求驱动考试变革的事例，就近代而言，清末的科举革废，在一定程度上就是这种驱动的典型。清代的科举考试承袭明代，考试内容长期固定，在列强入侵的社会大变革中，科举考试成为众矢之的，有识之士希望借助于科举考试内容和形式的改革，选拔一批满足当时"救亡图存"需求的新式人才。"在西方资本主义经济的冲击下，国内封闭的自然经济逐渐解体，在一定程度上动摇了耕读相连的传统科举制度的根基。近代中国资本主义工商业的兴起和发展，客观上也需要培养和选拔与之相适应的新型专门人才。"[3]由于科举考试依旧不能适应当时经济社会发展的现实需要，故其退出历史舞台的命运也就在所难免。

社会转型时期的客观需求驱动考试产生和发展的实例，在当代以高校招生考试的恢复、海外考试引入、汉语水平考试的诞生以及高等教育自学考试的创设最为典型。

社会政治、经济等领域的改革开放大背景推动社会教育领域的"拨乱反正"，恢复"高考"成为推动教育领域改革的一个重要突破口，考试之法在各领域重新得以确立。这一方面是社会各界对恢复秩序、发展经济的迫切需求；另一方面是社会各领域对人才的紧迫需求。这两方面又是统一的，社会经济需要发展，经济和产业振兴又需要大量的先进技术和人才。

受对外开放政策的推动，我国社会各领域对外交流与日俱增，顺应这一潮流，英国的IELTS、美国的TOEFL等海外语言能力考试进入我国内地，这类考试适应了对外贸易交流、海外移民、海外留学等活动对语言能力水准检验的实

---

[1] 张希清. 中国科举考试制度[M]. 北京：新华出版社，1993：11.
[2] 毛礼锐. 中国古代教育史[M]. 北京：教育科学出版社，1983：246.
[3] 张亚群. 科举革废与近代中国高等教育的转型[M]. 武汉：华中师范大学出版社，2005：226.

际需要。

汉语水平考试（HSK）也是在改革开放的社会背景之下产生的一种标准化测试。20 世纪 80 年代以来，随着我国经济的腾飞和国际经济文化交流的日益频繁，全球范围内的"汉语热"和"华文热"持续升温。"为了科学地测量汉语学习者的汉语水平，需要建立一套标准化的汉语水平考试系统，这是 HSK 考试赖以产生的社会基础。"[1]

高等教育自学考试的形成是社会高等教育供给与需求之间矛盾综合作用的结果。高等教育需求的旺盛性和高等教育资源的稀缺性是高等教育自学考试存在和发展的一个重要依据。一方面，社会改革和对外开放的现实背景急需大量各领域高级专门人才，以进行经济和各项社会事业建设。社会民众迫切需要接受高等教育以适应快速变化和发展的社会形势。另一方面，受制于国家经济发展水平和财政能力，整个社会的高等教育系统并不发达，尚不能充分地满足社会民众的高等教育需求和社会各行业对供给足够数量和质量的人才资源的现实需求。正是在高等教育资源稀缺的社会条件下，高等教育自学考试获得了其存在的价值，它发挥了补偿教育和普通高等教育的替代功能，在客观上为经济社会发展培养了一大批接受过高等教育的高级专门人才。[2]

### （二）社会的考试需求受制于生产力水平

人类社会的发展演变历程早已证明，"物质生活的生产方式制约着整个社会生活、政治生活和精神生活的过程"[3]。而在物质资料生产方式的各要素中，又以生产力最为积极活跃，一切社会关系的变革，一切社会活动内容、速度、规模及运作模式的改变，最根本的是决定于社会生产力的水平与需求。[4]考试是一种有目的、有意识的社会活动，考试的内容、形式和规模也同样将受到生产力发展水平的制约。

其一，社会对考试需求的形式、内容和规模受制于社会生产力水平。

从社会对考试需求的形式来看，人类社会考试活动的推展发生了几次伟大的变革。"考试的发展和分化，是社会进步所带来的必然结果。原因在于社会生产力的发展，私有制的出现，阶级的产生，国家的形成，社会政治、经济、科学文

---

[1] 张亚群. 论汉语水平考试的海外影响[J]. 海外华文教育，2001（3）：78-82.
[2] 胡天佑. 高等教育自学考试的发展逻辑与价值重构[J]. 考试研究，2014（1）：78-82.
[3] 中共中央马克思恩格斯列宁斯大林著作编译局. 马克思恩格斯选集（第2卷）[M]. 北京：人民出版社，1972：82.
[4] 杨学为，廖平胜. 考试社会学问题研究[M]. 武汉：华中师范大学出版社，2003：172.

化的发展对考试产生了新的需求。"①第一次变革是从语言或实践性的考试发展到成文性法规考试。原始社会和奴隶社会的考试主要以语言和实践性的考试活动为主，"原始社会的教育和考试是在社会生活与生产的实践过程中进行的，考试方法以实践为主，同时辅之以口头陈述与实际演示"②。人类语言文字的产生和完善、语言文字书写技术的进步，特别是造纸术和印刷术等技术的革新，为考试的推展和转向提供了技术和物质条件，也为考试规模的扩展提供了技术和物质上的可能性。第二次变革是从论文式考试发展到标准化考试。"工业经济社会运行与发展对考试功能的新需求，以科举为基本模式的传统论文式考试已无力满足。于是，西方国家便于19世纪60年代初开始了符合工业社会发展需求的考试模式的探索。"③随着近代科学技术的发展，心理科学、教育测量理论进入考试活动的视野，考试逐渐从论文式考试发展演变为客观性考试，这种客观性的标准化考试开始应用于社会的各个领域。

从社会对考试需求的内容来看，人类社会早期的考试活动内容主要是社会实践中的生产和生活经验。随着社会生产力水平的提升，考试内容从生产生活技能发展到一定的知识性内容，再发展到知识与能力并重的考试内容，且更加注重对能力的考察。

从社会对考试需求的规模来看，人类社会早期的考试活动规模很小，也没有制度化，主要是在生产、生活实践中进行的。随着社会生产力的发展、生产力水平的提高和社会人口的繁衍增殖，考试的规模逐步扩大，但由于考试资源的限制，考试规模也不可能无限扩大。

其二，社会对考试需求的领域受生产力水平制约。

随着社会生产力的发展、社会分工的进一步细化和科学技术进一步突飞猛进，社会生产部门对劳动力素质和能力的要求逐渐提升，社会对考试需求的领域随之推展。在社会生产力水平低下的时期，考试还仅以活动的形式存在，尚未形成建制，这时考试的应用还主要存在于社会的生活和生产实践领域。在学校制度产生以后，考试的应用领域扩展到学校，随之学校系统的考试开始相对独立于社会系统的考试。在社会的书写技术与物质条件得到提升以后，成文性的法规考试又独立于社会考试系统。这种成文性的法规考试原先只存在于社会选官领域和学校教育领域，随着社会生产力的发展和分工的细化，成文法规考试被逐步应用至人类社会生产和生活的各个需要选拔、测度、甄别人的素质和能力差异的领域，考试的应用领域随之扩展。

---

① 廖平胜，何雄智，梁其健. 考试学[M]. 武汉：华中师范大学出版社，1988：57.
② 廖平胜，何雄智，梁其健. 考试学[M]. 武汉：华中师范大学出版社，1988：55.
③ 杨学为，廖平胜. 考试社会学问题研究[M]. 武汉：华中师范大学出版社，2003：184.

### （三）经济发展对考试培训需求的刺激

人们追求活动效率和自身发展的愿望从未停止，随着社会经济的发展和人民生活水平的提高，城乡居民家庭可支配收入显著增加，对教育的需求得到扩大。随着社会经济的发展和技术的进步，社会各领域对劳动力素质和能力的要求日益提升。考试作为测度、甄别人的素质和能力差异的社会活动，被广泛地运用于社会各部门、各行业、各领域。

一方面，经济发展带来的往往是家庭和个人经济收入的逐步增加。改革开放40 余年来，我国城乡居民生活水平迅速提升。根据国家统计局发布的统计数据，2012 年，我国城镇居民人均可支配收入 24 565 元，比 1978 年增长 71 倍，年均增长 13.4%，扣除价格因素，年均增长 7.4%；农村居民人均纯收入 7 917 元，增长 58 倍，年均增长 12.7%，扣除价格因素，年均增长 7.5%。[1]随着城乡居民人均可支配收入的增加，社会民众对高等教育的需求也急剧膨胀，20 世纪 90 年代末的高校扩招政策满足了民众旺盛的高等教育需求。与之相伴的是高考等大规模考试报名人数急剧扩展，考试竞争异常激烈。在高利害性考试中占据优势，追求相应的培训，成为受教育者个人及其家庭的热切需求。这就意味着社会民众在接受各种形式的应试培训上具备了一定的支付能力。

另一方面，随着市场经济的变革，在经济发展的过程中，考试的应用方面逐步增加，考试的规模迅速扩大。随着市场经济的发展，考试培训活动开始走向产业化，专事应试培训服务的考试培训产业随之崛起，这就意味着这类产业在满足社会民众各类应试培训需求上具备了一定的现实可能性。无论是社会系统的考试还是学校系统的考试，只要存在一定规模的应试群体和考试利益，均有相应的培训服务提供者。这些考试培训服务的提供者主要有以下几种类型：一是私人出资举办，未经任何当局行政部门许可，在相对固定场所开展有偿考试培训活动的事实性机构。二是在政府工商行政部门注册的经营性教育咨询公司，它们多以"教育咨询"或"文化培训"等为主要经营范围，不具备相应的办学资质却在实际上开展相应的考试培训活动。三是政府人力资源和社会保障部门许可设立的一些职业技能类培训机构，它们也涉足考试培训领域。四是个人或企业出资举办，在政府教育行政部门注册取得办学资质，并在政府民政部门登记成为"民办非企业单位"，具有民办学校性质的考试培训机构。可以说，上述几种类型的考试培训机构，在满足应试者各种应试培训需求上，已非常普遍。

---

[1] 国家统计局. 改革开放铸辉煌 经济发展谱新篇——1978 年以来我国经济社会发展的巨大变化[N]. 人民日报，2013-11-06.

## （四）经济因素对考试行动决策的限制

对施考者而言，经济发展水平和经济资源占有情况，会限制考试的组织形式、规模和频率。

对应考者来说，经济因素或者说经济利益是限制应考者考试行动决策的主因。以全国硕士研究生入学统一考试为例，1998~2014年，我国硕士研究生入学统一考试报名人数呈增加趋势，2005年考研报名人数首次突破100万人大关，形成社会广泛瞩目的"考研热"现象。1998~2014年，报名人数仅在2008年和2014年两年出现过下降的情况（表2-1）。相关研究和舆论分析普遍认为，2008年考研报名人数下降主要是受该年世界经济危机的影响。而2014年考研报名人数下降，舆论分析认为，硕士研究生的就业形势渐显惨淡以及2014年全面启动的研究生收费制改革等是重要影响因素。也就是说，潜在的应考者对未来潜在收益进行预估，由于经济形势不景气或考试通过后经济压力，影响了考试行为。

表2-1　1998~2014年全国硕士研究生入学考试报名人数统计表　　单位：万人

| 年份 | 报考人数 | 增幅 |
| --- | --- | --- |
| 1998 | 25.91 | 13.84% |
| 1999 | 30.52 | 17.79% |
| 2000 | 37.72 | 23.59% |
| 2001 | 44.40 | 17.71% |
| 2002 | 60.06 | 35.27% |
| 2003 | 79.70 | 32.70% |
| 2004 | 94.50 | 18.57% |
| 2005 | 117.00 | 23.81% |
| 2006 | 127.50 | 8.97% |
| 2007 | 128.20 | 0.55% |
| 2008 | 120.00 | －6.40% |
| 2009 | 124.60 | 3.83% |
| 2010 | 140.60 | 12.84% |
| 2011 | 151.10 | 7.47% |
| 2012 | 165.60 | 9.60% |
| 2013 | 176.00 | 6.28% |
| 2014 | 172.00 | -2.27% |

资料来源：1998~2002年数据来源于中华人民共和国教育部高校学生司.1998~2002年全国研究生招生统计年鉴[M].北京：北京航空航天大学出版社，2003：715；2003~2014年数据来源于研究生招生各网站

近十年来频繁出现的高考"弃考"现象，在一定程度上也例证了经济因素对考试行动决策的影响（图2-1）。当下社会，如果仅从高考报名费的多寡来看，

的确还不足以影响考试行为,因为报名费的额度长时间维持在一般家庭均可承受的范围之内。而造成高考"弃考"现象的主因,不在于考试报名费,而在于应试者对考试结果所带来的经济收益的预期。

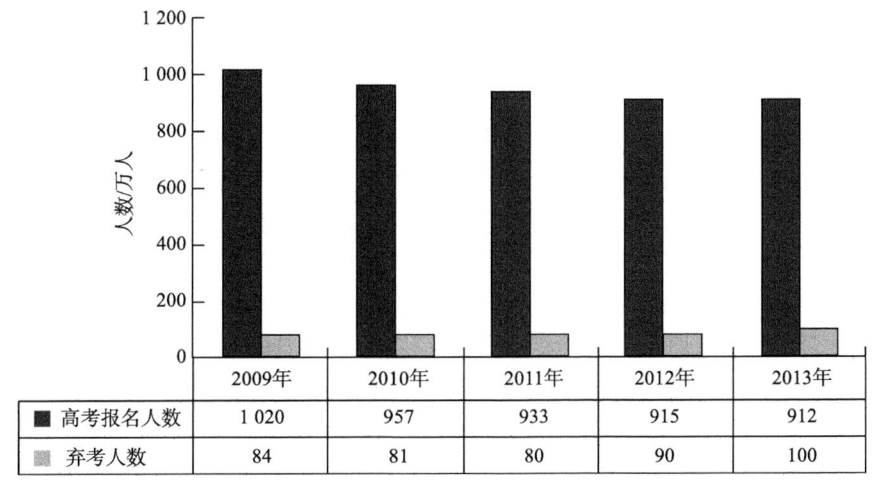

图 2-1　2009~2013 年全国高考报名人数与弃考人数统计表

资料来源:根据教育部统计公报及媒体报道统计

社会各领域的改革开放和国际交流的持续推进,满足社会相应需求的海外考试开始被引入我国。这些海外考试普遍收取较高的报名费,且主要考点分布于沿海及中心城市。以雅思考试为例,该考试进入我国以来,曾多次上调考试费用,2002 年 4 月报名费由 1 150 元上调至 1 250 元,2004 年 9 月 13 日由 1 250 元上调至 1 450 元,2011 年 3 月 16 日上调至 1 550 元,2012 年 11 月 2 日上调至 1 680 元,2014 年 1 月 10 日上调至 1 700 元(表 2-2)。相对于普通高考而言,雅思、SAT 等海外考试由于高昂的考试费用,已令很多潜在应试者望而却步。

表 2-2　2001~2014 年雅思考试报名费统计表

| 年份 | 报名费/元 | 涨幅 |
| --- | --- | --- |
| 2001 | 1 150 | — |
| 2002 | 1 250 | 8.70% |
| 2004 | 1 450 | 16.00% |
| 2011 | 1 550 | 6.90% |
| 2012 | 1 680 | 8.39% |
| 2014 | 1 700 | 1.19% |

资料来源:雅思考试中文官方网站,http://www.chinaielts.org/

在高考体系之外，一部分人还选择了另外一条道路，就是上"高中国际班"，参加所谓的"洋高考"，就读国外大学，而这种考试"钱是另一个无法忽视的问题，家长必须要承担未来至少7年（高中加大学）的持续投入，与国内的高考不可同日而语"。不考虑每年需负担的高额的高中学费，仅参加托福和SAT等考试的费用就是一笔不菲的支出，足以让普通社会民众望而却步。"在2012年11月的新一轮价格上调之后，托福考试每次收费1 500元人民币，SAT1国际考生收费为81美元。按照每门考试参加两次计算，学生最低花费4 000元人民币。"目前SAT考试在大陆地区暂未设置考场，考生须辗转到香港，或者到韩国、新加坡等地参加考试，多有不便之处。"两门考试背后还有全民参与的辅导班。以北京新东方培训学校的定价为例，一名中学生参加托福辅导，大多选择25人左右的中型规模的班级。参与基础、强化、精讲精练三个教程，每个教程7 280元，学完要2万多元。如果选择一对一的VIP课程，每小时价格从550元到900元不等，价格随课时数量递减，最低档次为10小时，9 000元，最高可到200小时，十几万元。"①

在社会经济发展形势乐观的情形下，经济系统能创造和提供更多的就业机会，参加竞争性或资格性考试通过后所获得的教育身份也就可能取得相对较高的经济利益，从而影响潜在应试者的考试行动决策。反之，在社会经济发展形势不容乐观的情形下，经济系统萧条，就业形势堪忧，参加竞争性或资格性考试通过后所获得的教育身份可能面临着失业或待业等局面，这就意味着投资将会面临短期失败，从而影响应试者的考试行动决策。

此外，在考试应试成本过高的情形下，考试本身和应考者的经济因素就可能会限制考试的行为决策，应试者可能会虑及经济方面的因素而放弃参加考试，也就是说经济因素可能会限制考试的行动决策。我国近代高等教育史上的公私立大学招生考试和当代大学自主招生考试，在这一点上有着相似之处。这两类考试的考试地点主要分布于中心城市，这就不利于考生投考，必然导致偏远地区考生应试成本偏高，从而会限制考生的考试行动决策。

## 二、经济发展对考试资源的影响

### （一）经济为考试发展提供资金和物质条件

社会经济的发展为考试事业提供了资金和物质条件，这是古今中外考试界发展历史所证明了的。我国的考试制度之所以能长时间地在世界上处于领先的地

---

① 李伟，刘敏. 洋高考：选择及选择的条件[J]. 三联生活周刊，2013（3）：78-82.

位,其根本原因还在于中国社会的生产力相对处于较高的水平。近代科举考试制度被废止,但考试作为一种制度形式被西方国家所仿效,并获得了极大的发展。第一次工业革命以后,人类自然科学的发展取得长足进步,西方社会生产力得到极大的解放,社会诸多领域的生产技术水平远远超过东方社会,随着心理学、测量学等学科的发展,考试技术逐步走向标准化和科学化,从而在考试制度的各个领域超越了东方社会。这种差距的形成在根本上其实是东西方社会经济发展水平的逆转所造成的。

  古代科举考试的有序发展也得依赖政府当局在资金和物质条件上的支援,倘若没有国库足额的经费拨付,是很难想象的。清代科举考试的支出一般包括考场建设和维护费用、考务官员薪资、应试者资助、考试运行经费、考试奖励等内容,这是很庞大的政府支出。由此,国富民丰的经济发展现实将为国库添砖加瓦,也就意味着科举考试经费的充足,能够维护和支撑科举考试系统的运行,发挥其选拔政府官员的主要或本质作用。

  当下我国考试事业发展的突出矛盾在于,高品质的考试服务供给与社会日益增长的考试需求之间的矛盾。考试应用的领域不可谓不广,但高品质的考试服务仍然是稀缺资源,考试的不断改革创新,无不在于提高考试服务的品质和科学性,服务于考试目的的需要。在解决考试事业矛盾的背景下,研究设计并提供高品质的考试服务,为社会各领域的考试需求服务,自然离不开考试经费和物质条件的支持,经济发展为考试活动的正常进行提供考试经费。当下我国考试事业的发展经费主要由两部分构成,一是政府当局的财政性拨款,维持考试机构的运营和考试事业的发展;二是依靠适当收取考试报名费的办法维护考试活动的正常进行。一方面,考试规模越来越大,考试种类越来越多;而另一方面政府财政拨款有限,从而不得不走上一条"以考养考"的道路。

## (二)经济发展拓新考试的素材和内容

  经济发展推动社会分工和产业变革,对各行业的人员素质和能力的要求日益提高。考试作为甄别、测度和选拔人才的一种社会活动,为各行业人员素质和能力的提升和相匹配的人才甄别而服务,考试内容将直接反映社会分工和产业升级对人员素质和能力的具体要求,从而回应各行业、各领域发展对人才素质和能力的新要求。

  科学和技术的进步,推动经济和社会发展,已是得到普遍公认的事实。经济发展又将为科学和技术的进步提供机遇和基础,推动人类科学和技术的进步必将反映在学校教育系统中,从而将这些科学和技术传承下去,有效选拔适宜的人接受科学和技术教育,检验这种科学和技术教育的具体成效,就得仰赖考试的及时适应，这样考试的素材和内容就将发生新的变化。

科举考试是一种旨在拔取政府官员的选拔性考试，长期以来，虽然考试素材和内容不断变革与拓新，但考试的重心并不在于社会经济生活，而以人文性、知识性的内容为主。唐代科举取士内容广泛，考试科目繁多，及至宋代，科举在经历了多次变迁之后，考试科目归并为诗赋和经义等科，最终形成诗赋、经义和策论三个主要的科目内容，建构了后世科举考试的基本格局。元代之后的科举考试将诗赋、文学等内容排除在外，确立了以朱熹所注的四书五经等儒家经典为主要考试内容和评卷标准的时代，同时考试开始采用八股文这一考试专用文体。这是一个逐步走向统一和标准化的过程，反映的是人们对考试客观性和公平性的追求。

"一定社会的考试内容，总是与一定社会的政治经济发展相适应。只要社会的政治经济状况不发生重大变化，那么考试内容就不会发生重大变化。"①科举考试在近代中国的命运，正是社会经济发展的变革与考试制度守旧之间矛盾综合作用的结果。在特殊的时代背景之下，科举考试也被赋予了革新的意义，反映社会需求的素材和内容被充实进入科举考试的变革之中。这种素材和内容的拓展，可以从清末科举考试科目的变革和科举考试具体内容的致新上窥见一斑。

"考试内容的重大变革，往往出现在社会政治经济制度发生重大变革之际。"①20世纪80年代以来，我国社会各领域开始改革开放，经济开始增速腾飞，作为高校新生的选拔性测试，高考因应这种情势，在考试素材和内容上均发生显著变化。

"考试内容的确立，往往要受制于社会对人才素质的规定，这种规定主要受社会政治经济制度和生产力发展水平以及社会文化的影响。"②现代社会早已从简单的商品生产进入市场经济条件下的扩大再生产，随着经济的发展，社会生产对劳动者素质和能力的要求愈益提高，社会的人才观念也发生相应的变化，旧有的人才标准早已不合时宜。近代以来日新月异的自然科学知识，开始进入考试视野，并且随着社会的发展，考试内容渐趋注重对人的智力的发展和能力的测量。

## 三、经济发展对考试技术的影响

考试技术是在考试活动过程中所运用的一切物质工具和方法技能的综合体。有形的考试技术主要是指考试活动中所运用的物质工具；无形的考试技术包括在解决考试问题的过程中所运用的技巧、策略、方法等。总之，考试技术是"软技

---

① 程凯，王卫东. 考试社会学概论[M]. 开封：河南大学出版社，2000：179.
② 程凯，王卫东. 考试社会学概论[M]. 开封：河南大学出版社，2000：178.

术要素"和"硬技术要素"的统一。

随着社会经济的发展和科学技术的进步，利用新的技术手段推动考试技术革新成为一种现实的可能。考试技术的进步和推广，在总体上是与社会经济发展保持同步的。

一方面，经济发展推进考试技术的革新。这里主要是从考试管理技术、考试命题技术、考试阅卷技术、考试分析与评价技术和考试安全技术等几个方面，述其大略。

从考试管理技术来看，考试管理活动最初存在于考试活动之中，随着人类社会经济的发展，才逐步从考试活动之中相对地独立出来。随着考试活动类型的逐步增加，考试范围和考试规模的逐步扩大，考试管理的需要与日俱增，考试管理开始走向专业化。考试管理技术的革新与社会的科学技术水平保持一种相对一致的步调。社会经济的发展为考试管理的进行和技术的扩展提供了经费支持。

现代科学技术的最新成果广泛应用于考试管理的全过程和各个领域，考试管理的手段开始脱离手工操作，逐步走向信息化与自动化；计算机技术、光电技术、通信技术等科学技术领域的最新成果可以逐步应用到考试管理领域，提升考试管理的科学性和水平。"考试管理手段的自动化，既可将考试管理工作人员从繁杂琐碎的手工操作事务中解放出来，使工作效率大幅度提高，又可以使管理活动过程更加程序化、规范化。"[1]

从考试命题技术来看，计算机网络技术的广泛应用使题库建设取得突破性进展；考试命题从临时组团走进专业化协作阶段，命题的科学性将进一步得到提升。相信，随着经济的发展和技术的进步，考试命题技术会越来越服务于考试主体和考试客体的需要。

从考试阅卷技术来看，从原来的人工阅卷发展到利用信息技术实现在网络可视化的条件下进行阅卷，进一步提高阅卷效率，减少阅卷误差，降低阅卷人员的工作强度。利用建立在计算机网络技术和电子扫描技术基础之上的光电阅卷机、网上阅卷系统等技术手段，实现客观题自动阅卷、主观题网上评卷。从传统的手工阅卷到网上阅卷反映了教育信息化技术的突飞猛进和考试技术的进步，将阅卷的效率、公平性、准确性提高到新的水平。

从考试分析与评价技术来看，随着现代化的网络评卷技术在全国高考、学业水平考试，以及大学英语四、六级考试和国家司法考试等各种大规模考试中的普遍应用，以及现代智能考试在英语类人机对话考试、会计从业资格考试等多类考试中的逐步应用和推广，系统而完整地采集考试数据成为一种愈加高效便捷的可能。"随着云技术、大数据技术的广泛使用，教育考试数据资源将被有效利用，

---

[1] 梁其健，葛为民. 考试管理的理论与技术[M]. 武汉：华中师范大学出版社，2002：25.

并成为教育评价的重要依据。"①

从考试安全技术来看，在社会生产力还不够发达的情况下，考试安全技术尚无特别的必要。当考试活动成为一种国家和社会建制以后，考试活动被赋予了经济的意义，在这种情况下，各种诸如考试作弊等安全失范行为时有发生。在当时的时代条件下，利用考试制度的预设和考试立法的规范成为保障考试安全的方法。随着社会生产力发展的技术的进步，考试安全技术已从严密的人防和制度预设，发展到利用制度设计和高科技手段协助控制考试安全。在现代大规模考试的实施过程中，为了防止各种考试安全事故的发生，一般情况下考场内安装有电子监控巡查系统，配备隐形耳机探测器、金属探测仪、考生指纹识别系统等高科技反作弊装备，考场外配有无线电信号屏蔽设备等高科技考试安全技术装备。这就在硬技术上保证了考试安全有序进行。

另一方面，经济发展也为考试技术的推广提供了现实的可能。某些考试技术的推广并无直接的经济成本，但有些考试技术的推广和应用则需要耗费一定的经济成本。考试技术推广的前提是考试机构和考试主体具备一定的经济条件，要能够承担得起新考试技术的引入和推广的费用。倘若考试机构和考试主体资金较为紧张、经济十分困难，那么新考试技术的引入和推广势必会受到严重影响，利用新的考试技术来推动考试科学化也就丧失了现实的可能性。

## 四、经济制度变迁与考试模式图新

在一定的社会时期，主要考试模式的形成是各种因素共同作用的结果。考试模式不仅与该时期社会的政治、经济、教育制度等相关，而且往往承袭于该社会的考试文化传统。社会经济领域制度的变迁对社会各领域均会产生广泛而深刻的影响，考试系统也不会例外。

考试变革往往是社会变革的产物和征兆，前者要从后者中寻求解释。广泛应用于社会教育和人力资源开发配置领域的考试，必须与其所处时代的经济运行机制相适应。"当一定社会的经济运行机制发生变化后，作为成文法规考试在价值取向、管理体制、运作模式等方面，只有尽快与新的经济运行机制衔接，才能使考试成为协助社会控制、促进社会发展的一种机制。与此相反，倘若新的经济运行机制已经形成，而成文法规考试的行为依然如旧，就会导致考试行为与经济运行机制脱离，甚至出现社会心理的变态和社会行为的扭曲，考试也将发生局部或全部的失控。"②

---

① 游忠惠. 大数据时代：从考试到评价的跃升[N]. 光明日报，2014-01-30.
② 杨学为，廖平胜. 考试社会学问题研究[M]. 武汉：华中师范大学出版社，2003：197.

本部分所论的考试模式图新，主要是对于校外考试而言的。校内考试的模式虽然也会受到经济制度变迁的影响，但由于教育活动的相对独立性，校内考试模式受经济制度变迁的影响相对较小。这主要是由校内考试的目的所决定的。不管经济制度如何变迁，校内考试制度模式均可能是一种必需的存在，不存在考试活动的学校教育是很难展开和无法想象的。校内考试模式的图新受考试技术的影响是最为主要的，而校外考试则不一样。校外考试种类繁多，目标多元，与社会经济系统紧密关联，受经济系统的影响大，绝大部分的校外考试是直接为经济系统的部门服务的。

"近代以来的人类社会变革，对作为社会母系统的子系统之一的考试来说，实际上是根据社会发展需求变化不断地清算旧的考试意识、不断地重新规范考试行为的过程。在计划经济渐渐远去、市场经济日益成熟的现实中国，如何将丰富的人力资源转化为高质量的人力资本，如何充分有效利用现有人力资源，是不断增强综合国力的重要前提之一。"[①]在计划经济向市场经济的转变过程中，考试这一工具应承担起推进各项社会事业发展的崇高使命。

## （一）计划经济体制下的考试模式

中华人民共和国成立初期，历经战争灾难的国民经济亟待恢复，百业待兴。面对繁重的社会改造和转型任务，新政府通过制度模仿采行了苏联的计划经济体制，使得国民经济在党和政府的掌控下，按照一定的计划和比例的模式来发展。在计划经济体制下，国民经济的发展具有高度的计划性和集中性，主要的计划指标由国家自上而下地制定，而这些计划渗透到社会和经济生活的各个领域、各个部门，成为经济社会活动的目标和行为准则。

从1952年开始，参照社会主义苏联的教育经验和教育模式，党和政府对全国的高等学校进行了院系大调整。1952年6月，全国教育工作计划座谈会召开，讨论了"全国教育建设五年计划纲要"，从而将高等教育事业正式纳入"国家计划"轨道。

在计划经济体制下，由于内外部因素的共同作用，在高等学校入学考试上，逐步形成了"统一考试，统一招生"的考试招生模式。

20世纪50年代初，为了适应社会主义改造和计划经济发展的实际需要，全国高等学校毕业生开始按照国家统一制定的指令性计划进行强制性分配，形成了高等学校毕业生的统一分配制度。在高等学校的入口环节施行按计划招生，在高等学校的出口环节施行按计划统一分配，从整体上实行"计划招生"和"统一分

---

① 杨学为，廖平胜. 考试社会学问题研究[M]. 武汉：华中师范大学出版社，2003：204.

配"相协调的招生分配制度。

需要特别指明的是，在特殊的时代背景下，考试制度的命运容易受到外部政治因素的制约，这一时期的考试模式又是极不稳定的。"文化大革命"期间，"统一考试，统一招生"的模式被彻底废除，代之以"自愿报名，群众推荐，领导批准，学校复审"的招生办法。直到1977年，"统一考试，统一招生"的模式才得以最终恢复。

在计划经济体制下，学校系统的其他考试主要承担着评定、诊断、反馈、预测和激励等功能，其考试模式极少受到经济体制的影响，而主要是受教育体制和学校管理体制的影响。

在计划经济体制下，社会主要行业和领域的人事制度长时间采取的是等级任命、分配、顶职等人事安排形式。也就是说，在社会系统考试方面，尚未建立起考试制度，社会各领域人力资源的配置不通过考试，自然也就无所谓社会系统的考试模式了。这主要是因为在计划经济体制下，社会各领域的人才主要是根据一定的用人计划而按需分配的，并由专门的人事部门负责具体的毕业生分配工作，劳动者并不需要参加考试，而是服从于组织的安排和分配。

总体来看，在计划经济体制下，社会经济生活在国家的主导下主要靠指令性计划来调节，考试管理模式是相对单一的，考试主体以国家为主，在高校招生考试制度上形成"国家主导的考试模式"。在考试服务上，以国家组织考试为主要供给模式。在考试经费上，业务活动经费主要依靠国家财政拨款。

但需要特别说明的是，统一考试并非完全是计划经济体制的产物，而是在一定的社会政治、经济、文化等多方面因素综合作用下的结果。"'统一考试'与'计划经济'可说是风马牛不相及的两回事。"[①]市场经济体制下也可以存在统一考试模式，如日本和我国台湾地区，虽然是实行市场经济的国家和地区，但是同样采用统一考试模式。这表明考试模式的形成固然要受经济体制的影响，但政治与文化传统对考试模式的影响有时更为重要。

从理论上来说，我国各级考试机构作为政府办事机构本身应该是非营利性组织，但"现实中的考试管理模式是计划经济时代的产物，考试机构在考试市场具有多重身份，它集运动员和裁判员双重角色于一身，不仅制定市场规则，而且参与利益分配。这种政府职能行为直接面对社会、贯穿于考试全过程，并带有商业行为的活动方式，显然与市场经济体制框架相悖"[②]，其弊端甚多。

---

① 赵亮宏.关于普通高校招生制度改革的几个问题[J].中国高等教育，1994（4）：4，9.
② 冀纯堂，王海.试论我国考试活动的现状与规范[J].天津大学学报（社会科学版），2004（10）：368-371.

## （二）市场经济体制下的考试模式

20世纪90年代初，我国的经济体制发生了历史性的变革，存在40余年之久的计划经济体制被社会主义市场经济体制所取代。在市场经济体制下，相对淡化了诸多领域的政治诉求，强化了效率诉求。科学、准确、客观、公正地评价劳动者的技能水平已成为市场经济发展的客观需要，构建符合市场化特征的人力资源配置模式，成为劳动人事制度改革的必然取向。

在市场经济体制下，以计划为主的人力资源配置方式，演变成了以市场调节为主的配置模式。社会各领域劳动力供求变化赋予劳动力使用者和所有者的自主权，经济体制和人力资源配置模式的变化，必然导致考试体制、模式、行为的变化。计划经济体制下的考试体制已不能适应多元化经济结构、职业结构和人才结构的变化，必须进行相应的改革。依据市场经济宏观调控、市场调节和运行法治化的特点，在开发、配置人力资源上，把宏观调控和市场调节结合起来，建立相应的考试机制显得尤为必要。

在市场经济体制下，"无论是劳动人事考试还是大学入学考试，在管理体制上，都应从政府统管、分级实施逐步向从属于政府的独立法人机构自主管理转化，逐步建立与市场经济体制相适应的考试运行机制"[①]。在市场经济体制下，"服务于人力资本培育、配置、管理的大学入学考试和各种劳动人事考试，必须正确引导人们的价值取向，科学调控人们的考试行为，迅速摆脱功利主义的束缚，伴随市场机制的不断成熟逐步走向法治化、产业化、现代化的目标"[①]。

在市场经济条件下，社会对考试活动的效率问题有了新的要求，如何科学地、有效地组织和施行考试，是政府、教育部门和社会各行业的考试用户所广泛关注的重要问题。考试的科学性和考试活动的效率要求，对政府职能的转变提出了新的挑战。在现行考试管理体制下，政府及其所属部门在考试的组织和管理上承担着重要的角色，在考试的科学性和效率性的要求下，尤其要极力地避免政府部门将考试的组织、设计和施行等环节"大包大揽"的做法。尤要在考试产品的提供、考试活动的施行等领域引入市场机制，提高考试活动施行的科学性和有效性。同时也要极力避免"政府部门在市场经济条件下把过去计划经济下很多的行政性的手法改头换面为考试"[②]的做法。

在计划经济体制下，考试的权威性取决于政府的授权与认可；但在市场经济

---

① 杨学为，廖平胜.考试社会学问题研究[M].武汉：华中师范大学出版社，2003：203.
② 顾海兵.透视中国高等教育的不公平[J].复旦教育论坛，2005（5）：50-54.

体制下，考试的权威性则主要取决于考试自身是否受到应试者的欢迎。①也就是说，在市场经济条件下，在没有政府垄断和保护的前提下，考试的生存和发展将取决于考试本身及其全过程的质量。

无论是在计划经济体制下的考试模式，还是在市场经济体制下的考试模式，任何一种考试模式均须与其时代所处的外部环境相适应，任何一种考试模式最终所服务的对象是人，其功能也还是科学地、高效地服务于社会各个领域"选才"和"育人"工作的需要。正如考试学专家廖平胜所指出的，"在人类社会发展的历史长河中，任何一个时代的考试，都必须在继承前一时代考试精华、摒弃其糟粕的基础上，针对变化发展的现实社会需求，科学利用当代社会所提供的相关资源，重新构建符合所处时代的人及社会发展需要的考试模式，才能有效发挥考试对人类社会发展的促进作用，这是人类考试演变发展的基本规律"②。

### 五、考试活动相对于经济系统的独立性

毋庸赘言，考试活动不可能完全独立地存在，它是服务于人类一定目的的社会活动。经济对考试的规约是客观存在的，但考试毕竟不同于其他社会活动，它有着相对于经济系统的独立性。考试活动的相对独立性并不是指考试活动是一种相对独立的社会活动，而是指考试活动较之于社会经济系统的相对独立性。

考试活动的这种相对独立性主要体现在以下六点。

其一，考试活动有着相异于其他社会活动的规定性。"考试是一定组织中的考试主体根据考试目的的需要，选择运用有关资料，对考试客体某方面或诸方面的素质水平进行测度、甄别和评价的一种社会活动。"③测度、甄别、评价人身心素质的个别差异，是考试活动区别于人类其他活动的特殊本质。④考试活动作为社会母系统中的一个子系统，之所以在变革和发展过程中伴随人类社会发展的始终，就在于考试活动具有不同于其他社会活动的功能。尽管人们对于考试功能的认识尚未形成定论，但考试所具有的评定、诊断、反馈、预测和激励等功能还是得到了学界的普遍认同。

其二，考试活动有其自身发展的规律性。"考试是一种相对独立的社会活

---

① 别敦荣. 用新的理念指导大学英语四、六级考试改革[J]. 厦门大学学报（哲学社会科学版），2002（2）：12-15.
② 廖平胜. 考试学原理[M]. 武汉：华中师范大学出版社，2003：99.
③ 廖平胜. 考试的本质与功能[C]//《考试研究》编辑部. 考试研究（第 1 辑）. 天津：天津人民出版社，2002：1-15.
④ 廖平胜. 考试学原理[M]. 武汉：华中师范大学出版社，2003：195.

动，其发生发展有其自身的规律，故有不为人们的主管意志所左右的一面。"①"考试如同世间其他事物一样，它是一个有规律的发展过程。"②现今存世的各种考试学论著，均在不同语境下提及"要遵循考试活动的发展规律"，然至今也未见有论者专就考试活动的规律问题做过系统的研究和完整的论述，而这不得不说是考试科学研究的遗憾。本书认为，考试活动是存在客观规律的，而且考试活动的客观规律还是一个体系，需要理论工作者和考试实践工作者持续性的研究和总结。

其三，考试活动有着与教育文化系统天然的亲近性。相较于经济系统而言，考试系统与社会的政治、教育、文化等系统的联系更为紧密。考试制度长时间应用于社会的政治领域，为政府选拔治理人才的手段，从而成为政治制度史的重要组成部分。而考试制度在社会经济系统的宽领域应用，主要是在工业革命以后。随着社会生产力的突飞猛进，资本主义经济发展进入一个高速发展的时期，迅速地超越东方社会，各行业对人才素质和能力的需求发生重要的变化，考试的方法才被广泛地应用于经济发展的诸多领域。人类社会的考试，尤其是成文法规考试，主要考察和测度的是人的知识、素质和能力，而人的知识、素质和能力的形成，除了遗传因素造就外，主要是在教育和培训的过程中形成的。考试本身就是人类社会的文化现象，考试的内容也主要归属于文化系统。尤其是高考等大规模教育考试，既是对学校教育质量的检验，也是高等学校选择新生的依据，与教育和文化系统有着天然的联系。就像廖平胜先生所指出的那样，"考试与教育是一对孪生子，并伴随着教育活动的始终"②。

其四，考试活动具有一定的历史继承性。从来每一制度的产生，必与其时代背景，有密切的关系。③一定时代的考试活动与其时代所处的社会政治、经济、教育、文化等环境高度相关，受到一定时期的社会生产力水平和社会发展需求的制约。但从整体上来说，这种考试活动又总是建立在历史上考试活动的基础上而沿袭下来，现代的考试制度总是从历史上的考试制度变革发展而来，从而带有极深的历史文化烙印。我国具有悠久的考试历史传统和深厚的考试文化，当代的考试制度也必然有意无意地取法于历史上存续时间达一千三百余年之久的科举考试制度。

其五，考试活动有着相对于经济系统的不平衡性。这主要体现在，考试制度的发展并不总与社会的经济系统保持一致。两者之间可能存在两种情形：一是社会经济系统存在新的考试需求，而考试活动却因循守旧，结果导致考试活动不能

---

① 胡向东. 考试的实践与探索[M]. 武汉：华中师范大学出版社，2002：304.
② 廖平胜. 考试的本质与功能[C]//《考试研究》编辑部. 考试研究（第 1 辑）. 天津：天津人民出版社，2002：1-15.
③ 陈祖功. 中国考试制度[J]. 天籁，1936（1）：138-158.

满足社会经济发展对相应人才选拔和配置的需要;二是通过考试内容和形式的调整和设计,引导社会人力资源开发的方向,控制和调节一定社会的人力资源结构和水准,从而能够相对有效地促进社会经济的发展。

其六,考试活动虽受制于社会的经济发展水平,却不是简单的被动受制关系。考试活动作为人类社会活动的一种,固然要受社会生产力发展水平的制约,但考试活动通过测度、甄别人的素质和能力的个别差异,也能对社会的经济发展发挥积极正面的影响,从而推动经济和社会继续向前推演和发展。

## 第四节 考试系统与经济系统的调适

考试系统作为社会母系统的子系统,具有特定的结构和功能,"一方面受到相关系统或环境的诱导乃至支配;另一方面又主动、积极地施加影响于相关系统或环境"[1]。考试系统的运行离不开社会经济系统的输入支持,经济系统的运行亦可以借助于考试系统的输出来完善自身,同时促进自身向前推展。

### 一、考试系统的核心精神

考试系统有几种不可埋灭的核心精神,尤须推重。

#### (一)才华至上理念

美国学者谢尔顿·罗斯布莱特(Sheldon Rothblatt)认为,现代考试原理是以三个不同但却相互联系的假设为基础的:①考试能够发现和鼓励才华或成绩;②不论是通过竞争来比较还是进行绝对的测试,才华是能够测量的;③才华必须得到发现、鼓励和测量,因为只有通过这些方式,才华才能被正确地在现有的职业或工作机会之间进行分配。[2]这鲜明地体现了"才华至上"的考试精神。考试系统的应用,尤其是选拔性的考试,全凭应试者个人的才华为最终取舍的标准,不注重个人的门第和家庭背景,避免了人情、关系等个人才华之外的因素的影响。尽管事实证明考试在测量人的素质和能力上尚有其局限,但考试"唯才是择",注重才华,才华至上的理念,却一直是考试所追求的核心价值,才华至上

---

[1] 廖平胜.考试学原理[M].武汉:华中师范大学出版社,2003:100.
[2] (美)谢尔顿·罗斯布莱特.现代大学及其图新——纽曼遗产在英国和美国的命运[M].别敦荣,译.北京:北京大学出版社,2013:154.

理念乃是考试系统的核心精神之一。

## （二）公平竞争精神

公平竞争是考试系统最为核心的精神。这也是考试系统之所以为人称道的最主要原因。考试系统的这种公平竞争的精神使"具有类似天赋、动机的人，不管他们的经济、社会地位如何，都应有获取政治权力地位的大致相同的机会"①。

延续了一千三百余年的科举考试，采用了很多举措来维护考试的客观性和公正性。例如，早在宋代就出现了"糊名""誊录""别试""磨勘"等一系列考试管理措施，以至于欧阳修认为，"国家取士之制，比于前世，最号至公……其无情如造化，至公若权衡"②。此外，科举考试还不断地调整考试科目并指定统一的考试内容，在追求客观公正精神的驱使下，最后规范考试形式以八股文作为考试文体，可以说"如果没有公平的拱卫和支撑，科举制度绝对会和其他制度一样，淹没在权力人情的漩涡中，消失在全社会轻忽鄙视的氛围里。科举制度之所以能走完一千三百年的历程，公平及由公平所支撑起的给予所有人的希望，是它不断改换面貌、永葆活力乃至苟延残喘、僵而不死的根本原因"③。

考试系统，不论应试者的贫富贵贱，都以考试成绩作为取舍的一条重要标准，形成了"在考试面前人人平等""在分数面前人人平等"的朴素公平观念和社会文化氛围。倘若不借由考试来竞争，权力、金钱和关系就极有可能成为竞争的手段，因而考试是维护公平竞争、维护竞争秩序的有效手段。

## （三）社会综合价值

考试在社会领域的价值表现在多个方面，人们运用考试系统所追求的往往是社会的综合价值。考试不仅在教育领域有着不可替代的价值，而且在社会领域、经济领域和文化领域等都有着极为重要的价值。在社会领域，考试既是促进社会阶层流动的工具，也是进行社会控制的手段；在经济领域，考试既是选拔各领域专门人才的工具，也是促进人力资源开发的手段；在文化领域，考试既是选择、传承和保存文化的工具，也是传播和融合文化的手段；在教育领域，考试既是促进教学和学生发展的工具，也是促进教育管理的手段；"无论是考试的政治经济价值、文化价值、教育价值，还是其他社会价值，其共同点都集中地体现在考试的检测、选拔、甄别、反馈等基本功能的方面，通过这些基本功能的发挥来最终

---

① （美）约翰·罗尔斯. 正义论[M]. 何怀宏, 译. 北京: 中国社会科学出版社, 1998: 222.
② （宋）欧阳修. 欧阳修编年集笺[M]. 成都: 巴蜀书社, 2007: 464.
③ 徐梓, 王炳照. 科举制度的公平追求及其对自身的戕害[J]. 教育学报, 2005（4）: 3-9.

实现考试的社会价值。"①

## 二、经济系统的永恒追求

经济系统也有几种不可无视的永恒追求，尤须注重。

### （一）利益（润）最大追求

经济系统是形成和创造社会财富的系统。经济系统中主体追求利益（润）的最大化是一个普遍性原则。但利益（润）最大化的追求也会产生诸多问题，正如美国管理学家彼得·德鲁克（Peter F. Drucker）所认为的那样，"利润动机以及衍生而来的利润最大化理论……导致我们的社会误解利润的本质，并对利润怀有根深蒂固的敌意，视之为工业社会最危险的疾病"②。

李光炎在《竞争论》中指出，"竞争具有普遍性，它存在于社会这个复杂系统的各个领域，作用于社会的各个不同发展阶段"③。经济系统就是一个竞争系统，尤其是在市场经济体制下，竞争更是具有普遍性，而实现自由竞争也是实现利益（润）最大化的手段。路德维希·艾哈德（Ludwig Erhard）曾经指出，"自由竞争是实现基本经济目标的最好手段，是社会市场经济制度的主要支柱。只有通过自由竞争和自由定价，才能保证经济体系协调顺利进行。凡是没有竞争的地方，也就没有进步，久而久之，社会就会停滞不前。竞争是获致繁荣和保证繁荣的最有效手段。只有竞争才能使作为消费的人们从经济发展中受到实惠。它保证随着生产力的提高而俱来的种种利益，终于归人们享受"④。

### （二）效率至上追求

市场经济体制的逐步建立使我国社会各领域均发生极具深刻的变革，这种变革不仅体现在人们在社会经济活动中将效率作为活动的目标追求，竞争和效率在某种程度上已成为人们社会活动的标尺。在社会经济系统中，人们的行为贯彻经济理性原则，将一种可客观衡量、有效率的特征作为衡量人行为是否合理的标准。正如学者王晓升所说，"在经济活动中以最小的投入获得最大的收益的经济原则是人们的行为准则，人们崇尚精打细算，高效务实

---

① 程凯，王卫东. 考试社会学概论[M]. 开封：河南大学出版社，2000：45.
② （美）彼得·德鲁克. 管理的实践[M]. 齐若兰，译. 北京：机械工业出版社，2007：30.
③ 李光炎. 竞争论[M]. 深圳：海天出版社，1988：84.
④ （德）路德维希·艾哈德. 来自竞争的繁荣[M]. 祝世康，穆家骥，译. 北京：商务印书馆，1983：30.

的工作作风；在日常生活中，人们致力于建立一个合理、合法和高效廉洁的政府，这个政府的权力不是靠神授的，不是靠武力获得的，而是人民在理性的思考的基础上理性选择的结果。在所有这些行动中，人们所遵循的主要是效率的原则"①。这也就是说，在经济系统中，效率是人们在社会经济生活中最重要的追求目标之一。虽然效率是人活动的方式，但是在经济活动中，效率至上是核心的价值追求。

### （三）经济利益价值

与考试系统不同的是，经济系统的存在基本上是围绕着经济利益而不断向前推展的。换言之，不同的经济主体在经济活动中所孜孜以求的无不是经济利益，虽然不同经济学流派的主张有所不同，但在追求人类经济利益价值这一点上，实无二致。就个人而言，在经济活动中追求以最小的代价谋得个人利益的最大化；就国家而言，无论是采取自由放任的经济政策，还是采取国家干预的经济政策，对经济发展利益的追求是无止境的。经济系统的发展，当然有助于社会母系统的发展，在这一过程中，也必然产生一定的社会效益，但经济系统信奉的不是社会价值优先，而是经济利益为先。经济系统最终是化解资源稀缺与人类无尽的欲望之间的矛盾而形成的，是维持人类生存和发展的系统，从这个意义上说，经济系统从整体上来看，并不是完全独立的系统，而是广泛地存在于其他社会系统之中。

## 三、考试系统与经济系统的矛盾与调和

### （一）考试系统与经济系统的矛盾

考试规律和经济规律的矛盾。从前文述及的情况来看，考试与经济之间的关系是错综复杂的。但正确地认识这两个系统之间的关系，有助于在现实生活中合理地规划考试系统。考试活动有其自身的规律，而经济活动亦有其客观规律，这两种活动的客观规律是不可能相同的。考试活动既要服从于考试目的的需要，又要按照考试自身的发展规律行事。

公平为重与利益为先的矛盾。考试活动的开展最主要的是要符合考试目的的需要，在达成考试目的的过程中最为器重公平。经济活动的开展最为主要的是要符合人的物质和精神欲望的满足，在达成经济目的的过程中最为注重利益。

---

① 王晓升. 价值的冲突[M]. 北京：人民出版社，2003：1.

考试效益和经济效益的矛盾。考试活动从其产生历史来看，是人类追求活动效率的产物，这种效率的提升当然有一定的积极意义。由于考试具有工具和手段的属性，考试活动的目的不同，其所产生的价值和效益，必定也不相同。考试活动注重的除了考试目的本身的效益外，还往往不可避免地会被赋予一定的政治、文化和教育意义。也就是说，考试效益注重的是一种综合效益。经济活动本身是满足人的物质欲望的，"以自由竞争为手段，以效率最大化为原则的经济行为必然会要求人们把金钱作为衡量经济活动效率的尺度"①。经济活动逐利的本性使经济效益以经济价值的利用为核心追求，金钱在市场经济条件下，被赋予了较高的社会价值，甚至成为人们追求的唯一目标。

## （二）考试系统与经济系统矛盾的调和

考试系统和经济系统在终极目标上是同一的。考试系统的发展目标因考试主体、客体的各不相同，而存在较大的差异，但最根本的还在于满足人的发展和社会发展的需要，人和社会发展的需要是考试发展的最终归宿。经济系统的发展最终价值也在于满足人的物质欲望，在于满足人和社会发展的需要。

考试系统和经济系统在系统根源上是相同的。资源的有限性永恒的存在，无论是考试系统还是经济系统，它们的存在均源于资源的有限性。人的欲望的无限性与资源的有限性之间的矛盾，是考试系统和经济系统产生的根源。

考试系统和经济系统在公平竞争上是统一的。竞争也是永恒存在的，"资源的有限性是竞争产生的最原始、最直接、最宏观的因素"②。而无论是存在于特定领域的考试系统，还是存在于广泛领域的经济系统，竞争均是普遍存在的现象。考试系统的竞争所注重的是应试者的公平竞争，这也是考试系统的核心精神；经济系统的竞争虽然追求的是利益最大化，但提倡和坚持的同样是公平竞争的核心价值。换言之，考试系统与经济系统有着同样的公平竞争追求。

考试系统和经济系统在效率追求上是一致的。无论是从考试的产生还是发展过程来看，考试均是人类社会追求活动效率的产物，考试是追求活动效率的工具。尽管考试在发展的过程中对公平的强调一度甚于对效率的追求，但对活动效率的追求始终是考试系统所必备的。经济系统对资源配置效率的要求同样不可或缺，效率至上是经济系统永恒的价值追求。

经济系统为考试系统的发展提供参照和保证。正如前文所述，经济始终是考试革新发展的根本性基础，对考试的整体发展起到了制约作用。也就是说，经济系统的发展对于考试系统而言有着极大的价值。而这种价值就是既要能够为考试

---

① 王晓升. 价值的冲突[M]. 北京：人民出版社，2003：1.
② 张培锋. 竞争论[M]. 天津：天津社会科学院出版社，2002：44.

系统的发展革新提供物质条件保证，又要能够为考试系统创造得以生存和发展的各种社会需求。同时，还要能够为考试系统提供一定的参照，在系统运营和管理上能够为考试系统迈向卓越提供若干借鉴。

考试系统为经济系统的发展提供支撑和服务。考试系统作为一种制度安排，节约了交易费用，本身就是一种经济机制。考试系统作为一种人类的反身评价活动，其与人这一经济系统运行的核心具有与生俱来的联系的特点，将考试系统与经济系统联系起来。考试活动的反身评价属性以及测度、甄别人的素质和能力的个别差异的本质，将促进人对自身的了解，进而促进人自身和社会的发展，在这个意义上能够为经济系统提供一定的人力资源支撑和服务。是故，将考试系统与经济系统协调起来，促进考试系统的发展，同时也有益于促进经济系统的发展。

统整、融合考试系统和经济系统为人类社会的发展谋福祉。现实社会中这两个系统往往是交融在一起的，本身就密不可分。尤其是社会系统的考试，对于实现既定的教育目标，开发和合理利用社会人力资源，促进社会发展有着不可替代的作用。问题就在于，在当下社会人们往往借助于考试系统来发展经济系统，从而导致对经济系统价值的过分追求，而掩盖或损害了考试系统的核心精神。这是人们不愿意看到的，也损害了人们的切身利益，最终也将是得不偿失的。从前面的论述中可以看到，考试系统和经济系统的存在是可以统一的，这种统一的整合就在于这两大系统的最高目的均在于促进人类和社会的发展。是故，唯有将考试系统和经济系统有机统整、融合起来，才能真正实现考试系统和经济系统为人类和社会的发展谋福祉的崇高目的。

# 第三章　考试经济的历史图景

习近平总书记指出，"治理国家和社会，今天遇到的很多事情都可以在历史上找到影子，历史上发生过的很多事情也都可以作为今天的镜鉴"[1]。当下社会考试领域的诸种问题，也都能从科举时代的考试活动中，寻觅到它最初的影迹。充分挖掘和利用科举史上留下的考试遗产，同时将其作为考试改革和发展前进道路上的参考，是考试研究者的主要任务之一。

科举时代，就是施行科举制度——政府以科目取士而录用之——的时代。[2] "从隋大业二年置进士科，到清光绪三十年诏废科举，有差不多一千三百余年的历史。这段历史，可以叫做科举时代。"[3]绵延一千三百余年的科举制度，"从中国文化土壤中产生出来以后，又再创造了中国文化"[4]。科举制具有非凡的意义和世界性影响，胡适认为它是"中国文化对于世界的一个伟大贡献"[5]，科举学专家刘海峰称之为"中国的第五大发明"[6]。

列宁曾指出，"为了真正获得正确处理问题的本领而不被一大堆细节或各种争执意见所迷惑，为了用科学眼光观察这个问题，最可靠、最必须、最重要的就是不要忘记基本的历史联系，考察每个问题都要看某种现象在历史上怎样发生，在发展中经过了哪些主要阶段，并根据它的这种发展去考察这一事物现在是怎样的"[7]。本部分尝试考察科举时代考试经济活动，就是要注重考试经济的历史联系，从而为当代考试经济的发展和规制提供历史借鉴。

科举考试经济活动存在于科举时代，贯穿于科举社会，在传统社会产生广泛

---

[1] 牢记历史经验历史教训历史警示　为国家治理能力现代化提供有益借鉴[N]. 光明日报，2014-10-14.
[2] 陈东原. 中国科举时代之教育[M]. 上海：商务印书馆，1934：1.
[3] 杨联陞. 科举时代的赴考旅费问题[J]. 清华学报，1961（2）：116-130.
[4] 金诤. 科举制度与中国文化[M]. 上海：上海人民出版社，1990：1.
[5] 胡适之. 考试与教育[J]. 铨政月刊，1947（1）：6-8.
[6] 刘海峰. 科举制：中国的"第五大发明"[J]. 探索与争鸣，1995（8）：41-43.
[7] （俄）列宁. 列宁选集（第 4 卷）[M]. 中共中央马克思恩格斯列宁斯大林著作编译局，编译. 北京：人民出版社，1972：43.

影响。正如科举学专家刘海峰所议,"古今时代虽变,但人性和许多道理并没有变,大规模选拔性考试所遇到的问题也非常类似,甚至有惊人的相似之处,科举历史上的许多问题和道理很值得现代人深思"①。知识经济时代勃兴发展的考试经济现象,或许可以从中觅得若干有益的启示。本章主要就什么是科举经济,科举经济的主要内容,科举经济的影响因素,科举考试的经济基础以及科举考试的经济影响等内容展开讨究。

## 第一节 科举经济的主要构成

科举考试作为"国家兴贤育才之钜典"②,对传统社会产生了深远影响。美国社会学家约翰逊(D. P. Johnson)认为,"一个概念是一个代表某个或某类现象的词(或其他象征表达式),它是我们用来称呼自己的知觉和经验并为它们做出分类的标签"③。"科举经济"虽然是一个晚近才被使用的概念,但科举经济活动却是一个历史的存在。科举经济是对因科举考试而引发的社会经济活动及其经济影响的称谓,它包括科举考试本身所导致的经济活动和科举考试所引起的其他经济活动。

在科举时代,科举考试是"国家抡才大典",统摄社会全局,历朝历代统治者均予以高度重视,其主要目的还是选拔优质的政府官员,即所谓"贤才",以"治国理政"。随着社会生产力的发展和人口的增长,科举考试活动逐步规范化、制度化、专业化和规模化,形成一个特殊的"科举社会",并由此衍生出诸种科举经济活动。又因我国封建社会的经济建基于"地主经济"或曰"农业经济"之上,封建统治者长期以来奉行"重农抑商"的经济政策,社会商品经济的发展受到很大程度的制约,科举经济活动也就囿于一定的领域和范围。

### 一、政府的科举经费

科举时代政府的科举经费多是系科举考试制度设计所造就。在考试地点设计上,乡试每三年一次在省城贡院举行,会试定在京城礼部举行;在考试管理上,乡试正、副主考官由皇帝委派,同考官由邻省或本省举人、进士充任;举人进京

---

① 刘海峰. 科举研究与高考改革[J]. 厦门大学学报(哲学社会科学版),2007(5):64-71.
② (清)杜受田. 钦定科场条例(卷四十五)[C]//(清)顾廷龙. 续修四库全书(第830册). 上海:上海古籍出版社,1995:327.
③ (美)D. P. 约翰逊. 社会学理论[M]. 南开大学社会学系,译. 北京:国际文化出版公司,1988:42.

参加会试，适当资助盘费；考试结束后，根据考试名次例有赏赐。这些科举考试的制度设计，是政府科举经费的主要形成因素。政府的科举经费主要由中央政府和地方政府共同承担。根据《钦定大清会典事例》记载，清代前期较为固定的财政支出共有十二项，分别为祭祀之款、仪宪之款、俸食之款、科场之款、饷乾之款、驿站之款、廪膳之款、赏恤之款、修缮之款、采办之款、织造之款、公廉之款。其中，"科场之款"是政府财政支出的一个常项。而政府科举经费的来源，据清代嘉庆年间撰成的《增城县志》记载，"凡买产人户每价一两税银三分，另征银一分，以为科场经费之用。原额征科场银一百一十六两六钱六分七厘。雍正六年，奉颁布政司契纸，令业户买回填写赴县投纳，仍每两税银三分科场银一分，随征随解无定额。乾隆元年停止契纸，乾隆二年复回契尾，税科照旧征解，本县每年约征科银一千两无定额"①。现将科举时代政府的科举经费的主要构成分述如下。

## （一）考试路费

考试活动由考试主体和考试客体两方面参与，缺一不可。由于科举考试的制度设计，科举时代政府支出的科举考试路费主要由两部分组成：一是考官路费；一是考生路费。兹分而述之。

科举考试乡试一级的考试地点分散于全国各主要省城，而考官为朝廷委派，从京城官员中选拔派出，于是考官的路费就产生了。这里的考官路费主要是乡试正、副主考官的路费。清代初期，并无统一的考官路费。直到乾隆三年，清高宗才决定根据路途之远近给各省考官提供路费，"每科主考差往各省，彼地督抚有无馈送路费，向无定例，其数目之多寡亦无成规。伊等回京时，有奏闻者，有不奏者，亦不画一。自应酌定一例，俾永远遵行，庶无轻重不均之事，今朕酌量道途之远近，分别路费之多寡：云南，八百两；贵州，七百两；四川、广东、广西、福建、湖南，六百两；江南、浙江、湖北、江西、陕西，五百两；河南、山西、山东，四百两。尔等可寄信各督抚，遵照此数，不得以私意增减，主考等亦不得于此数之外更有所受。将此永著为例"②。光绪元年，陕西、甘肃分闱举行考试。甘肃正、副考官路费银初照陕西，给五百两，八年奏准："甘肃正、副考官，豫支路费，仿照四川额数，各给银六百两。"这项费用在正、副主考官回京时，各省督抚在"存公银两"内支给。至于各省乡试的同考官是否给予路费，则根据委派情形而定。乡试同考官从本省委任时，并无往来路费的资助；若从邻省调任，照例给予

---

① （清）赵俊．（嘉庆）增城县志（卷之六）[O]．清嘉庆二十五年刊本．
② 清高宗纯皇帝实录（二）·清实录（第10册）[M]．北京：中华书局，1985：254．

往来路费。雍正五年，从邻省举人、进士在家候选者中临时调取数十人，经选拔后充任同考官。后九卿遵旨议定：乡试同考官除顺天照例开列各官外，其外省乡试，饬令所属地方官，各将在籍候选之进士、举人，"确访读书立品、不干外事、文行素优者"，备造履历经书清册报府，申送督抚衙门亲加验看，以备邻省调取。所有"其调取之举人进士，往来路费，每人给银三十两。在本省公费银内动支"①。雍正十年改从本省在籍候选之举人、进士中考选，此后也就不存在同考官的往来路费问题。

资助应试的"盘费银"是政府科举经费的一项重要开支，其意在于资助各省举人赴京参加会试，即"体恤士子，助其资斧之需"②。举人若从原籍赴京参加会试给予盘费银，在京赴考的则不予发放。根据《钦定大清会典事例》记载，清顺治八年，"定举人会试，由布政使给予盘费，安徽二十两，江西、湖北皆十七两，福建十五两，湖南十四两，广西十二两，浙江、河南皆十两，山西七两，陕西六两，甘肃、江苏皆五两，直隶、四川皆四两，山东一两，广东二十两，惟琼州府增十两，每名三十两，于领咨日给发"②。清顺治八年，又定"云南、贵州举人，给予盘费，每名三两，仍给驿马"②。其后，广西、甘肃、四川、广东四省的举人"盘费银"略有增加。道光二年，鉴于广东距京遥远，驻防八旗文武举人进京会试资斧维艰。为资助旗籍举人会试，准许广东省于藩库银内借一万两，发商生息，遇会试之年，驻防八旗文武举人，"每名除例赏水脚银二十两零外，加赏银三十两"③。道光三年，又奏准：福建驻防之满洲、汉军举人可援广东例，"遇会试之年，每名除照例由藩司给水脚银三十余两外，加赏银四十两，年终报部覆销"③。

（二）考试印制费

依据科举考试的制度设计，考试书籍和试卷的印制费用也是政府科举经费开支中必不可少的部分。这项费用主要包括以下四类：一类是科举命题用书的印制费用。主考官出题和考试阅卷均需专门的书籍参考，初多用坊间刻本，清乾隆四年奏准改由朝廷统一颁发武英殿刻书，该年发下《御纂周易折中》《钦定书经诗经春秋传说集纂》等十四种，顺天府及各省每种各发二部，其后不断颁发。"其纸张工价，由修书处开单，礼部行文各省，即于本年乡试科场经费

---

① （清）昆冈. 钦定大清会典事例（卷三百三十四）[C]//（清）顾廷龙. 续修四库全书（第803册）. 上海：上海古籍出版社，1995：371.

② （清）昆冈. 钦定大清会典事例（卷三百三十九）[C]//（清）顾廷龙. 续修四库全书（第803册）. 上海：上海古籍出版社，1995：365.

③ （清）昆冈. 钦定大清会典事例（卷三百三十九）[C]//（清）顾廷龙. 续修四库全书（第803册）. 上海：上海古籍出版社，1995：370.

项下，酌量拨解归款。"①另一类是科举录的印制费用。乡试结束后，监临官须编辑一种"乡试题名录"，一份呈送天子，十份送至礼部。正、副主考官须负责编纂乡试录；会试结束后，主考官须负责编纂会试录；殿试结束后，礼部须为新科进士编撰登科录，收录天子制策、第一甲三名进士对策全文，罗列进士本籍姓名，呈献天子。与此同时，礼部还须印制金榜题名录与会试题名录，并分派各直省。礼部宴请之后，国子监同时会向工部领取银两一百两，于大成门外树立进士题名碑。还有一类是科举法规条例的印制费用。科举法典《钦定科场条例》悉载考试事宜，每隔十年须修纂一次，每遇会试颁发知贡举及主考等官，乡试颁发各直省监临、布政使暨典试各员，以示遵循，所关綦重。同时，各直省提调官须将历年所定科场条例"榜示于通衢，遍行晓谕"②。此项费用虽不是常项，但也属于考试书籍的印制之列。光绪十一年重修和刊印《钦定科场条例》，共用银一千五百两③。再一类就是童试、乡试、会试等考试试卷的印制费用。

### （三）考场修理费

在一般情况下，贡院三年只使用一次，每临乡试考试完毕，即行关闭。末科举人钟毓龙在《科场回忆录》中就写道，"贡院一闭，动经三年，蓬蒿没人"④，"三年只使用一次，故而容易荒废"。每到大比之年，均需对贡院进行不同程度的修缮。至于修理费用之多寡，各省贡院不一，朝廷也无定制，相同之处在于均须先奏报预算，批准后方能执行。"一般用银二三百两，多者四五百两。"⑤若是遇上贡院失火等突发情形，则所费银两甚巨。明代宛平知县沈榜在《宛署杂记》中记载了顺天府乡试考场修理的具体情形及所耗银两，"乡场修理，共银五百八十五两四钱一分七厘六毫，两县均办"⑥。

---

① （清）昆冈. 钦定大清会典事例（卷三百六十）[C]//（清）顾廷龙. 续修四库全书（第 803 册）. 上海：上海古籍出版社，1995：623.
② （清）杜受田. 钦定科场条例（卷四十三）[C]//（清）顾廷龙. 续修四库全书（第 830 册）. 上海：上海古籍出版社，1995：307.
③ （清）杜受田. 钦定科场条例（卷首）[C]//（清）顾廷龙. 续修四库全书（第 829 册）. 上海：上海古籍出版社，1995.
④ 钟毓龙. 科场回忆录[M]. 杭州：浙江古籍出版社，1987：58.
⑤ 李世愉. 清代科举费用的支出及其政策导向[C]//刘海峰，张亚群. 科举制的终结与科举学的兴起. 武汉：华中师范大学出版社，2006：426-434.
⑥ （明）沈榜. 宛署杂记[M]. 北京：北京出版社，1961：136.

## （四）考试饮馔费

乡试、会试规模较大，所需的考务人员也多，是故考务人员的饮馔费，也是一笔不小的开支。考务人员主要包括内外帘官、内场供役之人，外场番役兵丁，一般有二三千人。道光二十六年顺天乡试，"合内外官员，兵吏人役，三千有余"①。乡试发榜后有"鹿鸣宴"，殿试传胪之后有"恩荣宴"，新科举人进士和正副考官、同考官等均得与宴。清初之"恩荣宴"，极尽丰盛，"用满洲桌银盘果品，食物四十余品，皆奇珍异味，极天厨之馔"②。到清末，朝廷财政吃紧，才开始逐步从简。乡试和殿试之后的这两次宴席需费银两，在地方藩库和户部库房支出。明代宛平知县沈榜在《宛署杂记》中同样记载了顺天府乡试上下马二宴所耗银两："以上乡场上下马二宴品物，并赁办厢长家火，共该银五百九十九两五钱四分二厘六毫，两县均办。"③沈榜在《宛署杂记》还记载了顺天府乡场饮馔所耗银两，"以上乡场饮馔，共银一千五百六十六两六钱四分四厘三毫四丝七忽，二县均办"。③

## （五）考试劳务费

科举考试应试者数量庞大，考务人员所需者众。除正副主考官、同考官、监临官、提调官、监试官外，承担各类考试事物的考务人员还有四类，分别为受卷官、弥封官、誊录官和对读官。除此之外，还有一定数量的印卷官、收掌官、巡绰官、搜检官、供给官、督门官等考场整理人员。考场之内通常还配备了各种杂役，如"号军"等。科场需要雇用的誊录人员和对读人员数量众多，一般乡试在数百名至千名左右。同治十三年议定，顺天乡试用誊录书手一千二百名。但此项费用支出有限，因为"此等穷苦书役，原不能自办资斧"，所以，"每名盘费食用究属无几"。以清代江南乡试为例，科场誊录人员数量传闻达二千二百名之多，对读人员据称多达四百余名。

## （六）考试赏赐费

依科举考试的制度设计，新科举人、进士、主考官、同考官等一干人等均会得到一定的赏赐，这构成了政府科举经费支出的一个重要组成部分。

新科举人和进士可以领取朝廷赏赐的"旗匾银"，获准在本籍树立牌匾，

---

① （清）王东槐. 王文直公遗集（卷二 丙午顺天乡试监试记）[O]. 清光绪七年仲秋刻本.
② （清）吴郡缪，彤念斋. 历代贡举志（及其他五种）·胪传纪事[M]. 北京：中华书局，1985：3.
③ （明）沈榜. 宛署杂记[M]. 北京：北京出版社，1961：138.

以资纪念。这一做法在乾隆年间形成定制："原定直省乡试中式举人，各按名数给予旗匾银二十两，顺天于户部领取，各省于布政使司领取。会试中式者，各给旗匾银三十两，于户部领取。"乾隆四年又定：殿试鼎甲加增坊银五十两，共八十两，一并在户部领取。①新科举人可以在本家门前树立牌坊，以纪念乡试及第。一省之政府会向每一位举人提供银二十两，以作费用，称之为"牌坊银"或"旗匾银"，省城也会向举人提供新作的制服之费用，称之为"衣帽银"。

乡试结束之后，对正副主考官、监临官、新科举人等一干人等均有一定赏赐。乡试之后的"鹿鸣宴"赏正副主考银花、金杯、银盘、绸缎，赏监临等官银花、银杯、银盘，举人赏银花、彩旗或顶戴衣帽等物。嘉庆五年，户、工二部核准各省赏赐举人衣物及用银数：江南，每名合银一两六钱四分；贵州，五两四钱；湖北，三两七钱；湖南，二两三钱九分；浙江，三两六钱；广东，一两六钱九分；江西，一两六钱四分；四川，二两一钱九分；广西，四两三钱六分；陕西，四两八钱一分；云南，三两一钱；山东，五两四钱二分。②

殿试结束后，对新科进士、状元、主考官、同考官等一干人等均予以一定赏赐。"恩荣宴"赏新科进士表里各一端，状元赏六品顶帽及披领、腰带、靴袜、手巾、荷包等物，均由工部置备。会试考官不与"恩荣宴"，因此会试出闱日，考官知贡举以下均赴礼部筵宴，并赏考官表里各二端，同考官表里各一端，应给考官等银花。此项费用由户部拨银三百两，交大兴、宛平二县制造备用。③

恩科等特殊时期的考试，朝廷还会另行赏赐，这主要是一些临时性项目。雍正二年谕："上年天下举人，会试来过一次，今年会试者甚多，恐往返道路，及在京守候盘费，均难接济，特加恩赏，将入场之云南、广东、广西、贵州、四川五省举人每名赏银十两，福建、浙江、江南、江西、湖广、陕西六省举人，每名赏银七两，直隶、山东、河南、山西四省举人，每名赏银五两，礼部务按进场举人名籍给予。"④雍正五年又令赏给会试下第举子每人五两盘费银。雍正八年议准："赏赐下第举人盘费银两，云南、贵州二省每人七两，四川、广西二省每人六两，江南、江西、福建、浙江、湖广、陕西六省每人五两，山西、河南、山东三省每人四两，直隶每人三两。其在京中书举人等，不

---

① （清）昆冈. 钦定大清会典事例（卷三百六十二）[C]//（清）顾廷龙. 续修四库全书（第803册）. 上海：上海古籍出版社，1995：652.

② （清）杜受田. 钦定科场条例（卷四十五）[C]//（清）顾廷龙. 续修四库全书（第830册）. 上海：上海古籍出版社，1995：329-330.

③ （清）杜受田. 钦定科场条例（卷四十五）[C]//（清）顾廷龙. 续修四库全书（第830册）. 上海：上海古籍出版社，1995：337.

④ （清）昆冈. 钦定大清会典事例（卷三百六十二）[C]//（清）顾廷龙. 续修四库全书（第803册）. 上海：上海古籍出版社，1995：534.

必赏赐。"①

## 二、士子的赴考旅费

科举时代应试士子的赴考旅费是"中国教育史上一个比较有意义有趣味的问题"。①在科举考试的制度设计中，童生须到州、县治所所在地参加县试、府试，取得生员资格。再通过岁试、科试的竞争性选拔后，取得参加赴乡试的资格。但若参加乡试和会试，则须分别赴省城和京城应试，这样赴考旅费就成为士子参加考试时必须解决的一个问题。

从考试的设计和典籍记载来看，赴考旅费无疑是客观存在的。考生所在地域不同，所需赴考旅费的多寡也就不一样，但这却也是一项必备开支。古代交通多有不便，加之路途遥远，所以一般耗费时日颇多，从而产生的赴考旅费也不少。富家子弟自然不存在对这个问题的担心，而寒门子弟即便是通过考试竞争取得了乡试资格，但因要远赴省城或京城考试，所以还必须具备一定的经济基础。而且乡试考三场，每场考三天，八月初九第一场，八月十二第二场，八月十五第三场。也就是说，应试者至少需在省城寄居十天以上，考试结束一月之后公布"龙虎榜"，所以部分应试者还会选择待到放榜之后才回本籍。会试也考三场，分别在二月初九、十二、十五举行，也就是说赴京应试者同样至少需在京城滞留十天以上。会试也是在考试结束一月之后放榜，加之京城与本籍之间路途遥远，所以大部分举子都会选择在放榜之后，再做打算。乡试和会试的考试时间所耗持久，其间的旅费开支就成为赴考士子必须迈过的一道坎。

童试在府、县学举行，虽然赴考童生均为本籍生源，但考试时间持续较长，对于居住地不在县城的童生而言，赴考旅费也是必不可少的。而且需要特别注意的是，应试者中实际上还有不少"未冠"之童生，也就可能会有父母亲朋等作"考陪"。那些地域辽阔的省份的考生，即便是赴考童试，所耗也是颇巨的。

有研究认为，"参加童试和乡试，赴考费用尚不是太昂贵，各个家庭大多可以承受"②。对此，本书并不认同。参加乡试第二年在京城举行的会试，其赴考的费用则不是一笔小数目。大中四年，应试者刘蜕："家在九曲之南，去长安近四千里。膝下无怡怡之助，四海无强大之亲。日行六十里，用半岁为往来程，岁须三月侍亲左右，又留二月为乞假衣食于道路……况有疾病寒暑风雨之不可期

---

① 杨联陞. 科举时代的赴考旅费问题[J]. 清华学报，1961（2）：116-130.
② 熊贤君. 科举考试对寒士的经济救助[J]. 教育研究与实验，2007（5）：28-31.

者，杂处一岁之中哉！是风雨生白发，田园变荒芜。"①在科举时代，赴考旅费无疑是横亘在"寒俊之士"应考道路上的一道硬坎，以此造成的结果之一，就是很多士子由于经济条件的限制，不得不谋划各种办法来筹集赴考旅费。不过政府和民间对举子应会试也会有一定的补助政策和资助措施。"各省举人赴京会试，初规定沿途由公家车船供应，名曰'公车'，后来改发旅费，各省按路程远近，数目多寡不同，由本籍知县代发，呈藩库报销，沿途关卡不得留难，遇有困难，由地方官代雇交通工具。"②

### 三、士子的考试费用

现今有关科举研究的论著虽多，但鲜有就士子考试费用问题做专门讨论。"读书—应试"是一项极费钱的事业，准备参加科举考试的士子一般总是要贮备一笔不菲的考试费用。明清两代的科举考试，可大致分为童试③、乡试、会试和殿试四个类型，它们构成一个组织严密而庞大的考试体系。而士子在不同的考试层级中，会产生不同的考试费用。

在科举考试最低层级的县试的报名环节中，童生就须先找一名廪生作保，主要是确认童生的身份同时防止舞弊。而童生要求廪保担保，一般需要致以一定的谢礼，以示感谢，但是却禁止廪生强要谢礼。末科举人钟毓龙在回忆其科场生涯时写道，"惟须馈以钱，曰保结费，因保人须具结也。数目多寡无一定。余以赤贫，仅馈以制钱三百文"④。钟毓龙以赤贫之身，仍耗费了三百文，可见一般童生求人作保花费可能是不菲的。

在院试环节中，钟毓龙回忆道，"院试揭晓，谓之出簧案，亦曰红案。学中胥吏，以此届各县入泮各生分县分籍，木刊其姓名、名次，以红色印刷之，汇成一册，分送各生，而由各生酬以值"⑤。院试合格的童生，还需接受两次覆试，也就是"招覆"与"总覆"，这主要是确认考生的身份。在覆试之际，童生首先和县试一样需到礼房购买"互结单"，填写祖上三代姓名，获得两名廪生所作的保证，并请自身所属府、县学的教谕确认按印，方可将姓名造册。应考之际，按照惯例考生会向教谕缴纳"束脩"。清末江南大概为白银六两至四十两，考生家境越优越，"束脩"就愈多。不仅如此，应试者为感谢廪保、学政、教谕及其下属等，也将会耗费不菲的银两。因此，院试的合格者需要支出的白银大概在六十

---

① 熊贤君. 科举考试对寒士的经济救助[J]. 教育研究与实验，2007（5）：28-31.
② 刘兆璸. 清代科举[M]. 台北：东大图书股份有限公司，1979：55.
③ 县试、府试、岁试、科试等，都属于童试。
④ 钟毓龙. 科场回忆录[M]. 杭州：浙江古籍出版社，1987：12.
⑤ 钟毓龙. 科场回忆录[M]. 杭州：浙江古籍出版社，1987：30.

两至八十两,即便是落第者的费用,亦不下于白银二十两。

乡试应试生员在贡院三场九天之考试期间,需贡院杂役"号军"帮忙照顾饭食茶水,"号军数百名临时招募,不给工资,全恃房舍内考生赏赐"[1]。乡试中式之后,还需拜客,还得拜座师和房师(荐卷之房官)。末科举人钟毓龙在《科场回忆录》中写道,"定例,拜座师、房师,均须备挚仪。余等相约,每师各银八元"[2]。另外,乡试落第之人则会支付一定的费用,要求返还自身试卷的副本——朱卷,从而可以阅读到考官的评语,以便为将来再次应试提供参考。钟毓龙的回忆也印证了这一点,"乡试不中之卷,曰'落卷',可托门斗领出,以观阅卷者之批语。余此次落卷,屡领不发,盖胥吏居奇,要索重价。由樊介轩先生恭煦,以银四元由藩署领出"[2]。

会试应试举子所费亦不少,明代学者王世贞所撰《觚不觚录》记载,"余举进士,不能攻苦食俭,初岁费将三百金,同年中有费不能百金者,今遂过六七百金,无不取贷于人。盖赟见大小座主,会同年及乡里官长酬酢,公私宴醵,赏劳座主仆从与内阁吏部之舆人,比旧往往数倍"[3]。由此可见,应试者的京师留宿费、致读卷官之下各部官员的谢礼、致考务人员的礼品,合计每名应试者需要付银六百两。到了清代,应试者所需费用大概也不会低于这一数目。

清康熙十六年江西道监察御史何凤歧曾上奏折云:"县考有交卷桌凳之费,县至府城,近者二三百里,远者四五百里,各童既苦跋涉,又费资斧。目前军需浩繁,若停止府县两考,令每童一名纳银十两,该县收库给以收票汇解布政,其童生年貌、籍贯、保廪、甘结,该县造册申府,府缴学道,该道将童生姓名移咨布政与县批查对,年终报部,则有童千名,可助饷万两。"张杰在《清代科举家族》中以此为据,认为"一个童生仅参加县府两试的费用,就要用去十两银子……在清初十两银子通常可以买到十石粮食,相当于一个三口之家农民的全年口粮,甚至是全部家产"。张杰据此推断说"参加科举考试的费用,贫苦农民一般是负担不起的"[4]。这里有一个问题,就是"令每童一名纳银十两"并不是童试的费用,而是补充军需的一项建议。

史学家张仲礼(Chang Chung-li)在《中国绅士:关于其在19世纪中国社会中作用的研究》一书中也对考试费用进行了叙述,"考生应试必须付费。考生考试用的每套试卷都是收费的。例如,在贵州仁怀厅,童试第一场试卷收费一〇五〇文,武童二一〇〇文。考生中榜,需向教官以及为他们考试作保的廪生纳规费。

---

[1] 刘兆璸. 清代科举[M]. 台北: 东大图书股份有限公司, 1979: 36.
[2] 钟毓龙. 科场回忆录[M]. 杭州: 浙江古籍出版社, 1987: 87.
[3] (明)王世贞. 觚不觚录[C]//(清)永瑢, 纪昀. 景印文渊阁四库全书(第1041册). 台北: "台北商务印书馆", 1986: 438.
[4] 张杰. 清代科举家族[M]. 北京: 社会科学文献出版社, 2003: 69.

家道殷实的生员每项纳银七八十两，家资不富的生员也需纳约二三十两。有钱的武生员需纳百余两，较贫的也需纳六七十两"①。

清乾隆二年，"安徽应试童生，有完纳卷价之陋例。其费汇交知府直隶知州。除修葺考场外，其余则补学政养廉之不足。虽每童所出不过钱数十文，而在贫寒书生，亦不免拮据之苦。且学政养廉，朕已特颁谕旨加增，更不必取资于卷价。至于修葺考场，乃地方公事，应动存公银者。著将童生交纳卷价一事，永行禁止"②。乾隆十一年又议准：嗣后湖南童生应试，悉令自行置卷投交。其提调官所收卷价三分，照安徽之例，一体永行禁革。并行令各省，将卷价永行禁止。②

科举考试虽无正式的报名费等考试费用，但士子仍需承担一定的考试费用，只不过这种考试费用是以另外一种形式存在的。那么这种考试费用的多寡以及考试费用在科举时代的社会经济水平下处于什么位置，就是需要另行考虑的问题了。

## 四、制举用书的刊刻

科举考试过于强调"公正"，对考卷答题的评审定下了种种严格的限制，于是每一个问题应该如何作答就必须依赖标准答案，而考生当然会想知道什么是标准答案，准备考试的参考书于是产生。③这些制举用书的刊刻，随着考生需求的扩大而渐成产业。坊间刊刻的制举用书在科举考试制度定型之前就已充斥市场。这类应试参考书的内容往往随着考试内容的革新而改变。

制举用书随着科举考试制度的确立而产生。李弘祺估计，整个唐代政府共举办多达 266 次的进士考试，通过考试的考生共计 6 442 人，每次考试约有 23~24 名考生录取，录取率 1%~2%。④《旧唐书·选举志》有"明经者，但记帖括"的记载。"《旧唐书·艺文志》的经部礼类中所著录任预的《礼论帖》，《续唐书·经籍志》春秋类中所著录的《春秋传帖经新义》，以及《新唐志》的类书类中所著录白居易的《白氏经史事类》、盛均《十三家帖》等，都是这类考试用书。"⑤较之后世所不同的是，唐代科举及第后并不立即授以官职，入仕必须通过吏部的铨选考试，"其择人有四事：一曰身，取其体貌伟岸；二曰言，取其言辞辩证；三曰书，取其楷法遒美；四曰判，取其文理优长"。而在身、言、书、判中，拟判一事尤为重要。所以唐代士子对"判"尤为注重，无不熟习。当时坊

---

① （美）张仲礼. 中国绅士：关于其在 19 世纪中国社会中作用的研究[M]. 李荣昌，译. 上海：上海社会科学院出版社，1991：190.
② （清）素尔讷. 钦定学政全书校注（卷十三）[M]. 霍有明，郭海文，校注. 武汉：武汉大学出版社，2009：52.
③ 李弘祺. 学以为己：传统中国的教育[M]. 香港：香港中文大学出版社，2012：160.
④ 李弘祺. 学以为己：传统中国的教育[M]. 香港：香港中文大学出版社，2012：132.
⑤ 周彦文. 论历代书目中的制举类书籍[J]. 书目季刊，1997（1）：1-3.

间出版的供广大士子研习"判试"所用的制举用书,有张鷟的《龙筋凤骨判》以及白居易的《甲乙判》等。

宋代以降,制举用书的刊刻业已形成一定规模,"至少在十二世纪初,官方文书显示,时文刊本已达泛滥的程度"①。为考"策试"而出版的参考书称为"策括",主要是将经史及时务的主要内容编辑成简括的材料,帮助士子应付科举考试中的"策试"。北宋熙宁四年,苏轼在《议学校贡举状》中曾明言"策括"之害,"近世士人缵类经史,缀辑时务,谓之策括。待问条目,搜抉略尽,临时剽窃,篡易首尾,以眩有司。有司莫能辨也"②。南宋岳珂所撰《愧录·卷九》中载有,"自国家取士场屋,世以决科之学为先,故凡编类条目,载纲要之书,稍可以便检阅者,今汗牛充栋矣。建阳书肆,方日辑月刊,时异而岁不同,以冀速售,而四方转致传习。率携以入棘闱,务以眩有司,谓之'怀挟',视为故常"。祝尚书在《宋代科举与文学考论》一书中指出,"不管人们对科举用书如何评价,它在宋代发行量之大,影响度之深,在十至十三世纪成为壮观的文化现象,是研究宋代社会特别是科举无法回避的问题"③。

从总体来看,明代以前的制举用书刊刻,虽然仍不可避免地存在,但其规模和范围相对较小,远未形成相对专门的刻书产业。新加坡国立大学沈俊平博士的研究表明,从明代中叶以后,制举用书的出版才逐渐形成气候,规模剧增,"蓬勃发展"而影响深远。

明代是科举考试的鼎盛时期,也是制举用书刊刻业发达的年代。"洪武十七年,礼部制定颁行的'科举成式'为明清两代科举制奠定了基础。"④此后数百年间的科举制,基本上就是按照这一时期形成的科举模式运作的,并一直延续至清末科举制的废止。明初制定的"科举成式"规定,在科举考试内容中采用"八股文"这一考试专用文体。八股文是一种具有强烈的、时代性的考试文体,无论内容和格式都随时代的变化而变化,故被人称为"时文"。据郎瑛《七修类稿》载,"(明)成化以前,世无刻本时文,杭州通判沈澄,刊《京华日抄》一册,甚获重利。后闽省效之,渐及各省刊提学考卷也"。明中叶以后,随着科举考试规模的迅速扩大,士子对制举用书的需求也与日俱增,在这一过程中,民间坊刻逐步超越官方刻书的规模,并在全国范围内形成了一些比较著名的刻书重镇,如南京、苏州、杭州、建阳等。

坊刻制举用书的出版,在明代已颇具规模,且逐步发达。明代学者李濂在

---

① 刘祥光. 宋代的时文刊本与考试文化[J]. 台大文史哲学报, 2011 (75): 35-86.
② (宋)苏东坡. 苏东坡全集: 苏东坡文集[M]. 张彦修, 点校. 珠海: 珠海出版社, 1996: 535.
③ 祝尚书. 宋代科举与文学考论[M]. 郑州: 大象出版社, 2006: 280.
④ 刘海峰. 科举考试的教育视角[M]. 武汉: 湖北教育出版社, 1996: 88.

《纸说》中就言，"比岁以来，书坊非举业不刊，市肆非举业不售，士子非举业不览"①。清代的制举用书刊刻更是不减于前代，龚自珍有言，"今世科场之文，万喙相因，词可猎而取，貌可疑而肖，坊间刻本，如山如海"②。

当"科举之学，驱一世于利禄之中"③的时候，作为"举业津梁"的制举用书自然成为士子趋之若鹜的对象。④"当考试成为主要考试目的后，时文便成了通过考试的手段。吊诡之处也就在此，原先文本才是阅读的核心，时文不过是辅助性的侧文本。然而随着时间的推移，时文却反客为主，成了士人不可或缺的读物。"⑤

那些家境殷实的生员可以不用在古代书院修习课业，而且有能力延聘先生到家中进行单独的辅导训练。家境中等的可在私塾中学习举业，尽管这些塾师的素质和水平较之于地方儒学教官来说可能会逊色不少。那些家境贫寒之士在经济因素的牵制下就可能无从得到先生的指导和应试经验的传递了，他们唯有依靠自己的勤学苦练，"不过不管他们是否有塾师督导，这些不在学校修习课业的生员都需要寻求其他途径来缩短他们与在学生员的距离，像钻研诵习坊间流通的制举用书就是其中一条途径"⑥。

## 五、科举考试的辅导培训

科举者，取士之法，而书院则造士之地也。⑦科举和书院本应该相互配合，各谋所业。但在明清时期书院和学校却逐渐沦为科举考试的培训机构。特别是在宋徽宗实行学校与科举相结合的"三舍法"试验之后，官学往往被看作科举考试的预备阶段。这种倾向在明代达到了合乎逻辑的目的，当时官学已成为科举的纯粹附属物，成为供养低级学衔获得者的场所。⑧明清两代书院逐渐采行了地方官学的考课制度。"这使得书院成为科试的准备或演习，渐变为科举的附庸。"明清时期府州县学已遍布全国各地，学校和科举考试也逐步走向融合，学校考试以科举为中心，应举者必须在地方学校取得生员资格才能参加科举考试，"地方官学完全成了因应科举科目的储才之地，学校考试沦为科举考试的预备，一切均以

---

① （明）李濂. 纸说[C]//黄宗羲. 明文海（第1册）. 北京：中华书局，1987：1034.
② （清）龚自珍. 龚自珍全集（第5辑）[M]. 上海：上海人民出版社，1975：344.
③ 张家英，徐治娴. 归有光散文选[M]. 天津：百花文艺出版社，2009：15.
④ 沈俊平. 举业津梁：明中叶以后坊刻制举用书的生产与流通[M]. 台北：台湾学生书局，2009：349.
⑤ 刘祥光. 宋代的时文刊本与考试文化[J]. 台大文史哲学报，2011（75）：35-86.
⑥ 沈俊平. 举业津梁：明中叶以后坊刻制举用书的生产与流通[M]. 台北：台湾学生书局，2009：91.
⑦ 钱基博. 科举外史[J]. 光华期刊，1929（4）：1-20.
⑧ （美）贾志扬. 宋代科举[M]. 台北：东大图书股份有限公司，1995：234.

科举为准绳"。"学校科举化，科举学校化"①是这一时期的突出特点。在科举考试"指挥棒"的引导下，"明清两代的官私学校基本上丧失了教育与学术研究的职能，成为反复演习科举文章的机构"②。学术为科举所左右，"明代书院首要关注的是哲学论述，准备考试只是附带的事；但在清代，准备考试成为专注的目标"③。梁启超所谓"清代学校为考试所夺，学术为制艺所夺"④，此言不假，从学生到教授都被利诱逼迫钻研科举之学。不过与当今社会不同的是，科举时代的考试辅导和培训活动，还不太可能以产业的形式来组织，而是在"书院科举化，学校科举化"的过程中进行的。

随着科举考试竞争的激化，科举考试私人辅导逐步兴起。在科举时代，设帐授徒是低级功名群体常见的一种生存方式。不过这种生存方式也有两种情形：一是开馆设学，招募生徒，相当于开了一家补习机构，专教蒙童或科举之业，这需要具备一定的条件，即要有适宜的场地，否则就可能要在祠堂、庙宇等地开馆了；一是被富贵之家"延为西宾"。用现在的话来说，是被人请去当家庭教师。家境殷实者可敦请先生来家教授子弟，供给食宿，专门为子弟提供考试的辅导和培训，从而在谋求科举考试功名的道路上具有更大的希望。寒门子弟往往只能寒窗苦读，或借助于坊间刊刻的时文选本。科举考试辅导的兴起，是应试群体和录取名额之间矛盾的产物。一方面，家境殷实者为了在科举考试中取胜，有着聘请私塾先生培训举业的客观需求；另一方面，面对激烈的科举考试竞争，低级功名群体的生活状况堪忧，不得不另谋出路而参与到科举考试的辅导之中，"处馆授徒"就是一个不错的选择。江西南昌籍科举生徒外出处馆在当时已是声名在外。据明万历年间《新修南昌府志》载，南昌地窄民稠，人"多以手艺、教书为生，趁食四方，南北要途，居辄成市，名曰'南昌街'"⑤。

除上述五端之外，科举考试所造成的传统社会周期性的较大规模的人口流动，还促进了考试所在地商业的繁荣。在这方面以会试的所在地——京城，最为显著。清代学者震钧在《天咫偶闻》中云："每春秋二试之年，去棘闱最近诸巷，西则观音寺、水磨胡同、福建寺营、顶银胡同，南则裱褙胡同，东则牌坊胡同，北则总捕胡同，家家出赁考寓，谓之状元吉寓，每房三五金或十金，辄遣妻子归宁以避之。东单牌楼左近，百货麋集，其值则昂于平日十之三。负戴往来者，至夜不息。当此时，人数骤增至数万。市侩行商，欣欣喜色。或有终年冷

---

① 田建荣. 科举教育的传统与变迁[M]. 北京：教育科学出版社，2009：130.
② 金诤. 科举制度与中国文化[M]. 上海：上海人民出版社，1990：184.
③（美）何炳棣. 明清社会史论[M]. 徐泓，译. 台北：联经出版事业公司，2013：248.
④ 刘兆璸. 清代科举[M]. 台北：东大图书股份有限公司，1979：154.
⑤（明）范涞修，章潢. 新修南昌府志[C]//中国科学院图书馆，编. 稀见中国地方志汇刊（第25册）. 北京：中国书店，1992：64.

落，藉此数日补苴也。"①

清代进士夏仁虎在及第后，留京入仕，对科举考试所导致的京城商业繁荣状况也颇有观察："北京市面以为维持发展之道者有二：一曰引见官员，一曰考试举子。然官员引见有凭引期限，其居留之日短。举子应考，则场前之筹备，场后之候榜，中式之应官谒师，落第之留京过夏，远省士子以省行李之劳，往往住京多年，至于释褐。故其时各省会馆以及寺庙客店莫不坑谷皆满，而市肆各铺，凡以应朝夕之求馈遗之品者，值考举之年，莫不利市三倍。迨科举既废，市面遂呈萧索之象，于朝于市，其消息固相通也。"②

末科举人钟毓龙所撰的《科场回忆录》对江南乡试所在地杭州在乡试期间的商业繁荣也曾有生动描述，"乡试在八月。至七月中旬，各府士子已群集于贡院附近。其时居民多以其余屋招租，题其纸曰'安寓秋元'，其人数总在万人左右。尤热闹者，为青云街，即永宁街临时之名。凡一切考具店、书坊店等，攒聚栉比。杭人相见，辄以'曾否游青云街'为问"③。"故其时附近居民多有腾让其住宅，召寓外县考生，收租息以牟利者。"③

清末举人范子美对江南乡试也曾有过追述，"考试的人，大概寓居贡院的四旁，不能太远，为进场便利故。所以这一带的房屋，每隔三年，可得非常的利市。他们腾出自己的卧室来，赁与考试的人，价值视入场的远近分等级，自然比平常贵些……贡院一带的店铺，有两万人的买卖，生意骤盛，多有临时开设的，名为赶考。书籍铺从各处运书而来，鳞次栉比，排列的真是琳琅满目，无时没有高戴眼镜的，行其中"④。

## 第二节　科举经济的影响因素

科举是一种选拔政府官员的考试制度，选拔"治国理政"的人才是其本职所在，但在客观上也发挥着其他的社会功能。随着科举制的发展和完善，围绕着科举考试衍生了多种考试经济活动。推动科举经济形成的影响因素是多方面的，主要涉及社会经济发展的整体形势、科举考试的制度设计、科举考试规模、科举考试影响以及社会相关经济政策等广泛内容。兹将科举经济形成的主要影响因素略述如次。

---

① （清）震钧. 天咫偶闻（卷三）[C]//李家瑞，编. 北平风俗类征（下册）. 上海：商务印书馆，1937：418.

② （清）夏仁虎. 旧京琐记（卷六）[C]//（明）史玄. 旧京遗事 旧京琐记 燕京杂记. 北京：北京古籍出版社，1986：75.

③ 钟毓龙. 科场回忆录[M]. 杭州：浙江古籍出版社，1987：58.

④ 范皕海. 科举时代的追述[J]. 青年进步，1923（64）：78-82.

## 一、科举考试制度的变迁

社会发展的需要是考试制度变革的最终依据。考试制度的变革往往是适应社会变革与发展的客观需要，而考试制度的革新在客观上又扣动了社会向前发展的扳机，深刻影响着社会生活的方方面面。科举经济就是在科举考试制度变迁过程中形成和勃兴的。

科举考试是一种选拔政府官员的考试，而官员在社会层级系统中居于核心地位。政府官员职位空缺名额的有限性与社会对考取功名期望的无限性必然形成巨大的张力。"为了选拔德才兼备的官吏，科举制度自诞生之日起，就试图找出公平、公正的科举录取途径。而框定考试内容和评判标准往往成为判定公允与否的准则之一。"[①]明太祖洪武十七年，"始定科举之式，命礼部颁行各省，后遂以为永志"。明清两代五百余年的科举制度从考试内容到考试形式均沿用这一科举成式。

就考试地点而言，乡试一级于省会的贡院举行。科举考试地点设于省会，这就意味着，处于穷乡僻壤的寒门子弟，倘是依靠竞争取得了乡试资格，则要远赴省会投考。这主要是受社会生产力水平和政府财力的限制，科举考试不太可能在各地普遍设置考场。科举考试还有着一系列的仪式，若无相应的客观条件，也不可能有效地组织起来。另外，考试的安全管理也是一个不得不考虑的问题。科举考试的地点有两个特点：一是考试地点固定，有专门的考试场所。童试在县学"试舍"或"考棚"举行，乡试在南北直隶及各省省会的贡院举行，会试在京城礼部。二是考试地点为中心城市，童试在府县，乃某一地域的政治、经济、文化中心。乡试在省会，会试和殿试在京城，这些城市都属于中心城市，也是政治、经济和文化中心。

以考试内容来说，隋唐以来，科举考试内容多有变化，但从明太祖洪武十七年制定"科举成式"以后，科举考试内容就长期固定下来，考试的命题范围仅限于四书五经等儒家经典，其中四书限定在朱熹的《四书章句集注》，经义也较多使用程朱理学一派的注释著作。"科举成式"已经明确规定了科举考试第一场考试从哪些书籍里出题，八股文规定了四书五经内容注释须以程朱理学派的注解为准。换言之，从明代开始，政府当局已经明确地划定了考试的命题范围。拿现在的话来说，就是已经明确地制订了考试大纲。对于这种考试内容的划定，科举学专家刘海峰认为，"有从考试制度方面的考虑，因为举子时间精力有限，面对漫无边际的典籍，将无从学习应试，而划定一定的备考范

---

① 沈俊平. 举业津梁：明中叶以后坊刻制举用书的生产与流通[M]. 台北：台湾学生书局，2009：350.

围，指定考试所用教材，本是教育考试的一般做法"①。考试内容和命题范围的圈定，意味着按照这些命题范围的要求深加研习，就有凭此得中的可能。

从考试形式来看，科举考试由诸形式并存的考试形式发展到八股文一途，考试"衡文"逐步走向标准化。近代以来，八股文被彻底妖魔化，然而"从考试制度史的角度看，八股文是一种标准化的考试文体"②。钱穆先生认为，"从明代下半期到清代末期，三四百年间，八股文考试真是中国历史上最斲丧人才的"。这主要是从宏观意义而言的。从微观意义上，钱先生又认为，"这不过是一个客观测验标准"③。作为一种标准化的考试专用文体，正像启功先生所言，"它本身并无善恶之可言"④。它的产生也无非是为了适应考试追求客观公平的需要。"评卷时间紧促、士子人数激增、考生答卷的冗长，加上三场考试衡文标准的模糊多元，难以掌握，使得考官的工作量非常繁重和紧迫，而日趋程式化的八股文易于把握标准，便于衡文。"⑤八股文有一定的程式，只要采用适当的方法加以不断的训练和研习，是可以掌握一定的行文规律的。这也就为坊间的时文刊刻创造了理论上的可能。

## 二、科举考试规模的扩展

随着社会总人口的增加，读书人舍科举而无其他出路，故天下英才尽趋于科举一途，导致科举考试规模不断扩大，各种考试需求随之增加，对商人而言则更为有利可图。

美国学者贾志扬（John Chaffee）在《宋代科举》中文版序言中写道："科举考试的制度化（至少在上层的）及其广泛运用主要出现在宋朝。因此中国宋朝可谓历史上第一个考试取向的社会。"⑥明代以后，科举考试的规模逐步扩大。明代科举考试的主体是国子监中的监生及地方儒学的生员。此外，考课式的书院也有部分生徒获准参加科举考试。地方儒学的生员数量则远远超过监生的数目。

历史学家何炳棣（Ping-Ti Ho）在《明清社会史论》中指出，"从人口学来说，从十七世纪明末大规模农民起事，清朝的征服战争及其逐渐恢复所造成的上下波动外，自十四世纪晚期的明初到道光三十年，中国人口是持续成长的。明初人口超过六千五百万，到1600年左右的万历中期可能增加了一倍多。十七世纪晚

---

① 刘海峰. 科举考试的教育视角[M]. 武汉：湖北教育出版社，1996：93.
② 刘海峰. 科举考试的教育视角[M]. 武汉：湖北教育出版社，1996：94.
③ 钱穆. 中国历代政治得失[M]. 北京：九州出版社，2012：129.
④ 启功. 说八股[J]. 北京师范大学学报（社会科学版），1991（3）：41-63.
⑤ 沈俊平. 举业津梁：明中叶以后坊刻制举用书的生产与流通[M]. 台北：台湾学生书局，2009：109.
⑥ （美）贾志扬. 宋代科举[M]. 台北：东大图书股份有限公司，1995：1.

期的清初起，人口增长率至今未知。到了嘉庆年间人口增至三亿，到道光三十年突增至约四亿三千万。如果其他事务是一样的，当人口倍增时，高阶科名科举考试的竞争必定会越来越激烈"①。

考试规模虽随着人口的增长而扩大，但科举录取名额并未与急遽倍增的人口相配合。从表 3-1 中可见从明至清，人口增长的幅度很大。在康熙三十九年时人口近一亿五千万人，增长到嘉庆五年的三亿人，及道光三十年的四亿三千万人，无疑科举中式的难度是愈来愈激烈了。

表 3-1　科举时代以降的户口数

| 朝代 | 年份 | 户数 | 口数 |
| --- | --- | --- | --- |
| 隋 | 大业二年（606） | 8 907 536 | 46 019 956 |
| 唐 | 开元二十年（732） | 8 018 710 | 45 431 265 |
| 宋 | 大观三年（1109） | 2 0882 258 | 46 734 784 |
| 元 | 至元二十七年（1290） | 1 3196 206 | 58 834 701 |
| 明 | 洪武二十六年（1393） | 1 0653 870 | 60 545 812 |
| 清 | 嘉庆二十五年（1820） | 4 9489 715 | 264 278 228 |

资料来源：（美）何炳棣.明初以降人口及其相关问题：1368-1953[M].葛剑雄，译.北京：生活·读书·新知三联书店，2000：373

顾炎武对明代晚期的考生人数也有过估计，"今则不然，合天下之生员，县以三百计，不下五十万人，而所以教之者，仅场屋之文"②。韩国学者吴金城的研究与此一致，"明代中叶全国生员数约为三十一万人，晚明约为五十万"。陈宝良根据明代地方志书和时人留下的文集进行统计，认为"明末全国生员总数极有可能突破六十万"③，而若加上各类不与科举的生员，其数字可能更大。众多落地士子一而再，再而三地参加科举考试，社会的演进和人口的增长又相继衍生出新的士子，如此，应试的人数就像滚雪球一般，越滚越大，逐渐形成一支浩浩荡荡的科举考试大军。

科举考试规模的扩大，至少产生了下述几种重要影响。一是导致政府的科举考试经费开支明显增加，在某种程度上加重了政府和贫民的财务负担。二是突出了考试人数增长和录取名额有限之间的矛盾，政府需要的官员数量是一定的，而每年录取的人数不减反增，导致政府机构臃肿，降低政府行政效率，也存在加剧腐败的可能。三是随着读书人和应试群体的扩充，社会上对制举用书

---

① （美）何炳棣.明清社会史论[M].徐泓，译.台北：联经出版事业公司，2013：273.
② （清）顾炎武.顾亭林诗文集（卷一）[M].北京：中华书局，1983：21.
③ 陈宝良.明代儒学生员与地方社会[M].北京：中国社会科学出版社，2005：214.

的需求不断扩大，直接推动了坊间时文刊刻的发展。从十五世纪晚期开始，科举应试人数的急剧增长，带来了对考试用书和应试手册的需求。四是导致科举考试竞争程度的愈加激烈，因为考试录取的人数和比例并没有随着考试规模的扩大而有相应的增加。

### 三、科举考试竞争的加剧

科举考试是一种高利害的竞争性考试，"在缺少获得较高社会地位或政治声誉的替代品的情况下，入仕当官是首要目标"[①]。一方面生员数量膨胀，另一方面朝廷并没有相应地扩充录取名额，这就导致科举考试竞争程度的加剧。

乡试是科举考试严格意义上的第一级考试，但并不是所有的生员都有资格参加乡试，乡试是具有一定应试门槛的。因此，读书人要想在科举道路上取得最终的竞争胜利，必须首先保证取得参加乡试的资格。然而即便是通过取得生员资格的童试也是有相当难度的，只有少部分优秀的生员和学徒有这种机会。清人薛福成在《庸庵笔记》（卷六）论及了江南无锡、金匮两县的童试情形："锡、金两县，于承平时，童生应学院试者，一千数百人，而学额仅三十人。世俗之视秀才也颇重，而得之者亦颇难。往往有文学均优，写作俱佳，而偃蹇侘傺，年至斑白，犹混迹于童子军中者。"[②]明清两代县试、府试、院试三场数十次考试，统称为童试，这只是为了获得县学生员资格的入学考试而已。而府、县学的学额是一定的，在这个过程中还有大批的童生不能获取生员资格，从而在科考竞争中败下阵来。

科举生员之间具有一定等级，而等级的高低根据地方学政主持的"岁试"和"科试"的成绩而定。换言之，"岁试"和"科试"对于生员取得乡试资格而言，是至关重要的。成为生员之人，虽然在名义上获得了参加科举的考试资格，但若想真正参加科举考试，还得通过地方学政主持的科试，被认为具备一定的学力之后，方可参加乡试。具体来说，只有那些在科试中考取一、二等的生员才有资格参加乡试。科举生员和书院生徒在取得乡试资格之后，又得面临乡试的激烈竞争。"至于乡试，因为应试者众，应试生员又先经科试的甄拔，所以获中尤难。"[③]

实际上，文献资料的匮乏导致全面掌握各个朝代的科举考试录取率十分困难。按照历史研究学者钱茂伟的统计，明代乡试录取率在 4%左右。[④]会试录取

---

① （美）本杰明·艾尔曼. 经学·科举·文化史：艾尔曼自选集[M]. 复旦大学文史研究院，译. 北京：中华书局，2010：144.
② （清）薛福成. 庸庵笔记[M]. 上海：商务印书馆，1937：55.
③ 王德昭. 清代科举制度研究[M]. 北京：中华书局，1984：62.
④ 钱茂伟. 国家、科举与社会：以明代为中心的考察[M]. 北京：北京图书馆出版社，2004：99.

率，洪武年间较高，为 59%~83%。永乐以后，会试录取率间有达到 11%~15%，不过大部分时期低于 10%，甚至为 6%~7%。①总体的录取率发展是越往后越低，竞争越激烈，这是应试人数不断增加，而录取名额相对固定以后的必然现象。"从生员开始，到成为进士，只有三千分之一的机会。"②

至于清代，商衍鎏依据《大清会典事例》历科中额和《续清文献通考》殿试人数统计，清代会试共计 112 科，录取人数合计 26 391 人，平均每科录取 236 人。各科应试的人数，均无确切的记录，大抵每科新中举人约 1 200 人，历届会试落第举人投考者如以 5 倍计算，作 6 000 人，则各届会试人数为 7 000~8 000 人，也就是说，取中的机会仍仅约一与三十之比。③梁启超在《公车上书请变通科举折》中，描述了科举考试竞争之剧，"邑聚千数百童生，擢十数人为生员；省聚万数千生员，而拔百数十人为举人；天下聚数千举人，而拔百数人为进士；复于百数进士，拔十数人入翰林"④。足见科举考试竞争之惨烈。

这种对科举考试竞争的描述与美国在华传教士兼外交官何天爵（Chester Holcombe）的观察相一致，19 世纪中后期，"在北京每三年一次的考试中，应试的人数一般都在 14 000 人左右，而被录取者通常不会超过 500 人。从以上事实可以看出，科举考试的要求相当苛刻，竞争也异常激烈。事实上，每次考试中能够获得梦寐以求的学位资格者，不超过总应试人数的 10%"⑤。

科举考试竞争源于资源的有限性和利益的驱动。正如马克思所言，"人们奋斗所争取的一切，都同他们的利益有关"⑥，而"追求利益是竞争者参与竞争的最根本动力"⑦。竞争的本质，就是对同一目标的追求，力的较量，利益的再分配。⑧

科举考试竞争的加剧，至少产生了以下影响：其一，刺激了士子对制举用书的需求。为了在科举考试中取得竞争优势，无论是富家公子还是寒门子弟均得竭尽全力应付考试，坊间的时文刊刻为他们的科举生涯提供了一条可能的捷径。其二，加剧了科举考试的作弊行为。科场竞争的益加激烈，也会导致科场舞弊行为的泛滥。其三，引致了士子的出路危机，"科举这一极高的落榜率，以及作为低功名拥有者的微薄收入，迫使许多受过教育的人靠家族资产或自己的劳动过活。这些具有低级功名的人常常到繁荣的商业出版界中寻找工作，以

---

① 钱茂伟. 国家、科举与社会：以明代为中心的考察[M]. 北京：北京图书馆出版社，2004：103.
② 关文发. 明代政治制度研究[M]. 北京：中国社会科学出版社，1995：263.
③ 王德昭. 清代科举制度研究[M]. 北京：中华书局，1984：65.
④ 梁启超，等. 公车上书请变通科举折[C]//舒新城. 中国近代教育史资料. 北京：人民出版社，1981：39.
⑤ （美）何天爵. 真正的中国佬[M]. 鞠方安，译. 北京：光明日报出版社，1998：188.
⑥ 中共中央马克思恩格斯列宁斯大林著作编译局. 马克思恩格斯全集（第 33 卷）[M]. 北京：人民出版社，1979：23.
⑦ 李光焱. 竞争论[M]. 深圳：海天出版社，1988：205.
⑧ 李光焱. 竞争论[M]. 深圳：海天出版社，1988：10.

获得部分收入。科场失意的士子，多数是为生计而参与制举用书的编选，绝大多数的制举用书是生员等低功名群体所选编，而他们从事于此，多半也是出于经济方面的考虑。

## 四、科举考试利益的驱策

科举考试的成功者遵循着"读书—应试—做官"这一典型路径，"它犹如一只无形的利诱之手，把士人牵引进世俗的名利场；它犹如一把消弭反侧的连心锁，把士人与封建国家的命运扭紧套牢；它犹如一条细腻温柔的鞭子，把士人当作羔羊驱赶进帝王设置的彀中；它犹如一根神力无边的魔棒，指引着士子进学、应举、入仕的头脑和路径；它犹如一座跨越贫贱与富贵的界河的独木桥，把士人全部的身心都吸引到一个唯一的去处"[1]。人们之所以对科举考试推崇之至，究其缘由，"所存者为利禄之心"，无非是因为科举考试之下蕴含着巨大的利益，尤其是经济利益和社会地位。那么科举考试之下到底存有哪些利益呢？

在科举时代，读书人只要考取了生员，就在一定程度上意味着脱离了"平民"阶层，而进入了"士"这一阶层，成为特权阶级的一部分。清顺治九年题准颁行的"训士规条"，对于生员的规定有"免其丁粮，厚以廪膳……各衙门官以礼相待"[2]。康熙九年题准，"嗣后生员如果犯事情重，地方官先报学政，俟黜革后，治以应得之罪；若词讼小事，发学责惩，不得视同齐民，一律扑责"[3]。由此可见，科举系统最低学衔的生员也享受着"免丁粮""食廪"以及政治司法特权，而"这三大特权是很吸引人的，因此小康以上的人家，无不竭力培养子弟读书，不求中举人进士，至少也指望家门出个秀才"[4]。此外，还可以享有社会性的利益，如充任游幕、拓展社交等。顾炎武称，"一得为此，则免于编氓之役，不受侵于吏胥，齿于衣冠，得以礼见官长，而无笞捶之辱。故今之愿为生员者，非必其慕功名也，保身家而已"[5]。

《儒林外史》可以说是一部"研究明清社会重要社会阶级不可少的著作"[6]，

---

① 李纯蛟. 科举时代的应试教育[M]. 成都：巴蜀书社，2004：264.
② （清）昆冈. 钦定大清会典事例（卷三百八十九）[C]// （清）顾廷龙. 续修四库全书（第804册）. 上海：上海古籍出版社，1995：210.
③ （清）昆冈. 钦定大清会典事例（卷三百九十二）[C]// （清）顾廷龙. 续修四库全书（第804册）. 上海：上海古籍出版社，1995：259.
④ 金铮. 科举制度与中国文化[M]. 上海：上海人民出版社，1990：14.
⑤ （明）顾炎武. 顾亭林诗文集（卷一）[M]. 北京：中华书局，1983：21.
⑥ （美）何炳棣. 明清社会史论[M]. 徐泓，译. 台北：联经出版事业公司，2013：47.

小说中贫苦的读书人范进，屡试不中，在侥幸取得生员资格以后，家庭的经济状况可以说是并没有什么改善，连参加乡试的"盘费"都没有。待他考完走出考场，家里已是饿了两三天。待到中举之后，虽然一时喜极而疯，但却从根本上改变了其经济地位与社会地位。地方上举人出身和做过一任知县的张老爷，立即就登门拜访，并送给他贺仪五十两与一所大房子；之后，地方上有许多人来奉承他，有送田产的，有送店房的，还有那些破落户两口子来投身为仆图荫庇的。到两三个月，范进家中奴仆、丫鬟都有了，钱、米是不消说了。①应试者在科举考试竞争取胜之后所取得的，不仅是获得高官厚禄的希望，更是一种社会地位。

正是受科举考试背后蕴含的巨大考试利益的驱动，"凡子弟尚能读书应试的家庭，无不热衷于科举"②。士子对此趋之若鹜，商人对此热切期盼以求分得一杯羹。那些依靠不同途径发家致富的家族，只有鼓励其家族成员不断取得科举功名，才能保持其望族的社会地位。"家族如欲保有其社会地位与影响力，就必须仰赖家族成员通过科举考试。"③而那些已经成为生员的士子唯有不停地读书应考，求得功名，才能令其所获的诸种政治、经济特权得以为继，这正是科举考试的利益驱策使然。

### 五、政府相关政策的制导

第一，政府极力引导士子读书应试。

政府甚至通过公开宣扬科举考试能带来的个人利益，来引导形成争相参加科举考试的社会风气。④宋真宗所撰《劝学诗》道："富家不用买良田，书中自有千钟粟。安居不用架高堂，书中自有黄金屋。出门莫恨无人随，书中车马多如簇。娶妻莫恨无良媒，书中自有颜如玉。男儿欲遂平生志，五经勤向窗前读。"⑤王安石所撰《劝学文》云："读书不破费，读书万倍利，书显官人才，书添君子智……窗前看古书，灯下寻书义，贫者因书富，富者因书贵，愚者得书贤。"⑥这是对宋代士人及第后获得丰厚经济利益和优越社会地位的真实写照，也是科举时代读书人源源不断奔竞科场的动力之所在。

甄拔真才也好，笼络人心也罢，科举时代的历代政府均极力引导读书人参

---

① （清）吴敬梓. 儒林外史[M]. 张慧剑，校注. 北京：人民文学出版社，1958：38.
② 王德昭. 清代科举制度研究[M]. 北京：中华书局，1984：66.
③ 李弘祺. 学以为己：传统中国的教育[M]. 香港：香港中文大学出版社，2012：10.
④ 林毅夫. 李约瑟之谜、韦伯疑问和中国的奇迹[J]. 北京大学学报（哲学社会科学版），2007（7）：5-22.
⑤ （宋）黄坚. 详说古文真宝大全[M]. 熊礼汇，校. 长沙：湖南人民出版社，2007：14.
⑥ （宋）黄坚. 详说古文真宝大全[M]. 熊礼汇，校. 长沙：湖南人民出版社，2007：15.

加科举考试,并且赋予科举考试以极其重要的地位,"读书—应试—做官"成为社会普通民众走向成功道路的典范。正如马克斯·韦伯(Max Weber)在《儒教与道教》一书中所说的,"十二个世纪以来,社会地位在中国主要是由任官之资格,而不是由财富所决定的。此项资格本身又为教育,特别是科举考试所决定"①。

第二,政府相对宽松的商业政策。

宋代以后的社会商业政策相对来说较为宽松,为科举时代考试经济的发展提供了社会背景和经济基础。特别是在明代,社会已出现了资本主义萌芽,相对宽松的商业环境和政策,让科举经济中的制举用书刊刻业和其他服务于科举考试的商业发展成为可能。在元代,官私刻书均得经过复杂的批准手续。清人蔡澄所著《鸡窗丛话》记载:"元时人刻书极难,如某地某人有著作,则其地之绅士呈词于学使,学使以为不可刻,则已。如可,学使备文咨部,部议以为可,则刊版行世,不可则止。"借此可见,元代的书籍刊行政策是极严的。及至明代,这种刊行政策就已大为放宽,"无论官府、私宅、坊肆,抑或是达官显宦、读书士子、太监,只要财力所及,傭役皆可刻书"。总体来说,明代对书籍出版的管理是比较宽松的,不像宋代那样前后十余次由政府颁布禁令,也没有像元代那样有事先审查的制度,更没有禁止书籍在国内或国外流通的法规。到明代中叶以后,已经形成我国出版史上最活跃的局面。②明代包括制举用书在内的坊间刊刻之所以能够蓬勃发展,还与该时期政府对刻书实行了特殊的政策有关。"洪武元年八月,诏除书籍税"③,这对坊间刻书业来说,无疑是一个极大的刺激和解放。

第三,政府科举考试政策的制约。

除了政府的宣导和社会商业政策的宽松外,与科举考试相伴而生的科举考试经济活动,还受政府具体的科举考试政策制约。

政府的科举考试政策直接影响科举考试经济活动的盛衰。科举考试鼎盛之际,即科举考试经济活动勃兴之时。科举考试在元代一度停摆,这不仅打击了那些追求功名富贵的读书人,也深刻影响了以科举考试为生的时文刊刻业,使其在这期间陷入窘境。在科举考试恢复之后,各种坊刻考试工具书(包括时文集)大量出现。只要有科举考试,必然会引发时文的刊行,元代科举考试的停废与恢复再次清楚地展示了考试与时文的关系,④而随着清末科举制被连根拔起,存世已久的科举考试经济活动也随即退出了历史舞台。科举考试已废,取

---

① (德)马克斯·韦伯. 儒教与道教[M]. 洪天富,译. 南京:江苏人民出版社,1995:127.
② 缪咏禾. 明代出版史[M]. 南京:江苏人民出版社,2000:70.
③ (清)龙文彬. 明会要(上册)[M]. 北京:中华书局,1956:418.
④ 刘祥光. 宋代的时文刊本与考试文化[J]. 台大文史哲学报,2011(75):35-86.

而代之的是其他类型的考试活动。而只要考试活动存在一定的竞争性，就必然存在相应的应试需求，考试经济活动就成为一种必然的存在。

科举考试内容和形式的调整直接影响着制举用书的刊刻。科举考试的主要考试科目和内容，直接决定了坊间刊刻制举用书的主要内容。隋唐时代的科举考试科目类型多样，最初计有秀才、明经、进士、明法、明算、明书、开元等科，后以"进士科"最为当时所崇尚，"明经科"紧随其后。考试形式以"帖经"和"诗赋"为主。与之对应，"帖括""切韵"等制举用书的刊刻行之于世。科举考试的内容和形式在北宋中期有较大革新，尤其是"王安石秉政，以'明经'诸科，或过于机械，或空疏无用，乃尽罢诸科，独存'进士'"[①]。而进士又分为"经义"和"诗赋"两科，考试内容以"经义"和"诗赋"为主，兼有"策问"，考试形式则以经义为主。由于考试对应试者的要求不同，考试用书的形态亦随之改变。市场上随即出现了为经义考试提供应试准备的图书，主要有王雱的《书义》、夏僎《柯山书解》、王昭禹的《周礼详解》、吕祖谦的《左氏博议》等。[②]明清两代科举考试的内容和形式进一步走向规范化和标准化，既统一了考试内容（四书五经），也规定了考试形式（八股文）。明中叶以后，坊间的时文刊刻开始蓬勃发展，"流布四方，书肆资之以贾利，士子假此以侥幸"。在科举时代，制举用书的刊刻依据市场需求而动，而市场需求则源于科举考试的必考内容。哪种考试内容在科举考试中最为重要，该类制举用书的顾客群体就愈为广阔，相应地，这类制举用书的刊行就最受士子瞩目和市场青睐。

### 六、社会经济发展的铺垫

社会整体的经济发展为科举时代考试经济的发展做了铺垫。社会整体经济的发展意味着社会民众生活水平在某种程度上的提高；印刷、造纸、雕刻等领域技术水平的提升，为相关产业的发展提供了技术基础；明初政府推行的一系列休养生息的社会经济政策，使社会商品经济得到一定程度的发展，具体表现在农业商品化程度的提高，手工业和商业规模在一定程度上的扩大。社会安定，人民得以休养生息，人口数量得以增长，劳动人民的生活水平就有提高的可能性，进一步扩大了士子的各种应试需求。

何炳棣在《明清社会史论》中叙述道，"整体而言，明代是一个经济扩张的时代，稻米耕作区域的扩展，许多地区的农作物的商品化及棉纺织业的兴起，成

---

① 沈兼士.中国考试制度史[M].台北："台北商务印书馆"，1980：97.
② 沈俊平.举业津梁：明中叶以后坊刻制举用书的生产与流通[M].台北：台湾学生书局，2009：36.

为全国性的农村产业，产业与手工业的成长，国内外贸易的发展，白银不断从欧洲人与日本人手中流入，及劳役的不断雇佣化等，都促使社会经济比以前更加的多样化"①。随着社会生产力的提高，商品经济不断发展，新的生产关系、资本主义萌芽也在中国南方出现。明中叶以后，东南工商业发达地区的手工业、商业、农业等的资本主义萌芽都有了显著增长。

社会农业和手工业生产力的提高，带动了商业的发展。交通路线的不断开辟、商品流通的不断增加，促使城市的经济机能越来越强，集市在全国普遍建立，工商业城市如雨后春笋般地涌现，它们主要分布在江南、东南沿海和运河沿岸等地。经济最发达的江南地区，除了拥有棉纺织中心松江、丝织业中心苏杭、浆染业中心芜湖、造纸业中心铅山、制瓷业中心景德镇五个手工业区域，苏、松、杭、嘉、湖五府还拥有大批新兴的丝绵纺织业城镇。南北两京是全国最大的城市，既是政治中心，又有发达的工商业。在科举时代社会经济发展的背景下，随着造纸术和印刷术的技术进步，刻书产业进一步形成，为制举用书刊刻产业的勃兴，提供了社会和物质基础，创造了技术条件。

## 第三节  科举经济的各方因应

科举经济包括两个方面的内容：一是科举考试本身存在的经济活动；二是因科举考试而衍生的其他经济活动。政府、读书人和社会针对科举经济的产生形成了各种因应措施。受制于当时的时代条件，相关各方的应对不全在于经济利益。

### 一、政府刊刻，端正文风

举业用书的大行其道致使不少士子对正经、正史不置一顾，而将阅读重心放在钻研坊间俯拾即是的举业用书上。为了端正士行与矫正学风，清世祖在顺治九年严饬掌管乡试的提调官及各级教官督促儒生诵习政府刊刻的举业用书：《四书大全》《五经大全》《性理大全》《四书存疑》《四书蒙引》等，希望借此使得士子均能"淹贯三场，通晓古今，适于世用"。同时明令"其有剽窃异端邪说，矜奇立异者，不得取录"②。与此同时，政府还集中整理和刊刻了为数不少的按照程朱理学诠释的儒学论著，包括《日讲四书解义》《朱子全

---

① （美）何炳棣. 明清社会史论[M]. 徐泓，译. 台北：联经出版事业公司，2013：274.
② （清）素尔讷. 钦定学政全书校注（卷六 厘正文体）[M]. 霍有明，郭海文，校注. 武汉：武汉大学出版社，2009：26.

书》《性理精义》《四书章句集注》《五经四书读本》等，并将这些政府刻本颁发南北两京及直省所属各学与书院，"以为士子观览学习之用"，并准许坊间书贾刷印鬻售，使"士子人人诵习，以广教泽"，借此端正士行与矫正文风，"以为国家造士育才"①。

清乾隆元年，内阁学士方苞向乾隆皇帝奏请官私共同刊刻时文，清高宗予以准奏，"自坊选之禁，垂诸功令，而大家名作，不得通行，士子无由睹斯文之炳蔚……驯至先正名家之风味，邈乎难寻，所系非浅鲜也。今朕欲搜集有明及本朝诸大家时艺，精选数百篇……以为举业指南。学士方苞，工于时文，著司选文之事，务将入选之文，逐一批抉其精微奥窔之处，俾学者了然心目间，用以拳服摹拟。再会试、乡试墨卷，若必俟礼部刊发，势必旷日持久，士子一时不能观览，嗣后应弛坊间刻文之禁，倘果有学问淹博，手眼明快者，不拘乡、会墨卷、房行试牍，准其照前选刻……加惠士子，往各精勤厥业，以底大成"②。

政府所属之礼部刊刻举业指南，同时准许民间选刻，从而弥补礼部刊刻之不足，将两者结合起来，其目的无不在为广大士子提供时文写作之典范，令士子在修习举业时有所参照，同时端正文风，引导士子的八股文风走向"清真雅正"。

## 二、政府资助，广兴文教

针对经济因素对遴选真才的影响，政府还会适当资助士子的赴考路费。从所见的资料来看，乡试一级的赴考旅费尚未正式列入政府的资助范围，这可能是因为乡试主要在本省省会举行，赴考路费相对较少。会试集中在京城礼部，由于疆域辽阔，所以赴考旅费常常成为影响举人应试的重要障碍。政府资助也主要集中在会试举子。明洪武十七年规定："中式举人，出给公据，官为应付，廪给脚力赴礼部印卷会试。"③而根据《大清会典事例》，清顺治八年，"举人会试，由布政使给予盘费，安徽二十两，江西、湖北十七两，福建十五两，湖南十四两，广西十二两，浙江、河南皆十两，山西七两，陕西六两，甘肃、江苏皆五两，直隶、四川皆四两，山东一两，广东二十两，惟琼州府增十两，每名三十两，于领咨日给发"④。可见，由政府适当资助士子的赴考旅费，在明清两代已是定例。

---

① 沈俊平. 清代坊刻四书举业用书的生产活动[J]. 汉学研究，2012（3）：223-261.
② （清）昆冈. 钦定大清会典事例（卷三百三十二）[C]//（清）顾廷龙. 续修四库全书（第803册）. 上海：上海古籍出版社，1995：298.
③ （明）申时行. 明会典[M]. 上海：上海古籍出版社，2002：398.
④ （清）昆冈. 钦定大清会典事例（卷三百三十九）[C]//（清）顾廷龙. 续修四库全书（第803册）. 上海：上海古籍出版社，1995：365.

不过虽有政府资助考试资斧，但与赴考所需的盘费相较，也只是杯水车薪。

政府还会在穷乡僻壤、少数族群聚居地设立义学或社学，"以成就无力读书之士"。明朝的创建者朱元璋很早就了解到初级教育的必要性。自洪武八年，就屡诏天下各府州县设立社学。① 清代承袭明制，同样在各地广设义学、社学。据清代《钦定学政全书》载，顺治九年题准："每乡置社学一区，择其文义通晓、行谊谨厚者，补充社师。免其差役，量给廪饩养赡。提学按临日，造姓名册申报查考。"② 康熙五十二年议准："令各省府、州、县多立义学。延请名师，聚集孤寒生童，励志读书。"② 雍正元年奉上谕："各省直现任官员自立生祠、书院，令改为义学，延师授徒，以广文教。" 乾隆元年议准："义学之设，原以成就无力读书之士。凡愿就学者，不论乡城，不拘长幼，俱令赴学肄业。其中倘有奋志读书，而贫乏无力者，该府尹酌给薪水，以多方成就之。至建修房屋，师生膏火等费，应于存公银两内酌量奏请。" 乾隆二年议准："社学之设，著有成例。其黔省地处偏僻，或有未经设立之处。应再行该督，遵照雍正元年定例，饬令州、县官酌量举行。至量加廪饩，动何钱粮，令该督随地酌办。"③

对于科举时代政府的文教资助，王炳照等主编的《中国科举制度研究》一书提出这样一个观点："只要一个政权还没有邪恶到无所顾忌的程度，它的政策制定就得考虑大多数人的利益，从大多数人可以承受得起的标准考虑问题。"这大概已经道出了封建王朝中央政府文教资助行为的底线，它最终的目的还是出于维护封建统治的需要。

## 三、政府治理，整饬士风

坊间时文刊刻之风盛行的消极影响，主要体现在士风的败坏和应试教育的积弊上。清代学者顾炎武痛陈了制举用书之严重影响，"天下之人惟知此物可以取科名，享富贵，此之谓学问，此之谓士人，而其他书一切不观"。坊间的时文选本充斥读书人之中，流弊丛生，逐渐引起政府有识之士的注意，不时有禁书之举。

清弘治十二年，许天锡上疏请禁建阳书坊刊刻的时文选本，认为"梓者以易售而图利，读者觊侥幸而决科。由是废精思实体之功，罢师友讨论之会，损德荡心，蠹文害道。一旦科田致身，利禄入手，只谓终身温饱，便是

---

① （美）何炳棣. 明清社会史论[M]. 徐泓，译. 台北：联经出版事业公司，2013：241.

② （清）素尔讷. 钦定学政全书校注（卷七十三 义学事例）[M]. 霍有明，郭海文，校注. 武汉：武汉大学出版社，2009：287.

③ （清）素尔讷. 钦定学政全书校注（卷七十三 义学事例）[M]. 霍有明，郭海文，校注. 武汉：武汉大学出版社，2009：288.

平昔事功。安望其身体躬行以济世泽民哉", "悉皆断绝根本，不许似前混杂刊行"。

清顺治十七年，清世祖议准："二、三场原以觇士子经济，凡坊间有时务、表策、名色，概行严禁。"①康熙九年，清圣祖议准："嗣后每年乡、会试卷，礼部选其文字中程者，刊刻成帙，颁行天下，一应坊间私刻，严行禁止。"①乾隆二十九年，清高宗议准："其现在坊间所刻删本《礼记》，饬令地方官出示销毁，已经刷印者禁止贩卖。"②嘉庆二十年，清仁宗鉴于士子"多抄撮类书，剿袭撅拾，冀图诡遇"，诏令"不可不严行饬禁，嗣后坊间如有售卖删本经传及抄撮类书者，著该学政随时查禁，责令销毁"③。道光初年，清宣宗曾谕告："著各直省督抚将书肆小木板片，概行销毁；其贡院左右如有公然售卖小本文策者，枷责严办。"④

"虽然历朝曾禁止坊间刊刻时文之例，但旋行旋废，始终未见大效。"⑤实际上正如刘祥光所说，"市场对于时文刊本的需求依旧强劲，并非道德劝说和法令所能扼止"⑥。政府虽不时有治理举措，但只要这些制举用书的刊刻不至于危害君主权威和封建王朝的江山稳固，"在可以容忍的情况下，朝廷对于大臣的有关奏疏和学者的有关警戒，或漠然置之，或敷衍了事"。所以即便是政府颁布了刊刻禁令，也只是影响一时，而无法维持长久。同时，政府对触犯禁令的书坊所做的处罚仅是令其烧毁书版，使书坊主不能再利用同一书版翻印罢了，刊行这些制举用书的书坊主也鲜有被问罪的。"如此轻微的惩罚自然无法起到有效的阻遏作用。只要国家法令稍为松弛，就给书坊充足的呼吸空间让这些制举用书重现在坊间。"⑦

## 四、民间襄助，共进举业

科举考试应试规模虽逐渐扩大，但取中名额却没有相应地增加，导致考试竞争愈益激烈。面对庞大的考试群体，虽然政府采取了若干措施，如资助士子进京

---

① （清）昆冈. 钦定大清会典事例（卷三百三十二）[C]//（清）顾廷龙. 续修四库全书（第803册）. 上海：上海古籍出版社，1995：296.
② （清）昆冈. 钦定大清会典事例（卷三百三十二）[C]//（清）顾廷龙. 续修四库全书（第803册）. 上海：上海古籍出版社，1995：200.
③ （清）昆冈. 钦定大清会典事例（卷三百三十二）[C]//（清）顾廷龙. 续修四库全书（第803册）. 上海：上海古籍出版社，1995：206.
④ 清实录（第25册）[M]. 北京：中华书局，1986：1092.
⑤ 李纯蛟. 科举时代的应试教育[M]. 成都：巴蜀书社，2004：281.
⑥ 刘祥光. 宋代的时文刊本与考试文化[J]. 台大文史哲学报，2011（75）：35-86.
⑦ 沈俊平. 举业津梁：明中叶以后坊刻制举用书的生产与流通[M]. 台北：台湾学生书局，2009：355.

赶考，但仅仅依靠政府的资助，显然只是杯水车薪。为了应对士子面临的赴考旅费、考试费用等问题，清嘉庆、道光年间，各地普遍兴起为士子提供考试资斧之类的"宾兴会"组织。"科举时代，诸生应乡试者，三场试卷由宾兴馆出资购办，或每人给卷费钱壹千文，举人应会试者，每人给公交车费钱十五千文。"①

除此之外，为筹集赴考旅费及考试费用，民间还兴起了"义约"这样一种经济互助组织。"义约"的主要功能就是采取举子自愿入会的方式，帮助解试和乡试的胜出者筹措进京赶考费用，待这些人登科后，再以捐助的形式扩充和维持经费，使后来者可继续赴考，如此循环往复，不断延续下去。②

除了地方社区公益基金之外，"至少从十六世纪初开始，全国各省、各府，有时甚至某些县份，逐渐兴起在京城兴建会馆的风气，供来京赶考会试的本地子弟使用"③。但这并不是一个普遍的现象，并非所有的应试士子都有机会得到"会馆"这种机构的帮助。

另外，地方绅士和家族缙绅也会襄助本乡或本族士子读书应考，这主要是因为在中国传统社会，入仕为官是得到安全和保障的必要手段。"传统社会里的大家族就是这种团体。全族人合力供给一个人去上学，考上了功名，得了一官半职，一族人都靠福了。在朝廷里没有人，在乡间想保持财产是困难的。"④《（嘉庆）旌德县志》载，该县富人江上达就曾"赞助白银一千四百余两，家居构祖宇置祀田存本生息，永赠族中士子考试赀斧，南省设立赴闱公馆"⑤。《（光绪）蒲城县新志》载，该县富人王得颖也曾"捐银千两，发商生息，为童试卷资，邑人至今感之祀乡贤"⑥。而他们之所以这样做，可能正像美国学者贾志扬所说，"帝制时期的中国社会，地位、权力和财富都与官职有着密切的联系。进入官员阶层纵有多种途径，但考试及格者享有最大的特权并有最好的晋升机会"⑦。一旦进入官员阶层，"考试及格者"就能为他的家庭、姻亲、邻居以及地方绅士提供在社会上、政治上和经济上的巨大利益。事实上，在科举时代有许多因素对家庭和家族的命运均有影响，"但对家族的长期强大和兴盛来说，在科举考试中持续不断的成功显然最为重要"⑧。对于那些已进入统治阶层的权势之人来说，若想维持其权势与财富，就像李弘祺所说，"继续有人当官，是唯一

---

① 俞庆澜.（民国）宿松县志（卷十一）[O]. 民国十年刊本.
② 林岩. 宋代举子赴考的旅费问题[J]. 中华文史论丛，2012（4）：123-152.
③ （美）何炳棣. 明清社会史论[M]. 徐泓，译. 台北：联经出版事业公司，2013：258.
④ 费孝通. 论绅士[C]//吴晗，费孝通. 皇权与绅权. 天津：天津人民出版社，1988：7.
⑤ （清）陈炳德.（嘉庆）旌德县志（卷之八）[O]. 清嘉庆十三年修，民国十四年重刊本.
⑥ （清）王学礼.（光绪）蒲城县新志（卷十）[O]. 清光绪三十一年印本.
⑦ （美）贾志扬. 宋代科举[M]. 台北：东大图书股份有限公司，1995：5.
⑧ 李弘祺. 宋代官学教育与科举[M]. 刘耕荒，译. 台北：联经出版事业公司，1994：262.

的办法"①。正因如此,"地方社会几乎是不遗余力地帮助地方子弟取得科举成功与社会名位"②。

## 第四节 科举考试的经济门槛

科举考试发展到鼎盛时期,已是一种在制度设计和执行程序上堪称公正严明的考试,"简派正、副考官,途次不得停留,以防关节。入场之后,有监临监试等官,严密谨慎,无敢一毫迁就,甚至围墙之上列以荆棘,以防外枪传递之弊,并有闱外兵防,搭棚看守,内外文武闱差各员,莫不照章办事。又恐墨卷易认笔迹,设有誊录、对读用官监视,何等森严"③。但科举考试作为一种社会制度,行之既久,存在诸种弊端必在所难免,而唯一可称者,政府可能会有卖官鬻爵,而未有卖功名者。皇帝赐举人、进士,尚有所闻,而仅以资财而得功名,则未之有也。④也就是说,科举时代的封建王朝统治者对于科举考试的态度还是崇尚"周备严密"的。

科举考试历来被认为具有极大的开放性和平等精神,但事实上却有着一定的经济门槛。参加科举考试的士子,是否要以经济条件为基础?"这个非常重要的问题,长期以来一直被科举制度表面上的公平性所掩盖。"⑤从各种著述和材料来看,科举考试的开放和平等都是相对的。我们不能以今天的眼光去苛求古人,而应该承认科举考试在社会发展变迁过程中的典范价值,但同时也应注意,科举考试并非想象中的那样亲民,对绝大多数普通民众而言,所谓"朝为田舍郎,暮登天子堂"的梦想,可能就如"高山上的花朵那样遥不可及"⑥。

### 一、科举考试开放和平等的有限性

科举考试常常被视为一个开放的制度设计。在19世纪末美国在华传教士兼外交官何天爵看来,科举考试使"(中国的)官吏们都是通过一套精心设计的严密规章制度从民间遴选而产生,步入仕途的大门向所有人敞开"⑦。钱穆在《中国

---

① 李弘祺. 宋代官学教育与科举[M]. 刘耕荒,译. 台北:联经出版事业公司,1994:xi.
② (美)何炳棣. 明清社会史论[M]. 徐泓,译. 台北:联经出版事业公司,2013:260.
③ 论乡试[J]. 益闻录,1897(19):404.
④ 沈任远. 科举制度述要[C]//季啸风. 历史研究(第1辑)——台港及海外中文报刊资料专辑. 北京:书目文献出版社,1987:12-17.
⑤ 张杰. 清代科举家族[M]. 北京:社会科学文献出版社,2003:68.
⑥ (日)宫奇市定. 科学[M]. 宋宇航,译. 杭州:浙江大学出版社,2018:136.
⑦ (美)何天爵. 真正的中国佬[M]. 鞠方安,译. 北京:光明日报出版社,1998:33.

历代政治得失》中也指出，"科举制度显然在开放政权，这始是科举制度之内在意义与精神生命"①。杨联陞则进一步详陈，"依照政府规定，读书人只要有人保证身家清白，无刑伤过犯，就可以应考。从一般原则上说，是一种很公开的制度，可以把统治阶层建筑在一个广大的基础上"②。但是这种开放只是一种理论上的和有限程度上的开放，诸多制度性的或非制度性的限制，以及事实上的不开放和不平等，均在科举考试上有所体现。

科举考试的开放，主要是相较于"前科举时代"而言，该观点无疑是成立的。这主要是因为，前科举时代是一个"门第社会"，魏源在《默觚下·治篇九》中客观地评价了科举考试，"三代用人，世族之弊，贵以袭贵，贱以袭贱，与封建并起于上古，皆不公之大者……秦、汉以后，公族虽更而世族尚不全革，九品中正之弊，至于上品无寒门，下品无世族……至宋、明而始尽变其辙焉，虽所以教之未尽其道，而其用人之制，则三代私而后世公也"③。也就是说，科举考试主要是以教育资格而不是以出身或世袭的等级来授予官职的。之所以说科举考试的开放性和平等性相当有限，主要基于以下几个原因。

其一，社会的某几类特殊群体，"定例，娼、优、隶、卒之家，不准考试"④，这类人均不得参加科举考试。事实上，出身于民间人士极为鄙视的阶层之人，即便参加科举，谋求出身，也是极为困难的。参加科举考试的大多是读书人的子弟，无论儒家思想如何宣扬"四民平等"的理想，中国社会依旧存在着根深蒂固的身份等级观念。

其二，那些在社会总人口中占据一半数量的女性，从来都是排除在科举考试体系之外的。虽然在世界上同一历史时期，女性也未获得与男性平等的社会地位，但这不得不说是一个客观存在的遗憾。美国历史学家布罗克登·布朗（Charles Brockden Brown）也说，"在所有形式的非正义中，最恶劣的是以性别为理由，将人类另一半排斥在导向有用和荣誉的所有路途之外"⑤。

其三，权势、财富等才华之外的因素在科举考试中的干预，影响了科举竞争的开放性和公平性。"从理论上说，这一途径对任何想取得绅士地位和官职的平民，都是一视同仁的。科举制度确实使某种机会均等成为可能，但是实际上它对于那些有财有势者却大为有利。"⑥清代高官显贵子弟可以凭借家族的背景和权势，在科举

---

① 钱穆. 中国历代政治得失[M]. 北京：九州出版社，2012：59.
② 杨联陞. 科举时代的赴考旅费问题[J]. 清华学报，1961（2）：116-130.
③ （清）魏源. 魏源集（上）[M]. 中华书局编辑部，编. 北京：中华书局，1976：60-61.
④ （清）素尔讷. 钦定学政全书校注（卷三十一 区别流品）[M]. 霍有明，郭海文，校注. 武汉：武汉大学出版社，2009：119.
⑤ （美）乔治·赛尔兹. 影响人类历史的名人思想大观[M]. 公婷，陈峰，译. 上海：上海人民出版社，1991：44.
⑥ （美）张仲礼. 中国绅士：关于其在19世纪中国社会中作用的研究[M]. 李荣昌，译. 上海：上海社会科学院出版社，1991：185.

考试中获得特殊的优待和照顾。他们的试卷是单独的，与普通士子分开，标明"官卷"，录取时还为其另立举额。这种对"官卷"另眼相看的程序是康熙三十九年开始实行的，其最初目的是想给穷书生较多的机会，因为一些早期考试的结果显示出及第者大多是官宦子弟。但却适得其反，"官卷"中式的机会反而越来越优于"民卷"①。清人陈康祺在《郎潜纪闻三笔》中"科场加恩大员子弟之成例"载，"科场定例：现任文武一二品大员，及翰詹科道之子孙弟侄，出应乡试，别编官卷，号曰官生，凡二十人取中一名，较寻常觅举者登进差易"②。富家子弟还可以依靠家族积累的财富，通过"捐纳"而获得"例监生"或"贡生"等身份。由此，就可以跃过竞争激烈的童试而直接获得参加乡试的资格。不仅如此，在童试和乡试中，针对商人子弟还单独设立了商籍，并且另立商额，这样他们的中式机会就远比平民多。

其四，科举考试的制度设计拿大量的"财富、声望、荣誉"等犒赏社会成员中的极少数中式者，"事实上与我们今天所说的'公平'大相径庭，它并不能维护'公平'的真正本质"③。

其五，科举考试的所谓公平、平等等精神，永远只是相对的，科举考试并不采行自由竞争主义，它是一种定额制度下的有限竞争。"不但举人是各省有各省的定额，就是进士也是南北分界，所以各省出人物的机会，受了科举定额的影响，不是自由竞争的结果。"④

其六，在科举时代，真正受益于科举考试的永远只是少部分人。"宋代政府的职位有限，对于考试的回报，到平民这一阶层已无足轻重，其影响也只达于极少部分人。"⑤美国学者贾志扬在其博士论文中说，平均约有 3.2%的宋代成年男性参加了乡试。此一估计是假定成年男性占总人口的 20%而进行估算的。这意味着在一场典型的州县试中，宋代总人口的 0.64%参加了考试。陈宝良统计，"明末生员总数大概有 50 万之谱"，生员总数约占总人口的 0.38%。而若以明末学者顾亭林的估计数为准，则生员总数约占总人口的 0.46%。据此可见，明末生员占总人口数为 0.38%~0.46%。⑥

清光绪二十三年，变法维新派人士徐勤在《时务报》发表《中国除害议》一文，抨击了科举制，"夫吾中国所以虚憍自恃者，非自尊其土地之博、人民之庶也，盖自谓为教化至美、文章礼乐至盛之名国也。然撑考四万万人之为学而被教

---

① （美）张仲礼. 中国绅士：关于其在 19 世纪中国社会中作用的研究[M]. 李荣昌，译. 上海：上海社会科学院出版社，1991：187.
② （清）陈康祺. 郎潜纪闻初笔二笔三笔（下）[M]. 晋石，校. 北京：中华书局，1984：862.
③ 李弘祺. 宋代官学教育与科举[M]. 刘耕荒，译. 台北：联经出版事业公司，1994：239.
④ 丁文江. 历史人物与地理关系[J]. 科学，1923（1）：10-24.
⑤ 李弘祺. 宋代官学教育与科举[M]. 刘耕荒，译. 台北：联经出版事业公司，1994：238.
⑥ 陈宝良. 明代儒学生员与地方社会[M]. 北京：中国社会科学出版社，2005：216.

化识文字者，妇女不得入学……既无女学则四万万之民，去其半矣。深山邃谷，苗瑶杂俗，男女同浴，旷野百里，逖无蒙学乃若滇黔之交，邕广之边……立邑设学，士少于额……推之陇蜀之边，新疆蒙古之俗，盖益过之。其他奴隶、疍户、乐籍不得考试仕宦者，咸自安其分，世其愚，不敢读书以求知识。若其耕农之贫，工作之贱，乡无义学，阀非世冑，室无诗书，家乏衣食，于此而欲读书识字，望若云天。二万万人中若此者，殆十而九。然则尽中国之读书者，殆不过二千万人耳。以是民数之众，而读书者之少"①。

根据何炳棣的研究，整个清代的生员不过 50 万人，举人约 4 万人，进士也就 4 000 人上下。以 1750 年的成年男性人口计算，生员约占全部成年男性人口的百分之一，举人约占千分之一，进士约占万分之一。②"尽管科举在理论上是向社会全体男性平民开放的，但由于绝大多数人无法掌握参加科举考试所需要的基本知识与技能，中试名额也很有限，绝大多数社会成员实际上被排除在科举体制之外，其社会开放性非常有限。"③

科举考试形式上为公开平等的竞争，社会各阶层，从显宦富室至于穷乡僻壤的寒素之家，凡子弟有可读书应试者，皆可一试。但实际上科举制度是一种有限的公开竞争。"因为科举制度具有的公开竞争的性质，所以中国的传统社会得保持其有限度的流动的性质，而使统治机构的内部成分不时更新。"④

梁晨等在著作中指出，"不同学者从地方到全国的研究共同证明，如果考虑家族与姻亲关系，则明清以来科举考试的真正获益者可能不过三百个左右的大家族，而且还高度集中在江南、直隶等少数地区。艾尔曼在对科举所做的全面和总结性的研究中认为，这种现象产生的原因，是科举制在知识的门槛和学习长度上预设的程度过高，早早地将小家小户乃至众多的无产者拒之门外了"⑤。所以，科举考试本身并非是一种能促进相当大程度社会流动的途径。"对于大多数的农民、手工业者而言，他们是没有机会参加考试，以进入精英圈子中的。"⑥

对科举文化史颇有研究的本杰明·艾尔曼（Benjamin A. Elman）也同样指出，明清时期高教育地位或高科举功名的获得总是与田产和商业财富多寡密切相关的。"由于对知识水平的要求，手工业者、农夫以及小吏是很难利用科举制在

---

① 徐勤. 中国除害议[J]. 时务报，1897（42）：1-3.
② （美）何炳棣. 明清社会史论[M]. 徐泓，译. 台北：联经出版事业公司，2013：45.
③ 梁晨，张浩，李兰，等. 无声的革命：北京大学、苏州大学学生社会来源研究（1949—2002）[M]. 北京：生活·读书·新知三联书店，2013：4.
④ 王德昭. 清代科举制度研究[M]. 北京：中华书局，1984：70.
⑤ 梁晨，张浩，李兰，等. 无声的革命：北京大学、苏州大学学生社会来源研究（1949—2002）[M]. 北京：生活·读书·新知三联书店，2013：2.
⑥ （美）本杰明·艾尔曼. 经学·科举·文化史：艾尔曼自选集[M]. 复旦大学文史研究院，译. 北京：中华书局，2010：140.

理论上的开放性来获取益处的。"①

科举学专家刘海峰对科举制的评价颇高,"在阶级社会中,从来就没有绝对的平等,所有的平等都只能是相对的,科举制也一样。只是比起世卿世禄或任人唯亲的赡徇委任等选举办法而言,科举取士不问家世阀阅,体现出凭才用人的优点,很明显具有平等特征"②。

科举考试所宣称的开放和平等只是理论上的,它实际上并没有也不可能向所有社会成员提供平等的机会。财富、权力和家庭背景等这些考试之外的因素,在科举考试竞争的调节中,仍起着重要作用。诚然,不可否认的是,对于那些不具备这些优势的应试群体而言,通过自己的勤勉和奋斗,依然有机会进入社会权力阶层的序列,进入"四民之首"的"士"这一阶层。就像张仲礼先生所说,"虽然科举并不平等,但人们通常认为它有一种'平等精神'"③,对于这一点,也是必须承认的。

## 二、科举考试的经济门槛

科举考试在理论上具备相当程度的开放性,主张"一切以程文为去留",秉持"才华至上""公平竞争"等考试精神,但是实际上要完成科举考试的层层选拔,必须具备相当程度的经济基础,"参加科举是过于耗费金钱的事情"④,并不是一般平民百姓所能接受的。

在王炳照主编的《中国科举制度研究》中,科举考试被认为几乎是每一位平民都能够参与得了的,"在科举时代读书,特别是完成应举所必修的学业,所费并不是很多。除了日常的衣食之外,再就是几部有限的儒家经典、程文墨卷和同样有限的笔墨纸砚了"⑤。而张杰根据《清代朱卷集成》所提供的履历信息,认为"是否有经济能力,是普通士人应考的前提条件","科举考试形式上似乎十分公平公正,而读书应考则必须具备一定的经济条件。科举考试的有关规定,表面上对社会各个阶层一律敞开大门,欢迎尽可能多的士人前去应考,但家境贫困的劳动人民子弟,显然是不可能长期应考的。"⑥"清代贫苦农民的子弟,不仅

---

① (美)本杰明·艾尔曼. 经学·科举·文化史:艾尔曼自选集[M]. 复旦大学文史研究院,译. 北京:中华书局,2010:147.
② 刘海峰. 科举考试的教育视角[M]. 武汉:湖北教育出版社,1996:260.
③ (美)张仲礼. 中国绅士:关于其在19世纪中国社会中作用的研究[M]. 李荣昌,译. 上海:上海社会科学院出版社,1991:190.
④ (日)宫崎市定. 科举[M]. 宋宇航,译. 杭州:浙江大学出版社,2018:136.
⑤ 王炳照,徐勇. 中国科举制度研究[M]. 石家庄:河北人民出版社,2002:416.
⑥ 张杰. 清代科举家族[M]. 北京:社会科学文献出版社,2003:312-313.

没有条件读书应考,甚至连生存都十分困难。"①张杰系统考察了《清代朱卷集成》这一丛书,"在 8 000 多份朱卷中,看不到有中举前'家贫力学'的记载。从而间接地说明中举者都是富家子弟,是靠优越的生活条件才考中举人的"②。

钱穆在《中国历代政治得失》中指出,在中国古代社会,读书机会不易获得。"当时一个读书家庭,很容易变成一个做官家庭,而同时便是有钱有势的家庭。"③而每遇灾荒之年,就会涌出大批难民,许多人因此背井离乡另谋出路。这些事例说明,在清代"穷苦农家子弟靠读书应考,来改变个人与家族的命运,只能是不切实际的幻想"④。

实际上,科举考试引致较大的社会流动究竟是事实还是错误的印象,历来存在不同看法,刘海峰将这一问题列为"科举学中的一大热点和公案"⑤。

何炳棣在《明清社会史论》一书中将中国传统社会的"缙绅"与英国社会的绅士阶层进行比较,他认为"英国绅士身份最重要的决定因素,是地产与一些其他形式的财富,借用这样一个属名来称呼中国的官员与有任官资格者的阶级,是危险的。中国的缙绅阶级则不然,在明清两代的大部分时期,决定他们身份地位的要素,只有少部分是财富,大部分是科举功名……比较低层的官吏很多是真正出身寒微的人"⑥。在何炳棣所做的统计中,有的州县在明代约有四分之三的生员,在清代约有二分之一的生员,出身寒微,祖上乃至未曾有过生员。明清两代的进士,平均也有 42.9%是出身于从未有过功名的寒门之家。何炳棣的结论之一是说,在传统的中国,科举提供了一条最大可能的选拔才能的途径,也为社会下层阶级提供了一条上进的途径,使社会不断进行阶级的对流,也对政治和社会产生了稳定的作用。在何氏的笔下,科举制是全世界独一无二、延续千年的通过"教育"促进社会流动的典范。

费孝通在《皇权与绅权》一书中就此提出了不同意见。费孝通认为在传统的中国社会,读书应举之人必出于"有产之家"。为官方所认可而适用于科场竞争的,仅限于经典文学。这类文字不是任何人都有学习的机会,它们不仅内容难于理解,就是文字本身也与平常口语迥异。因为文字与口语结构的不同,所以一个读书识字之人,就算能言善道,也未必能做好文章。做好应试的文章不可能一蹴而就,需要有闲暇来进行长期刻苦的训练。而"闲暇在中国传统的匮乏经济中并不是大家可以享有的"。在一个生产相对贫乏的农业经济社会,

---

① 张杰. 清代科举家族[M]. 北京:社会科学文献出版社, 2003: 77.
② 张杰. 清代科举家族[M]. 北京:社会科学文献出版社, 2003: 78.
③ 钱穆. 中国历代政治得失[M]. 北京:九州出版社, 2012: 37.
④ 张杰. 清代科举家族[M]. 北京:社会科学文献出版社, 2003: 77.
⑤ 刘海峰. 科举学的世纪回顾[J]. 厦门大学学报(哲学社会科学版), 1999(3): 15-23.
⑥ (美)何炳棣. 明清社会史论[M]. 徐泓, 译. 台北:联经出版事业公司, 2013: 45.

有谁能不从事体力劳动，而又有足够的闲暇来做文字练习。"在以农为主的中国经济中，这种人大多是地主，而且是相当大的地主，大到能靠收租维持生活的地主。有资格读书的必须有闲暇，只有地主们有闲暇，于是读书人也就限制在这一个经济阶级中了。"这样，经一定的价值判断训练出来的这类人，并不能代表普通的平民利益。①

马克斯·韦伯在论述中国士人阶层时，同样认为他们并非出身于平民，而是主要来自封建家族的后裔。"平民也可以掌握书写知识，然而鉴于中国文字系统的困难性，这是不容易的。"②在科举时代，封建社会的"特权是要靠力量来维持的：暴力，政权或社会威权。文字是得到社会威权和受到政权保护的官僚地主的手段。于是不但只有这种阶级有资格读书，而且这种阶级亦有读书的需要"①。

科举考试虽然是为"拔取真才"，验证个人才能，但却存在着激烈的竞争，因此必须要做好充分的准备。而考试准备或者说应试训练是否充分恰当，将会极大地影响到科举考试的竞争结果。科举考试并非是贫贱之人可以应试的考试，而是具有了一定的经济实力并足以准备考试之所需的阶层才可以利用的手段。科举考试向世人提供的，虽然不是一条如同"九品官人法"似的登进之途，但却可以说是专门针对富人而广开的门户。

本杰明·艾尔曼对科举考试的应试基础、能力要求和求学路径曾做过深刻的描述："明清两代参加科举考试的应试者必须具备书写'清真雅正'的八股文章的才能，而要具备这种能力，应试者要从孩提时代就在家中开始接受启蒙教育，在家长（通常是有一定素养的母亲）的指导下习诵《千字文》《三字经》《百家姓》等蒙学教材。到八岁左右时，学童一般要进入家族等兴办的学校中，接受专业的塾师指导。学童要研读更为深奥的四书五经等儒家经典，同时还要学会吟诗作对。十岁以后才能开始一边继续钻研各类史学名著，一边练习八股文的写作技能。经过多年从海量背诵到精深阅读再到反复练笔的艰苦学习，学童才能基本具备参加科举考试以获得精英教育的能力。"③由此可见，科举考试实际上对知识和能力有着较高的要求。梁晨等在著作中写道，由于掌握这些知识的不易和办学、就学的困难，寒门家庭一般很难支持其子弟常年专门学习，从而在事实上也就无法参加科举考试。④

---

① 费孝通. 论"知识阶级"[C]//吴晗，费孝通，等. 皇权与绅权. 天津：天津人民出版社，1988：18.
② （德）马克斯·韦伯. 儒教与道教[M]. 洪天富，译. 南京：江苏人民出版社，1995：128.
③ Elman B A. A Cultural History of Civil Examinations in Late Imperial China[M]. Berkeley：University of California Press，2000：263-271.
④ 梁晨，张浩，李兰，等. 无声的革命：北京大学、苏州大学学生社会来源研究（1949—2002）[M]. 北京：生活·读书·新知三联书店，2013：3.

本杰明·艾尔曼在《帝制中国晚期的科学文化史》中进一步指出，明清时期的那些科举家族往往有着一条相似的成功路径：某个大家庭或家族，第一步要靠农耕或经商初步起家，然后再利用集体的力量创立一所私塾学校，训练家中少数的有资质的青年，经过几代人的努力和众多子弟从小艰苦学习，最终取得科考功名①。

　　科举考试的成功者主要是由士、地主和有实力的商人家庭等社会中上层子弟组成的。绝大多数的社会成员均无法参与科举考试，科举考试及第对于科举时代的大多数社会成员来说，只是"一个遥不可及的神话"②。清代学者沈垚写道："宋太祖乃尽收天下之利权归于官，于是士大夫始必兼农桑之业，方得赡家，一切与古异矣。仕者既与小民争利，未仕者又必先有农桑之业方得给朝夕以专事进取，于是货殖之事益急，商贾之势益重，非父兄先营事业于前，子弟即无由读书以致身通显，是故古者四民分，后世四民不分。古者士之子恒为士，后世商之子方能为士。此宋元明以来变迁之大较也。天下之士多出于商，则纤啬之风日益甚然。"③

　　科举考试的特色是除去若干例外的限制。登进之门几乎向所有人敞开，但"我们也必须认识到，科举是一条费钱之路。每逢乡试，士子进城应试，均需赁屋居住，而此时房租又颇昂贵，非一般庶民子弟所能承受。而参加会试，则花费更大。一些离京城较远的省份的士子，在前一年的十二月初就开始上路参加第二年三月的会试。旅途劳顿之苦，旅费之巨，不难想象"④。前文述及王世贞在会试时的举资耗费，"初岁费三百金"，王世贞一举及第就花费了举资数百两银子，而同时代的文徵明就没那么幸运了，文氏应乡试十次却屡试不中，而其曾孙文震孟应会试十一次、年过五十才得以登第。这些人一而再，再而三，乃至十数次的应试，所需费用之巨实难以计算。"这还不包括士子寒窗苦读所耗费的时间和精力，以及家长、亲属付出的陪读时间和精力。如此高昂的费用，对难以饱腹的贫民小户来说简直是天文数字，显然只有那些富室大户才能承受"⑤。

　　清代学者诸联在《明斋小识》中对他到金陵参加科举的考试盘费有过记载，"金陵之行，盘费日增，见昔人旧账，所用约三、四金耳。予初试时，只加其半，今则非二三十金，不能行矣。寒士馆谷，一年所入几何，何所持作破浪想也。若童生小考县试，买结单百二十文，台凳纳卷各百余文，覆试递增之。院府试又添舟楫之费及寄寓饭食，每日二百余文，廪生结保，馈一二钱不等，总核亦

---

① Elman B A. A Cultural History of Civil Examinations in Late Imperial China[M]. Berkeley：University of California Press，2000：239-294.

② 梁晨，张浩，李兰，等. 无声的革命：北京大学、苏州大学学生社会来源研究（1949—2002）[M]. 北京：生活·读书·新知三联书店，2013：4.

③ （清）沈垚. 落帆楼文集（卷二十四）[C]//（清）顾廷龙. 续修四库全书（第 1525 册）. 上海：上海古籍出版社，1995：664.

④ 沈俊平. 举业津梁：明中叶以后坊刻制举用书的生产与流通[M]. 台北：台湾学生书局，2009：85.

⑤ 沈俊平. 举业津梁：明中叶以后坊刻制举用书的生产与流通[M]. 台北：台湾学生书局，2009：86.

在数两左右。所以人皆不愿读而愿贾"①。清道光年间,江西学政李宗昉称,"春秋两闱,应试者仆马有费,糇粮有费,赁居有费,三场卷资又有费,贫者不能赴,赴者皆竭蹶从事,不得一心力于风檐桦烛之间,以显其力"②。

清光绪二十九年,《申报》刊载了《论应试士子之苦》一文,生动形象地论述了应试士子筹措盘费之苦。"士子寒素居多,每岁砚田所入,为数甚微,仰事俯畜之余,岂有盈余之可积。若欲赴秋试,舟车有费,寓处有费,购办应考器具又有费,日用琐屑无一不赖孔方。且当乡试之年,各项价值必格外加昂,较平时几逾倍蓰。士子虽有宾兴一项稍资津贴,而所缺尚多,罗雀掘鼠之艰,庸讵能免。此盘费之难于筹措者一也。"③

张杰在《清代科举家族》一书中总结道,"这些事实十分有力地证明,经济基础是文化教育的前提,没有前人奠定的物质财富,后人就没有条件安心读书"④。正如前文所述,科举考试与前科举时代的选才方式相较,固然有着相当程度上的开放性,在形式上也具有平等的精神,但实际上由于科举考试的制度设计和客观条件的限制,普通平民子弟虽然有着相当广泛的读书机会和较低层次的应试机会,但往往止步于乡试,要想在举业中问鼎恐是难上加难,科举考试实际上有着相当之高的经济门槛,并不亲民。

第一,科举考试的成功者必须具有一定的经济基础。这种经济能力在什么水平上呢?应试者本人及其家庭没有经济能力,那么就必须通过民间长时间的资助才能"家贫力学"。这种经济能力的形成,有几种类型,一是家庭前几代人通过生产经营,积累一定的财富,供给后代子孙参加科举考试。二是家庭其他成员专心务农或从事其他生产经营,所得积蓄全部用来供给家庭中的那些聪颖慧学之人,从而培养科举考试的苗子。

第二,科举考试的成功者必须具有一定的闲暇时间。有这种闲暇时间,才可能长时间持续性地读书应考。不然就像费孝通先生所言,"没有闲暇,农业生产就没有时间进行,就更不可能支撑长时间赶考应试了"。应试者具备什么样的家庭背景出身才可能有闲暇呢?一是大家族,一般是地主阶级或者官商阶级子弟;二是家庭兄弟姐妹较多的,家庭其他成员专门负责农业生产,举全家之力集中精力培养其中之一的子弟读书,从而让其有闲暇长时间读书应考。"所谓'黄金屋'、'颜如玉'云云,对绝大多数士子以至于对全社会来说,大概永远只能是画饼充饥而已。"⑤封建统治阶层掌握和把持着科举考试是一

---

① (清)诸晦香. 明斋小识(卷十一 考试盘费)[O]. 上海进步书局石印本.
② (清)朱潼.(同治)安仁县志[M]. 南京:江苏古籍出版社,1996:864.
③ 论应试士子之苦[N]. 申报,大清光绪二十九年,第一万九百二十六号.
④ 张杰. 清代科举家族[M]. 北京:社会科学文献出版社,2003:312-313.
⑤ 祝尚书. 宋代科举与文学考论[M]. 郑州:大象出版社,2006:339.

个无法撼动的事实。即使存在一些贫寒子弟通过科举考试进入"进士"这个特权阶层,仍然改变不了科举的本质。①

## 第五节　科举考试与经济发展

科举时代,国家设科取士,在甄拔贤才,以固国本,其意本不在于经济发展。但科举考试制度长时间居于中国传统社会的重心,在事实上对社会经济发展产生了直接或间接的影响。本节主要探讨科举考试与经济发展之间的关联性问题,以及科举考试对社会经济发展的影响。通过考察科举考试的迁嬗之径,我们发现经济因素对科举考试的盛衰兴替有着重要影响。

### 一、科举考试与经济发展的关联

从性质上而言,科举考试主要是一个服务于社会政治需要的考试制度,但政治与经济又不可截然分开;科举考试与地方经济发展之间到底是一种什么关系?科举考试对地方经济发展有什么影响?地方经济发展发达与否对科举考试有什么样的意义和影响?这些就是本节所要讨论的问题。

#### (一)科举考试对地方经济发展的影响

科举时代的传统社会是一个以农业经济为主的社会,这种"社会经济的基础,是建筑在农业经济之上的"②,整个国家和地方经济发展主要依靠的是农业经济或者农村经济。"封建社会以农业为主要作业,封建社会的经济基础,是建筑在农业上面的。"③封建社会特具之地主经济形态,正是导致中国社会发展迟滞的最重要因素。④

从考试理论来说,考试并不具有与生俱来的导向作用。所谓的导向作用往往是因为考试活动扭合捆绑了利益之后诱导所致的结果,是考试活动被赋予了某种社会意义之后所产生的客观效能。科举考试作为一种社会制度,它应用于政治领域,不仅被赋予了政治意义,还被赋予了浓厚的社会意义。

---

① 祝尚书. 宋代科举与文学考论[M]. 郑州:大象出版社,2006:339.
② 中国农业经济之癌[J]. 经济研究,1939(3):1-8.
③ 廖建祥. 略论中国封建社会的地主经济形态及其影响[J]. 学术丛刊,1947(1):34-40.
④ 廖建祥. 中国封建地主经济之建立与社会发展的迟滞问题[J]. 经济科学,1943(5):34-41.

从科举考试的目的来说，"功令所关，大典所系，煌煌乎搜罗贤才，为匡王辅帝之资"①。"政府以之为拔取人才，任以政事的工具；人民以之为投身政治，得富贵的标的。"②可见其目的是笼络人心，搜罗贤才，是出于政治目的的需要。杨鸿烈曾言："中国人有的只是一种政治的考试制度。"③所以从考试的目的来说，科举考试不是一种服务于经济的考试。

从科举考试的内容来说，科举制完全以经书和纯粹文字为基础，并没有创造性。④无论是隋唐科举建制时代的诗赋策论，还是宋元科举发展时期的诗赋、经义，抑或明清科举鼎盛时代的四书五经，"考察的大部分是记忆型智慧，主要内容是儒家经典"⑤。考试的内容大多都是与农业经济生活相脱离的，从而也是与地方经济发展没有很大关联的。

从科举考试的活动过程来说，科举考试主要是一种资源消耗性活动，清末一直省组织一次科举考试（乡试）动辄"费帑项数百万"①。科举士子应试也离不开"衣、食、住、行"等经济生活的支出，考试也是颇为耗金钱银两的，从根本上是一种资源消耗性活动。从这个意义上说，科举考试又是不太可能离开经济活动的。

从科举考试的影响来说，科举考试的制度设计使它的影响及于全社会；作为一种社会制度来说，科举考试制度影响和形塑了社会的价值取向，这种价值取向影响着社会民众的行为选择；"读书—应试—做官"成为科举社会的一种风尚。跻身社会统治阶级和官僚体系，获得隆厚、显贵社会地位最主要的方式，就是借由读书参加科举考试获得科举功名而入仕做官、显亲扬名。

科举考试的内容并不主要涉及农业生产和地主经济，对于农耕技术和农业生产力的发展和进步也并无直接的促进作用，但科举考试所造就的社会底层可借此翻身的可能性和美好愿望，却在一定程度上起到缓和和调节社会生产关系的作用。

借由科举考试脱颖而出的成功者，不管是来源于社会中上层阶级，还是出身于社会底层，他们获取功名之后所获得的诸种政治、经济和社会利益，均是建立在对社会底层也就是农民的剥削基础之上的，科举考试的竞争主要是进入社会剥削阶级的竞争。来自社会底层也就是农民阶层的应试者，他们梦寐以求的，是借由科举考试脱离农民的身份，从而进入地主或官僚阶级，也就是梦想着脱离农业经济生产。来自社会中上层的应试者，本来就不是农业经济的生产者，他们孜孜

---

① 论乡试[J]. 益闻录，1897（19）：404.

② 陈东原. 中国科举时代之教育[M]. 上海：商务印书馆，1934：10.

③ 杨鸿烈. 考试制度的研究[J]. 教育丛刊，1922（3）：1-10.

④ （英）罗素. 中国问题[M]. 秦悦，译. 上海：学林出版社，1996：33.

⑤ Black P J. Testing: Friend or Foe? Theory and Practice of Assessment and Testing[M]. London: Falmer Press, 1998: 8.

以求的，是借由科举考试继续维持这种非农业经济生产者的身份和所得的诸种利益。所以，科举考试的应试者所追求的，无一不是脱离农业经济生产活动，对于封建社会经济支柱的农业经济而言，并没有直接的助益。

再从科举考试实际上的经济门槛来说，科举考试最终影响的和最终的受益者主要是社会上的官僚阶层和地主阶层。对于科举时代封建社会最主要的农业经济生产者而言，科举考试就是一种主要的逃离农业经济生产的途径。

### （二）地方经济发展对于科举考试的意义

德国社会学家马克斯·韦伯在《儒教与道教》一书中认为，中国知识阶层的社会性质决定了他们在经济政策上的立场。中国自古以来实际执行的国家政策，总是对经济的经营和管理采取一种放任自流的态度，至少在关于生产与营利事业方面如此。[①]这不仅是中国科举时代以农业经济为绝对主体的社会经济形态的特征，也是古代经济思想在社会经济领域的一种展现。

科举社会从经济构成形态上而言是一个农业社会，主要的经济基础是农业经济或者说地主经济。虽然也存在商业经济，但并不是主要的经济基础，而且商业经济也是建立在农业经济基础之上的。科举社会的农业经济的发展从总体上来说是相当缓慢的，而且也有一定的周期性。地方经济发展对科举考试的意义只能从整体和个体两个方面进行论述。

科举社会的农业经济或者说地主经济有一个普遍的周期性规律。在封建王朝的统治初期，生产力往往进一步向前，社会经济显现着向上的发展，于是封建榨取加剧，横征苛敛繁重，朝廷和一切支配阶层则奢侈浪费，醉心享乐，商业资本益趋活跃，土地兼并和集中达于极端，于是"地小人众""民失所业"等问题严重起来，农民遂陷于贫困和死亡的深渊，结果是农民暴动四起，战乱绵延，杀人盈野，死亡无数，社会生产遭受巨大破坏，统治者终于覆亡。而在战乱中不满朝廷统治的宦臣或在野的封建剥削者以及充满统治者意识的草莽英雄们，趁机会领导农民战争，取得皇帝宝座，新的封建王朝又宣告开场。在其初期，为了促使生产力恢复，收拾人心，安顿社会，那些明君贤臣竭力以便农利农为要政，所谓"真命天子"，表现得"勤政爱民"。而且此时战乱初定，土旷人稀，田园荒芜，统治者乃极力使民安耕，各劳所业，且往往定出许多办法以扶掖农业发展，生产力又依前代经验渐趋恢复或进一步发展，社会经济兴盛起来。但由此又引起王侯、官僚、商业资本和高利贷的发达，土地集中与兼并的扩张，农民负担之重苛，最后封建王朝又重蹈覆灭的厄运。[②]

---

① （德）马克斯·韦伯. 儒教与道教[M]. 洪天富, 译. 南京：江苏人民出版社, 1995：161.
② 廖建祥. 略论中国封建社会的地主经济形态及其影响[J]. 学术丛刊, 1947（1）：34-40.

科举考试的运作和发展需要国家和地方财政的鼎力支持。科举时代的封建王朝将科举考试视为"国家兴贤育才之钜典",从中央政府到地方政府,各级文武官员均须予以相当程度的重视。而"科场之款"也是政府十二项固定支出项目之一。科场之款所包含的内容丰富,款项也耗资巨大。"每逢乡会试年,需欸浩繁,动以百万计,而所取者止此额中之数,以费核人,几乎将千金买一儒士。"①以清代四川贡院供给所刊册的《川闱供应》所载,"川省文闱,历来供给纷繁",而在所有供应中,仅"干菜、糖食、酒腿、烟茶等物"一项,供应一次就计折银一千两零三钱。②其他诸种未折银两的供应更是不计其数。四川一省乡闱供应中的一项所费款项尚且如此巨大,十八行省乡闱所需款项之巨,借此可窥一斑。由此,我们也可以知道若无中央政府和地方政府对乡会试科场事业的财力和物力支持,科举考试活动是无法维持下去的。

科举教育的发展和科举应试需要一定的经济基础作支撑。地方经济的发展为士子读书和科举应试提供了相应的经济基础。前述指出,读书人参加科举考试并真正从中获益,必须具备一定的经济条件。换言之,经济条件会限制读书人的考试行动决策和行动能力。而地方社会经济越发展,就越能提供相对充足的科举考试经费支持。地方经济越发展,社会平民百姓就可能有越多的谋生机会,生活水平就可能有所提高,就意味着有更多的闲暇,既刺激了教育的需求,又提高了社会平民百姓的教育支付能力;地方经济越发展,地方政府的财政和库存就越充裕,存蓄于富商土豪的民间资本就可能越丰盈。一方面地方政府有更大的能力兴办教育,科举教育就可能更发达,就有更多的地方财力支援和补助本地科举士子的赴考旅费和考试费用,增加了应试者的人数;另一方面民间资本的丰盈也意味着民间襄助的可能性随之大大提升,既可能助益于地方兴学助教,也同样补益于本地科举士子的赴考旅费和考试费用。

教育经济学的研究已表明,教育与经济发展之间存在一种错综复杂的关系,科举教育与经济发展之间的关系亦是如此。在传统社会,教育与经济发展之间也存在着密切的关系,只不过这一表现形式有所不同。当社会经济发展时,政府所入赋税必然丰盈,意味着政府有充足的财政资金发展科举教育,这样就可以大兴文教,为国储才。教育发展之后,就会造就更多的读书人,科举考试规模就会扩大,考试竞争就会愈益激烈。"社会的繁荣因而促进了教育的发展,但同时也使科举考试更富于竞争,而其准备考试的花费也因此更加昂贵。"③

---

① 文闱供应说[J]. 益闻录,1893(1310):464.
② 四川贡院供给所. 川闱供应[O]. 清刻本. 北京师范大学图书馆藏.
③ 李弘祺. 宋代官学教育与科举[M]. 刘耕荒,译. 台北:联经出版事业公司,1994:260.

科举考试的竞争，在本质上是对同一科举利益的追逐。而科举考试竞争结果的地区性差异，并不是简单地由地区经济发展水平所决定，但从根本上受制于地方经济社会发展的良窳。地方经济发展与科举考试获中名额之间，存在一种显著的关系，但并不是绝对的。

科举制度初创之时，考试及第者主要集中于北方地区。唐安史之乱后，随着社会生产力的进步和经济、文化、政治中心的南移，南方地区人文蔚起，科举考试的及第者逐渐增多。到北宋时期，东南省份的进士及第人数已占据了压倒性优势。以宋代福建地区为例，随着地域的开发和海上贸易的逐步繁荣，人文教育勃兴，福建成为科举兴盛之地，其进士及第人数遥遥领先于其他地区。[①] 与此相似，明清时期江南地区进士比例的上升也是区域经济发展的结果。[②] 据清顺治二年的统计，全国岁征漕粮402万石，其中江南各省合计征粮354万石，占征粮总量的88%。而江苏省之苏州府、松江府、常州府、镇江府、太仓州所征漕粮数目占江、浙、湖、广、江西之半。据范金民的统计，明清两代总共录取了进士51 681人，其中明代为24 866人，清代为26 815人。明清两代江南地区共考取进士7 877人，占全国的15.24%，其中明代为3 864人，占全国的15.54%，清代为4 013人，占全国的14.96%。也就是说，在明清两代每7个进士，就有1个以上是来自江南地区。这些进士主要来自苏州、杭州、松江、常州、湖州、镇江等城市及郊区。这与明中期开始的江南地主"城居化"的趋势是相一致的。[③] 李琳琦考察了徽商对徽州地区士子科举的扶持与资助，发现明清时期徽州科举人才之所以能位居全国各州府之前列而号称"极盛"，与徽商在财力上的鼎力资助是分不开的。[④]

朱君毅在《中国历代人物之地理的分布》一文中指出，"凡学风昌盛之区，即为科举人才荟萃之地"[⑤]。有清一代，凡属经济繁荣、文风兴盛之区，其科名亦盛。商衍鎏在《清代科举考试述录》一书中统计了清代各省区获中会元、三鼎甲和传胪的人数，其中以江苏、浙江、安徽、直隶和山东五省的获中人数最多，而这五省中又以江苏和浙江两省为盛（表3-2）。对于科举中额的高下，王德昭在《清代科举制度研究》中所持的主要是一种"文风决定论"，"然就全体而言，则学风和文风发达的程度，对于不同地区中额的高下，仍是

---

① 刘海峰，庄明水. 福建教育史[M]. 福州：福建教育出版社，1996：64.
② 王炳照，徐勇. 中国科举制度研究[M]. 石家庄：河北人民出版社，2002：45.
③ 范金民. 明清江南进士数量、地域分布及其特色分析[J]. 南京大学学报（哲学·人文科学·社会科学），1997（2）：171-178.
④ 李琳琦. 略论徽商对家乡士子科举的扶持与资助[J]. 历史档案，2001（2）：79-83，96.
⑤ 朱君毅. 中国历代人物之地理的分布[J]. 厦门大学学报，1931（1）：77-97.

决定的因素"①。

表 3-2 清代五省区获中会元、三鼎甲与传胪人数统计　　　单位：人

| 省区 | 会元 | 状元 | 榜眼 | 探花 | 传胪 | 合计 |
|---|---|---|---|---|---|---|
| 江苏 | 40 | 49 | 26 | 42 | 27 | 184 |
| 浙江 | 32 | 20 | 29 | 27 | 29 | 137 |
| 安徽 | 9 | 9 | 7 | 4 | 12 | 41 |
| 直隶 | 11 | 4 | 7 | 6 | 9 | 37 |
| 山东 | 6 | 6 | 5 | 3 | 4 | 24 |

资料来源：商衍鎏.清代科举考试述录[M].北京：生活·读书·新知三联书店，1958：169

然而，就像贾志扬所说，"经济发展水平与科举成绩之间存在着一般的对应关系并没有告诉我们财富变成有用知识的复杂过程或这一过程如何必然会发生"②。换言之，我们可能还需要对地方经济发展水平与科举成绩之间的作用机制进行适当说明，以此来解释这两者间的复杂关系。

梁启超在《近代学风之地理的分布》一文中曾指出，环境的迁嬗对学风之形成有着重要的作用，"气候山川之特征，影响于住民之性质，性质累代之蓄积发挥，衍为遗传。此特征又影响于对外交通，及其他一切物质上生活，物质上生活，还直接间接影响于习惯及思想"。但人类之所以"秀于万物"在于人能以心力改造环境。③朱君毅在《中国历代人物之地理的分布》一文中进一步总结道，"就理论言，产生人物，遗传之影响，应较环境之影响为大。但就实际言，环境之影响，当为人物产生之极大原因"④。这其中的环境，不仅包含了自然地理环境，还包括人文地理环境。

在科举考试的制度变化中，"分区定额"是其一大特色。"明清以来之乡试解额，皆按各省人口或应试人数为录取比例，以区域定名额，其边远郡邑，常特与优异，虽人口不及比例之额，亦得与选，是故每科取士，各省无偏多偏少之弊，即僻远边区，亦有入选之望。"⑤中国疆域辽阔且民族复杂，但千余年来却能维持大一统的局面，应归功于科举考试分区定额的制度设计。

李祥生对清代乡试设定名额的意义也表示极大的赞赏："吾国幅员辽阔，交通梗塞，腹地则文化昌明，边远则文化低落，在公开竞争考试制度之下，其才学卓越之士，自易出人头地。而文化昌明之地，人才众多，若取中而限以名额，则

---

① 王德昭.清代科举制度研究[M].北京：中华书局，1984：157.
② （美）贾志扬.宋代科举[M].台北：东大图书股份有限公司，1995：211.
③ 梁启超.近代学风之地理的分布[J].清华学报，1924（1）：2-37.
④ 朱君毅.中国历代人物之地理的分布[J].厦门大学学报，1931（1）：77-97.
⑤ 徐奠磐.论考试分区定额[J].辅导通讯，1948（18/19）：15-19.

考取必难，考取愈难，斯竞争愈烈，是则设定名额，适足以提高腹地之文化，然在文化低落之区，苟取中标准，亦如腹地，则因种种环境关系，其学识较次者，自难以与文化较高之腹地，平流并进，倘不设定名额，予以入选机会，不但观光者逐渐减少，而弦诵亦或将绝响矣。"①

那么科举定额的主要依据是什么？科举定额与经济发展之间又是一种什么关系？科举定额对科举人物的分布特征又有何影响？

科举考试竞争从性质上来说，是一种有限度的分区定额与自由竞争相结合的竞争方式。"不但举人是各省有各省的定额，就是进士也是南北分界，所以各省出人物的机会，受了科举定额的影响，不是自由竞争的结果。"②商衍鎏在《清代科举考试述录》一书中指出："乡试中额，依文风之高下，人口之多寡，丁赋之轻重而定之。"③既然科举考试的"定额"主要是依照"文风""人口""丁赋"三个主要因素来决定的，那么我们不妨考察一下这三个因素是否与地方经济发展有关。

在每一省区之内，乡试存不存在进一步的分区定额呢？府县学额的多寡，从根本上来说是根据文风高下、人口多寡以及赋税轻重来确定的。或者说"文风、人口以及赋税是学额配置及调整中三个重要的考量因素"④。学额决定的是生员的数量，从理论上来说，某地生员越多，产生举人的数量也就可能越多。但乡试也是一种在定额基础上的自由竞争，因而府县学额与"乡试中额"之间常不成正比，这主要取决于生员的科举竞争力或者说科举考试能力了。

乡试最终的取录并不存在省区内部的分区配额，而是在学额控制基础上，在乡试中额限制下的一种有限自由竞争。所以乡试竞争所致的结果，也就是举人在地理上的分布，首先是受"分区学额"和"乡试中额"这两种制度所影响。至于最终的结果分布，主要是受生员本身的"才华"和"应试能力"所影响。这两种规则如前所述主要还是根据"人口多寡"和"赋税轻重"来确定的，从根本上说还是由地方经济发展水平所决定的。科举生员的"才华"和"应试能力"受遗传、环境和教育三要素影响。地方经济发展水平对这三要素均能起到影响，但最直接的影响是环境和教育，从整体上说，经济发展水平相对较高的地方，所能提供的科举环境和科举教育就可能较好；经济发展水平相对较低的地方，其所能提供的科举环境和科举教育就可能较差一些。

会试的取录也是有定额的。会试竞争的结果表现为进士分布特征，这同样受

---

① 李祥生. 论清代乡试设定名额之意义[J]. 政治建设，1941（3）：53-57.
② 丁文江. 历史人物与地理的关系[J]. 科学，1923（1）：10-24.
③ 商衍鎏. 清代科举考试述录[M]. 北京：生活·读书·新知三联书店，1958：76.
④ 刘希伟. 清代科举冒籍研究[M]. 武汉：华中师范大学出版社，2012：56.

到地方经济发展水平的影响。会试的应试士子——举人的数量主要是一种政府干预的结果，而举人数量之多寡主要取决于乡试中额。也就是说，"乡试中额"在一定程度上直接决定了科举考试应试者人数。但有一点需要注意，就是会试的应试者人数是累积的，凡是未能考取进士的举人均能一次又一次地进京赴考，做一个十足的"考试党"。清代科举的会试一级将科举士子的试卷分为南北中卷，分区取士，每区设定取录名额，也就是最终的取录是在区域之间自由竞争，"凭文取录"。每区设定取录名额的多寡其实主要还是依据该区域的应试人数。经济基础决定了应试士子是否能够长年累月地参加科举，经济相对发达的地区，举人也就有可能有更强的经济能力经年累月地进京赴考，这也就意味着应试人数的增多。同时，他们所接受的科举应试教育的水平（这代表着考试的应试能力）就可能更高。

关于科举竞争力的决定因素，历史学者钱茂伟所持的观点是一种"教育决定论"。钱氏指出，教育水平的高低直接决定了科举竞争力的高下。科举竞争实质上是各地区教育水平的竞争，制约科举竞争最直接的因素是各地区的教育水平。而所谓"文风"——教育观念、读书传统、社会价值观，又是决定教育水平的关键因素。①对于教育水平的高下，"文风"固然是一种重要的影响因素，但最根本的还必须建立在经济基础之上。丁文江在《历史人物与地理的关系》一文中所提出的观点极具代表性，"无论什么时代，没有几分的经济独立，就无从讲起教育。地方上越富庶，教育越振兴，人物也自然越增多"②。所以这种所谓"教育决定论"从根本上可能是站不住脚的。

人口多寡与经济发展之间是何种关系？

人口增减与经济之衰荣，其间之关系，颇为复杂。③在农业社会，人口多寡与经济的关系尤为密切。"人口问题涉及生产，因人口之多寡、组织与财富之创造有关。"④人口增加就是劳动力增加，"劳动力是制伏自然界的能力，也就是创造财富的能力"⑤。在农业经济社会，土地和人力是最主要的资源，所以人口的多寡，在一定程度上意味着劳动力的多寡。所以在封建社会，人口较多的地区一般也是农业经济相对较为发达的地区。

人口的增长既是社会物质生活的条件之一和社会生活的必要前提，它就不可避免地给予社会物质生活的发展以某种影响：帮助或阻滞这种发展。社会发展的主要决定力量不是人口的增长，而是获得生活资料的方法、物质财富的生

---

① 钱茂伟. 国家、科举与社会：以明代为中心的考察[M]. 北京：北京图书馆出版社，2004：200.
② 丁文江. 历史人物与地理的关系[J]. 科学，1923（1）：10-24.
③ Knczyuski R R，裘玄同. 人口增加与经济压迫[J]. 经济学报，1933（2）：1-7.
④ 萧纯锦. 人口与经济问题[J]. 社会学杂志，1925（4）：1-40.
⑤ 陶孟和. 贫穷与人口问题[J]. 新青年，1920（4）：1-16.

产方法。①

人口与经济之间的这种关系并不是绝对的，人口多寡与经济衰荣之间的关系是一定范围内的关系。科举时代处于中国的封建时代，这是一个以农业经济或地主经济为绝对主体的时代。农业经济或者地主经济主要依靠的是土地资源，人口过多而土地资源有限，就意味着单位面积的土地资源要供养更多的人口，相应地就会增加经济负担，虽然这种经济总量可能是大的，但并不意味着经济的发达。也就是说，人口多寡只是决定了农业经济的劳动力的多寡，但农业经济的发展除了劳动力之外，还取决于土地资源的多寡和良窳，还有最主要的就是农耕技术的良莠，即农业生产力的高低。

赋税轻重与经济发展之间是何种关系？

赋税是一种社会的经济制度，它随着社会经济关系的变动而变动。从三代之前"公田力役制"下的"贡""助""彻"等税制，到春秋战国之后"履亩而税"的实物税制，再到元明时期的"一条鞭"税制，赋税变迁因缘于社会经济关系的演变，社会经济关系的变迁又是基于社会生产力的发展。②在科举鼎盛时期的明清时代，"赋税"主要由田赋、丁银、盐课、关税、杂赋等几项组成，而且在形式上已经形成了一种"以银钱代输"的称为"折色"的货币税制。也就是说，赋税的轻重主要是取决于土地田亩、人口多寡和农业经济与商业的发展。

科举时代赋税的征收，主要与人口和土地制度有关。在前期封建社会，土地全由国家统辖而分配于全体人民，故在"计口授田"之下的赋税征收是以人口为准的，即"丁随乡出"，这种征收办法延续至唐代中叶的"租、庸、调"制，均是以人口作为赋税的主要对象。待到均田制度遭到破坏之后，税制的基础遭到动摇，才发生根本性转变，开始以田亩为本，计亩收税。清康熙五十年以后，"滋生人丁，永不加赋"，而实际上这一时期"丁银"在总体赋税中所占的比重已经不大。清雍正年间又实施"摊丁入亩"，真正地"计亩收税"，从而使清政府的赋税收入长期处于一种相对稳定的水平。③

教育与经济发展之间又是何种关系？

罗廷光在《新中华》杂志上曾撰文指出，教育问题的解决要从政治、经济、社会三项问题上寻求出路。"经济一项关系教育最切，影响于教育最钜，经济生活支配了教育问题的各方面。"④1948年，毛礼锐在《政治季刊》发表《教育与经济》一文，深刻探讨了教育与经济的关系问题。毛氏指出，经济对于教育的影响，是很明显的。中国古人有云"富而后教"，可见教育是要以经济为基础的。

---

① 巴梯塞夫，陈仲道. 人口问题与社会发展[J]. 理论与现实，1939（3）：46-51.
② 秦锦荣. 我国经济史上的赋税制度[J]. 财政知识，1942（3）：36-41.
③ 何平. 清代赋税政策研究：1644—1840年[M]. 北京：中国社会科学出版社，1998：108.
④ 罗廷光. 经济与教育[J]. 新中华，1933（3）：29-35.

教育的发达常与经济的发达成正比，私人之愈富者其子弟能受的教育越多，社会或国家之较富者其教育亦较发达，这是人人皆知的常识。金钱与闲暇，向来是教育的主要条件。①

就教育与经济之间的一般关系而论，经济对教育的发展有决定的力量。①经济较发达的地区往往也是科举教育相对发达的地区。但历史学者钱茂伟认为，一个地区是否重视教育，并不是由地区经济决定的，而是取决于该地区的"社会价值观"：如果一个地区的社会出路较多，特别是工商业较为发达的话，举业就可能不太发达，进士就可能不多。其中的道理很简单，"出路越多，选择性越大，人就越不重视读书。反之，选择性小，出路单一，读书风就浓，出的读书人才就多"②。按照钱氏的说法，一个地区经济越发达，读书就可能越不发达。与之相反，经济越不发达，读书风气则可能越浓，科举考试的业绩也就可能越发达。而这一推断很难获得支持它的证据。

不过钱茂伟进一步指出，科举考试的竞争并不是一种经济竞争，而是一种政治型文化竞争。③"从间接的角度来说，各地出进士的多少，背后反映的是各地政治文化竞争力的差异。"③因此，"科举考试是政治型文化竞争，不是经济竞争"。在科举考试与地方经济发展的关系上，钱氏进一步认定，"科举竞争可以肯定不能促进地方经济的发展，但可以促进地方文化教育的发展"④。这种说法可能在表述上过于绝对，科举考试的竞争至少对于带动相关经济产业发展而言，还是有一定作用的。

从一般的常识来说，一个地区经济越发达也就意味着该地富裕家庭就可能越多。虽然从经济上看，这些家族总能获得一定的社会地位，但有钱总不如有势，而若无势，这些富裕家庭的财富就极有可能化为无形。所以若是某地方经济发展情况较好，由于科举时代社会经济结构相对简单，农业经济的科举社会，经济越发展，富裕家庭或大家族就越多，科举入仕的愿望就越强烈，同时也更有经济和社会条件来供应读书人长期准备科举考试。

由于明清两代科举考试录取规则实行的是一种配额竞争制，各行政区的科举中式名额是一定的，而科举配额的分配规则又是根据各地的户数人口和赋税轻重决定的，所以科举考试与地方经济发展之间的关系是客观存在的。科举考试的考试制度的设计受制于地方经济发展，同时地方经济社会发展又形成科举考试的动力来源。

---

① 毛礼锐. 教育与经济[J]. 政治季刊，1948（1）：30-35.
② 钱茂伟. 国家、科举与社会：以明代为中心的考察[M]. 北京：北京图书馆出版社，2004：201.
③ 钱茂伟. 国家、科举与社会：以明代为中心的考察[M]. 北京：北京图书馆出版社，2004：203.
④ 钱茂伟. 国家、科举与社会：以明代为中心的考察[M]. 北京：北京图书馆出版社，2004：205.

## 二、科举考试对经济发展的双重影响

科举考试是科举时代社会统治集团用于选拔真才和追求选才效率的产物，它建立的初衷全在于政治的目的，不在于经济发展。但科举考试作为一种社会制度，与社会经济系统的相互作用，在客观上对经济发展产生了双重影响。

### （一）科举考试形塑社会价值观念，抑制了经济发展

竞争性考试与考试利益联系在一起，总是在不同程度上发挥着某种导向功能，且这种导向功能还主要表现在它所应用的领域。就教育领域而言，竞争性教育考试在一定程度上引导着教育活动的方向和教育的价值观念；就社会领域而言，竞争性社会考试在一定程度上引导着社会选才活动的方向和社会的价值观念。

科举时代的传统社会完全是一个等级社会，也是一个颇为注重政治生活的社会，而科举考试在传统社会中居于某种重心地位，由于官僚是"四民社会"的统治者，在各类社会群体中居于核心地位，不仅掌控着传统社会的政治权力，享有特隆的声望和财富，还荣及家庭和家族，享有各种政治、经济和社会特权。官僚群体及其家庭过着一种奢靡和优越的生活，而平民之中纵有富者产生，也只能是"富而不贵"，不仅在地位和声望上，在物质生活的享受上也会受到种种限制。由于官僚的种种特权，遂在中国社会中形成了一种源远流长的艳羡、崇拜、追求和保守官职的心理。[①] 入仕做官是人们普遍的追求和向往。而在科举时代，官员选拔主要依赖科举考试，并以科举考试为正途，以科举之外的其他途径入仕，并不受人尊重，也不太可能跻身高阶官位。所以社会读书人的出路逐渐趋于科举一途。尤其是社会的中下层群体，要想彻底改变个体命运，就必须依靠读书和参加科举考试，进入官僚体系，才能实现这样的梦想。而通过各种方式已初步崛起的家族，想要维系家族的社会地位并保持长远发展，也必须继续鼓励和要求家族子弟读书应考，继而获得相应的政治、经济特权，得以保身。

科举考试的发展和勃兴，在传统社会形塑了重视科名、重视政治并以"读书—应试—做官"为主流价值的社会核心价值观念。在中国，读书求学的一切动机和最高期望，就是要步入仕途[②]，即做官。整个社会以读书和做官为主要的而且是最高的价值追求，不以从事工商业发展经济为核心要务，经济发展只是顺其自然而已。这就将整个社会导向一个重视科名和做官的状态，其他追求则倍受冷落。钱穆先生在谈到这种影响时就指出，"因为政权是开放的，社会上聪明才智

---

① 何怀宏. 选举社会及其终结：秦汉至晚清历史的一种社会学阐释[M]. 北京：生活·读书·新知三联书店，1998：142.

② （美）何天爵. 真正的中国佬[M]. 鞠方安，译. 北京：光明日报出版社，1998：175.

之士都想去走做官这条路，工商业就被人看不起"①。

在吴敬梓所著《儒林外史》第十五回里，马二先生对匡超人的忠告，可以说是道尽了科举考试对当时社会价值观念的影响："你如今回去，奉事父母，总以文章举业为主，人生世上，除了这事，就没有第二件可以出头。不要说算命、拆字是下等，就是教馆、作幕，都不是个了局。只是有本事进了学，中了举人、进士，即刻就荣宗耀祖。这就是《孝经》上说的'显亲扬名'，既是大孝，自身也不得受苦。古语道得好'书中自有黄金屋，书中自有千斤粟，书中自有颜如玉。'而今什么是书？就是我们的文章选本了。"②

科举学专家刘海峰在《科举考试的教育视角》一书中认为，在经济方面，"科举使儒学'学而优则仕'的学说制度化，间接地对经济的发展和科技的进步有消极影响"③。历史学者钱茂伟在《国家、科举与社会：以明代为中心的考察》一书中甚至断言，"科举竞争可以肯定不能促进地方经济的发展，但可以促进地方文化教育的发展"④。不过这种观点也是值得商榷的，文化教育的发展难道反过来不对地方经济发展起作用吗？

马克斯·韦伯在《儒教与道教》一书中认为，传统中国是一个家产式官僚体制国家，"在家产式官僚体制的条件下，统治者阶层的竞争完全只是受俸禄者及士人猎取功名禄位的竞争，这种竞争把其他所有的追求都扼杀了"⑤。

而林毅夫认为，"科学革命没有在中国发生，原因不在于恶劣的政治环境抑制了中国知识分子的创造力，而在于中国的科举制度所提供的特殊激励机制，使得有天赋、充满好奇心的天才无心学习数学和可控实验等对科学革命来讲至关重要的人力资本，因而，对自然现象的发现仅能停留在依靠偶然观察的原始科学的阶段，不能发生质变为依靠数学和控制实验的现代科学"⑥。

这种特殊的激励机制形成了中国特殊的人力资源状况。不仅因为最终职位有限的官员的选拔是以绝大多数未考中的读书人牺牲大量时间作为代价，更重要的是，这种高回报的激烈竞争使得无数有天赋的人才将时间和精力集中于儒家经典的背诵、记忆和文字表述的掌握能力上，因而无暇顾及和科举无关的其他知识，包括对数学和现实生活中的其他有用技艺的学习。而且，中国人口众多、地域广阔，从地方官员到中央的各部尚书和宰相之间有众多的科层，那些有幸通过了科举考试而取得相应学位以及做官资格的人，必须在激烈的竞争中按儒家理想的规

---

① 钱穆. 中国历代政治得失[M]. 北京：九州出版社，2012：170.
② （清）吴敬梓. 儒林外史[M]. 张慧剑，校注. 北京：人民文学出版社，1958：160.
③ 刘海峰. 科举考试的教育视角[M]. 武汉：湖北教育出版社，1996：4.
④ 钱茂伟. 国家、科举与社会：以明代为中心的考察[M]. 北京：北京图书馆出版社，2004：99.
⑤ （德）马克斯·韦伯. 儒教与道教[M]. 洪天富，译. 南京：江苏人民出版社，2003：124.
⑥ 林毅夫. 李约瑟之谜、韦伯疑问和中国的奇迹[J]. 北京大学学报（哲学社会科学版），2007（7）：5-22.

范来行事才能获得晋升，因此，也无暇进行其他知识的探索，中国明代科学家的人数因而少得可怜。①

虽然科举考试长期运行所形成的科举文化形塑着社会的价值观念，这可能在一定程度上抑制了经济发展。但众多的研究表明，阻碍中国传统社会经济继续向前发展的似乎并不是科举考试，而是封建地主经济的生产方式。

### （二）科举考试所形成的竞争机制，发挥了客观的经济功能

人类社会的竞争必然伴随着社会资源的消耗。在传统社会，科举考试定期举行，是一种较大规模的人口流动，同时也是一种物质和资金的流动。这种客观的经济功能主要体现在以下几点。

其一，科举考试赋予取中者各种政治、经济特权，为其带来巨大的经济利益。科举考试是士子对"科名"这一稀缺性资源的共同追逐，它所造就的竞争机制对应试者来说，是彻底改变和维系个人与家族命运的手段。就科举考试的制度设计来说，应试者必须有一个长时间的准备过程，才有可能在考试竞争中脱颖而出。在人口渐渐增长的压力之下，考试竞争又是十分激烈的，所以应试者必须想尽各种办法极力在科举考试中战胜竞争对手，除了苦读儒家经典，还需有针对性地时常刻苦练习应试技巧。

其二，科举考试的利益令举国上下对科举考试趋之若鹜，形成了庞大的科举考试需求。承前所述，这种考试需求从需求主体来说，是考试主体和考试客体的需求；从需求内容来说，是因考试而引起的衣食住行的需求。而具体来说，对考试主体而言，政府的需求主要是组织科举考试形成的物质需求，如科举考试场所的建设维护、考试管理及考务人员在考试期间的需求以及科举考试活动正常进行所需要的物质条件等。对于考试客体而言，考生的需求主要是准备应试的需求以及考试期间的需求，如制举用书的需求、考试辅导的需求、考试前衣食住行的需求等。特别需要指出的是，随着科举考试规模的激增和考试竞争的惨烈，产生了科举考试用书的市场需求，造就了为士子修习举业提供帮助的制举用书刊刻产业。

其三，科举考试通过设立一定的考试内容和录取标准，鼓励公开竞争，为中国传统社会选拔具备高等教育素质的政府官员和社会治理人才，这在一定程度上有助于社会的稳定和发展。借由科举考试所选拔的官员，为国计民生献计献策。充任地方的官员，为官一任，在当地兴修水利、劝课农桑，实际上也能够起到造福一方的效能。

---

① 林毅夫. 李约瑟之谜、韦伯疑问和中国的奇迹[J]. 北京大学学报（哲学社会科学版），2007（7）：5-22.

此外，科举考试赴考旅费和考试费用等问题，始终是摆在士子面前的一道难题，在解决这一难题的过程中，逐渐形成了科举产业。在宋代这些产业一般叫作"贡士庄"，"它们一般由捐赠的地产组成，其收入由官学的官员管理，并专门指定作为举人的旅费津贴，有时也发给那些通过省试的人"[1]。

---

[1] （美）贾志扬. 宋代科举[M]. 台北：东大图书股份有限公司，1995：239.

# 第四章　考试经济的现实发展

作为一种盛行于世的教育经济现象，考试经济的形成与发展，必有其深层次的社会机理。若干制度性和非制度性的因素，对考试经济的现实发展起到了重要的推动作用。系统性地分析这些因素，有助于我们理解考试经济的现实发展逻辑，解释第二章所揭示的考试与经济关系的迁嬗，把握考试经济未来发展的趋势。本章主要探讨考试经济的发展背景，探究考试经济的发展条件，同时对考试经济发展的主要过程进行讨究，并述论考试经济在当代社会繁荣发展的表征。

## 第一节　考试经济的发展背景

改革开放四十多年来，我国社会各领域的面貌发生了巨变，社会经济高速发展，取得了举世瞩目的发展成就。随着社会主义市场经济的发展和国家教育考试制度的建立，一些因考试而兴起的社会经济现象开始进入社会公众视野，逐步形成了一种被舆论和学术界称为"考试经济"的重要社会现象。从其发展背景来说，主要体现在以下几个方面。

### 一、社会各领域改革开放全面启幕

社会各领域改革开放的全面启幕，是当今考试经济形成的社会背景。在全国引起热烈反响的重大革命和历史题材电视剧《历史转折中的邓小平》，生动再现了改革开放决策前后那段真实历史。1976 年 10 月，粉碎江青反革命集团的胜利，标志着"文化大革命"正式终结。[①]"不改革就没有出路，这是经历了一场

---

① 1981 年十一届六中全会通过的《关于建国以来党的若干历史问题的决议》指出："一九七六年十月粉碎江青反革命集团的胜利，从危难中挽救了党、挽救了革命，使我们的国家进入了新的历史发展时期。"

灾难之后的中华民族的普遍觉醒。"①可以说，没有改革开放的伟大决策，就不可能有社会各领域的发展进步，高等教育事业包括高等教育考试也就不可能有获得重生的机会。

1976年之后，经过政治、经济和社会变革，"对外而言，中国在技术、贸易和生产方面进一步深化与国际经济的接轨，并有意按照东亚诸邻邦的模式发展。对内而言，中国的改革引进了市场，带来了消费社会的发展和准备以放弃绝对控制来换取经济增长和政治领导得以持续的政党国家"②。

从1976年10月到1978年11月，中国社会处在一个"在徘徊中前进"的时期，同时也是一个过渡时期。党的主要工作是在各个领域"拨乱反正"。这项工作涉及思想理论、政治生活、经济建设、民主法治、科技教育等各个方面。正如李忠杰所言，"拨乱反正虽然还不算改革开放，但为改革开放奠定了基础。特别是在思想路线、政治路线、组织路线上的拨乱反正，为改革开放的展开创造了极其重要的条件"③。在思想理论领域，通过真理标准问题的讨论，"比较明确地解决了我们的思想路线问题"④。在高等教育领域，恢复"高考"成为"拨乱反正"的一个突破口。这一伟大壮举，一是使整个国家终于回到了选拔和培养人才的正常轨道上来，使广大知识青年获得了接受高等教育的机会；二是从根本上改变了社会的价值观，使尊重知识、尊重人才成为整个社会的价值取向。

1978年底，深具转折意义的中共十一届三中全会在北京召开，从此"开启了改革开放新时期"⑤。十一届三中全会的会议公报提出，"实现四个现代化，要求大幅度地提高生产力，也就必然要求多方面地改变同生产力发展不适应的生产关系和上层建筑，改变一切不适应的管理方式、活动方式和思想方式"⑥。这次会议强调，要改革高度集权、以行政管理为主、缺乏经济活力的经济体制，从而"充分发挥中央部门、地方、企业和劳动者个人等四个方面的主动性、积极性、创造性，使社会主义经济的各个部门各个环节普遍地蓬蓬勃勃地发展起来"⑥，强调要改革权力过分集中、民主与法制不健全的政治体制，以使民主制度化、法律化，使这种制度和法律不因领导人的改变而改变，不因领导人的看法和注意力的改

---

① 王洪模，等. 改革开放的历程[M]. 郑州：河南人民出版社，1989：236.
② （澳）大卫·古德曼. 中国大陆：改革开放的社会与政治影响[C]//沈明明. 改革发展与社会变迁. 北京：华夏出版社，2001：152.
③ 李忠杰. 改革开放的历史进程和启示[J]. 南京师大学报（社会科学版），2008（6）：5-12.
④ 王洪模，等. 改革开放的历程[M]. 郑州：河南人民出版社，1989：74.
⑤ 胡锦涛. 高举中国特色社会主义伟大旗帜 为夺取全面建设小康社会新胜利而奋斗——在中国共产党第十七次全国代表大会上的报告[R]. 北京：人民出版社，2007：6.
⑥ 中央党校教务部. 十一届三中全会以来党和国家重要文献选编（一）1978年12月—1992年9月[M]. 北京：中共中央党校出版社，1998：3，5.

变而改变。①这次全会实现了中华人民共和国成立以来党的历史上具有深远意义的伟大转折,从而开始了中国从"以阶级斗争为纲"到"以经济建设为中心",从僵化、半僵化到全面改革,从封闭、半封闭到对外开放的历史性转变。②

社会各领域的改革从农村开始,从经济制度开始,扩展到城市,进而扩大到政治、教育等领域,这是一个逐步的、有秩序的发展过程。

农村经济改革的成功,极大地影响了城市,也为国家经济体制改革提供了宝贵经验和有利条件。中共十二大以后,以城市为重点的经济体制改革开始全面展开。1984年10月,中共十二届三中全会通过了《中共中央关于经济体制改革的决定》。这一决定在理论上纠正了将计划经济与商品经济对立起来的传统观点,认为我国社会主义经济是公有制基础上的有计划的商品经济。在《中共中央关于经济体制改革的决定》精神的指导下,重点扩大了企业的生产经营自主权。同时,在计划、财政、税收、价格、金融、商业、劳动工资等方面,也进行了不同程度的改革②。中共十二届三中全会以来,"全面改革主要表现在两个方面:一是在经济领域,改革的重点由农村转向城市。二是从宏观上讲,改革由经济体制改革扩展到比较广泛的方面,其中比较突出的是科技体制、教育体制的改革及军队的精简整编"③。

随着城乡经济体制改革的渐进推展,相应的科学技术体制改革、教育体制改革也在进行。1985年3月13日,《中共中央关于科学技术体制改革的决定》正式公布,该决定明确指出:"我们应当按照经济建设必须依靠科学技术、科学技术工作必须面向经济建设的战略方针,尊重科学技术发展规律,从我国的实际出发,对科学技术体制进行坚决的有步骤的改革。"④1985年5月,中共中央和国务院发布《关于教育体制改革的决定》,决定改革教育管理体制,在加强宏观管理的同时,实行简政放权,扩大学校的办学自主权;调整教育结构,相应地改革劳动人事制度;还要改革同社会主义现代化不相适应的教育思想、教育内容、教育方法。而经过改革,要达到的目标是"使基础教育得到切实的加强,职业技术教育得到广泛的发展,高等学校的潜力和活力得到充分的发挥,学校教育和学校外、学校后的教育并举,各级各类教育能够主动适应经济和社会发展的多方面需要"⑤。《关于教育体制改革的决定》还对增加教育投资,把发展基础教育的责任交给地方,有步骤地施行九年义务教育,调整中等教育结构,发展职业技术教育,改革高等学校的招生计划和毕业生分配制度,扩大高等学校的办学自主权,加强领导,调动各方面积极因

---

① 王洪模,等. 改革开放的历程[M]. 郑州:河南人民出版社,1989:237.
② 李忠杰. 改革开放的历史进程和启示[J]. 南京师大学报(社会科学版),2008(6):5-12.
③ 王洪模,等. 改革开放的历程[M]. 郑州:河南人民出版社,1989:364.
④ 中共中央文献研究室. 十二大以来重要文献选编(中)[M]. 北京:中央文献出版社,2011:137.
⑤ 中央党校教务部. 十一届三中全会以来党和国家重要文献选编(一)1978年12月—1992年9月[M]. 北京:中共中央党校出版社,1998:178.

素，保证教育体制改革的顺利进行等问题，做了明确的原则规定。

在社会各领域实行全面改革的同时，党和政府也奉行了"对外开放"的基本国策。不过，"从广义上说，开放也是改革"，而且是在国家发展前途方向上的改革。在对外开放的方位上，主要面向三个方面开放，"一个是对西方发达国家的开放……一个是对苏联和东欧国家的开放……一个是对第三世界发展中国家的开放"①。在对外开放的形式上，十一届三中全会以后，根据对外开放的战略决策，我国采取了一系列重大措施来扩大对外贸易、利用外国资金、引进先进技术和管理经验、开展对外劳务合作、发展国际旅游，从而使对外开放的形式走向多样化。在对外开放的步骤上，从建立"经济特区—沿海开放城市—沿海经济开放区—内地"等步骤逐次推进，"滚动式地由南到北，由东到西，由外到内，由沿江到内地逐步推进"，同时在不同层次实行不同程度的优惠政策和灵活措施。1979 年，中共中央和国务院正式批准广东、福建两省在对外经济活动中实行特殊政策和灵活措施，决定在深圳、珠海、汕头、厦门等地试办特区，作为吸收外资的一种特殊方式。1980 年 8 月，第五届人大常委会第十五次会议决定，批准了国务院提出的在广东省的深圳、珠海、汕头和福建省的厦门建立经济特区的建议。1984 年 5 月，正式确定开放大连、秦皇岛、天津、烟台、青岛、连云港、南通、上海、宁波、温州、福州、广州、湛江、北海 14 个沿海港口城市，同时在这些开放城市兴办经济技术开发区，促进外向型经济的发展。上述这三个特点，构成了我国对外开放的整体框架。

## 二、高等教育考试地位得到重新确立

考试经济形成的第二个背景是高等教育考试的地位在教育和社会领域得到重新确立。这也是考试经济形成的制度背景。20 世纪七八十年代，"文化大革命"结束后，党和政府在社会各领域的"拨乱反正"行为，使政治、经济社会各领域逐步走上了正常有序发展的道路，考试制度重新回到了社会生活之中，并逐步获得了稳固的社会地位，从而为考试经济的形成提供了制度基础。

（1）1966 年：一个时代的开始和统一高考模式的转变。

20 世纪 60 年代，"文化大革命"和"阶级斗争"成为党和国家的最主要任务，教育领域也未能幸免。1966 年 4 月 6~14 日，高等学校招生工作座谈会在北京召开，座谈会明确提出高等学校要采用新的招生办法，即取消考试，采取推荐与选拔相结合的办法。

1966 年 6 月 13 日，中共中央、国务院发出通知，提出为了搞好大专学校和高

---

① 邓小平. 建设有中国特色的社会主义[M]. 北京：人民出版社，1984：70.

中的"文化大革命",为了充分准备实行新的招生办法,决定改革高等学校的招生办法,并且决定1966年的高等学校招生工作推迟半年进行。同时指责当时的高等学校招生考试办法"基本上没有跳出资产阶级考试制度的框框,不利于更多地吸收工农兵革命青年进入高等学校。这种考试制度,必须改革"。

1966年6月18日,《人民日报》发表题为"彻底搞好文化革命 彻底改革教育制度"的社论,重篇幅地批评了中华人民共和国成立以来实行的高考制度,认为高考制度"对社会主义事业是极大的危害",是"资产阶级政治挂帅,分数挂帅",是对"工人、贫下中农子女实行专政"。于是"决定废止现行的高等学校招生考试办法,从今年起实行推荐和选拔相结合的新的招生办法"。社论进一步将废止高考制度作为"彻底搞掉资产阶级教育路线的一个突破口"。1966年6月19日,《人民日报》继续指责"升学考试制度是与旧意识形态决裂战役中一个最顽固的堡垒,也是无产阶级文化大革命中一块大绊脚石"[①]。

1966年7月24日,中共中央、国务院发布《关于改革高等学校招生工作的通知》,提出从该年起,高等学校招生取消考试采取推荐与选拔相结合的办法。在"文化大革命"这一特殊的时代背景下,高等学校的招生工作实际上无法正常展开。1966~1971年,绝大多数高等学校未能招生,陷入混乱无序的状态。到1972年,高等学校才逐步恢复"推荐与选拔相结合"的招生办法。但主要招收的是有两年以上实践经验的"工农兵",而不招收应届高中毕业生。高等学校招生时实行"自愿报名,群众推荐,领导批准,学校复审"的"十六字招生办法"。在这个相当长的时期内,考试制度作为一种传统压迫的象征和维持社会差别的有力手段而被彻底摒弃了。[②]

(2)1977年:一个国家与时代的拐点。

在邓小平的直接推动下,教育部在1977年8~9月召开了1977年全国高等学校招生工作座谈会,制定了《关于一九七七年高等学校招生工作的意见》。10月5日,中共中央政治局讨论并通过了这一意见。1977年10月12日,国务院批转了教育部《关于一九七七年高等学校招生工作的意见》,指出"高等学校招生工作,直接关系大学培养高级专门人才的质量,影响中小学教育,涉及各行各业和千家万户,是一件大事"。1977年10月21日,《人民日报》头版刊发《高等学校招生进行重大改革》和社论《搞好大学招生是全国人民的希望》,10月22日,《人民日报》刊登《就今年高等学校招生问题,教育部负责人答记者问》的报道,向全国人民正式公布恢复高校招生考试制度的消息。有的群众反映说,恢复

---

① 长沙市一中高三(三)班共青团支部. 升学考试制度的二十一大罪状[N]. 人民日报,1966-06-19.

② Hu C T. The historical background: examination and controls in pre-modern China[J]. *Comparative Education*,1984,20(1):7-20.

高考"像爆炸了一颗原子弹,震撼了整个中国大地"①。

1977年的高考,全国各地共有570万人报考,计划招生21.5万人,实际录取27.8万人。"也就是这场惊心动魄的考试,曾经被践踏的知识才得以重新被重视,曾经被踩躏的求知之心才重新被引领;个人的人生轨迹被改变,国家的前途,也因而被重新照亮。"②1978年6月6日,国务院批转了教育部《关于一九七八年高等学校招生工作的意见》,正式恢复了"文化大革命"前行之有效的"全国统一命题,省、市、自治区组织考试、评卷"的体制。"恢复高考,一代人的命运为之一变,它不仅仅是简单地恢复了一种考试制度,而是社会公平与公正的重建,成为一个国家复兴和走向繁盛的拐点。"②

对恢复高考的评价,不能仅仅着眼于个人命运的变化,还要从中华民族的发展道路和命运来认识。恢复高考,一是使整个国家终于回到了选拔和培养人才的正常轨道上来,使广大青年获得了接受高等教育的机会;二是从根本上改变了社会的价值观,使尊重知识、尊重人才成为整个社会的价值取向。这两条,不仅对当代中国,而且对中华民族的长远发展,都具有重大的意义。③

正如考试学专家刘海峰所指出的,"只要社会还没有发达到人人可以享受专门教育的程度,招生考试就有其存在的必要性和必然性"④。高考制度的恢复,意味着重新将考试作为分配稀缺资源的一种手段。总之,恢复高考标志着"旧时代"的终结和"新时期"的开端。⑤

(3)1978年:研究生招生考试制度得以重新建立。

1977年,国务院批转教育部《关于高等学校招收研究生的意见》,研究生招生考试得以恢复。1978年全国研究生入学考试初试科目包括政治、外语、基础课和专业课,所有考试科目均由各招生单位自行组织命题。当年全国报考研究生的人数达6.3万人,经过考试,录取了1万人左右。1979年,规定研究生入学考试不进行复试。1980年,政治理论和外国语实行国家教委统一命题,其他考试科目(基础课、专业基础课和专业课)仍由各招生单位自行组织命题。1980年确立的研究生入学考试科目结构,基本上沿用至今,只不过在不同的学科、专业及学位类型上有所调整。1981年,《中华人民共和国学位条例》开始实施,研究生招生考试制度开始走向定型化和规范化,从而基本形成了两种考试组织模式、两种考试命题模式和两种主要招生办法。两次考试组织模式,即初试实行国家统一考试,复试实行招生单位

---

① 杨学为. 恢复高考廿年——兼论高考与社会、经济的关系[C]//杨学为. 中国考试改革研究. 北京:北京大学出版社,2001:381.
② 谢苗枫. 1977年高考:国家复兴的拐点[N]. 南方日报,2009-08-14.
③ 李忠杰. 改革开放的历史进程和启示[J]. 南京师大学报(社会科学版),2008(6):5-12.
④ 刘海峰,等. 中国考试发展史[M]. 武汉:华中师范大学出版社,2005:329.
⑤ 罗岗. 中国大学的自我主张——纪念高考恢复三十周年(1977—2007)[J]. 书城,2007(11):25-33.

自行考试。两种考试命题模式，即初试公共课由教育部考试中心统一组织命题，专业课由招生单位自主命题；复试由招生单位自行组织命题。两种主要招生办法，即统一考试招生和推荐招生相结合，以考试为主的招生办法。

（4）1981年：高等教育自学考试制度正式创立。

1978年，第五届全国人民代表大会第一次会议的政府工作报告提出，"要建立适当的考核制度，业余学习的人们经过考核，证明达到了高等学校毕业生同等水平的，就应该在使用上同等对待"[①]。1981年1月13日，国务院批转下发了教育部《关于高等教育自学考试试行办法》。该办法决定在北京、天津、上海等地先行试点举办高等教育自学考试，待取得一定成效后逐步向全国推广。1982年，"鼓励自学成才"被写入新宪法，成为一项既定的政策导向。到1985年，全国大部分省区和直辖市都开展了高等教育自学考试的试点工作。1988年国务院发布《高等教育自学考试暂行条例》，进一步以行政立法的形式将高等教育自学考试制度予以确定和巩固下来，并对其性质、任务、地位、机构、开考专业、考试办法、毕业生使用等内容进行了明确规定，同时这也标志着我国高等教育自学考试事业走上了法治化轨道。1998年高等教育自学考试制度被新颁布的《高等教育法》确立为"高等教育基本制度"之一。该法第二十一条明确规定："国家实行高等教育自学考试制度，经考试合格的，发给相应的学历证书或者其他学业证书。"[②]再次以国家法律的形式规定了高等教育自学考试制度的性质，及其在我国高等教育基本制度中的重要地位。

高等教育自学考试制度创立于20世纪80年代，主要有两方面的社会背景。一方面，随着社会改革和对外开放，经济高速发展的现实背景急需大量各领域的高级专门人才，以进行经济和各项社会事业建设。社会民众迫切需要接受高等教育以适应快速变化和发展的社会形势。另一方面，受制于国家经济发展水平和财政能量，整个社会的高等教育系统并不发达，尚不能充分地满足社会民众的高等教育需求和社会各行业对供给足够数量和质量的人才资源的现实需求。"正是在高等教育资源稀缺的社会条件下，高等教育自学考试获得了其存在的价值，发挥了补偿教育和普通高等教育的替代功能，在客观上为经济社会发展培养了一大批接受过高等教育的高级专门人才。"[③]

（5）1987~1989年：全国大学英语四、六级考试制度正式建立。

20世纪80年代初，国家教育委员会在调查研究的基础上，组织制订了

---

① 华国锋. 团结起来，为建设社会主义现代化强国而奋斗[C]//全国人民代表大会常务委员会办公厅. 中华人民共和国第五届全国人民代表大会第一次会议文件. 北京：人民出版社，1978：45.

② 中华人民共和国教育部研究室.《中华人民共和国教育法》释义[M]. 哈尔滨：黑龙江教育出版社，1998：6.

③ 胡天佑. 高等教育自学考试的发展逻辑与价值重构[J]. 考试研究，2014（1）：16-22.

《大学英语教学大纲》（1985年版），提出了"分类指导、分级教学"的指导思想。为配合《大学英语教学大纲》的贯彻和实施，1987年9月起，全国大学英语四、六级考试委员会设计并施行了大学英语四级考试（CET-4），标志着大学英语等级考试制度的正式创立。经过两年的实践，CET-4获得了较为广泛的社会认可。为了进一步对起点较高、程度较好学生的英语语言能力进行评估，也为鼓励更多学生在完成基础阶段的大学英语学习后，进一步提高英语语言能力，1989年1月起，全国大学英语四、六级考试委员会开始实施大学英语六级考试（CET-6）。此后形成定制，考试在每学期结束之前统一举行。大学英语四、六级考试自1987年实施以来，对我国大学英语教学产生了很大影响，"越来越多的大学更加重视公共英语教学，公共英语教师的地位和待遇都有了显著提高，公共英语教学条件得到了充实和改善，大学生学习英语的积极性和自觉性空前高涨，公共英语教学质量在一定程度上得到了提高"[1]。时任国家教委大学英语四、六级考试委员会委员兼办公室主任冯玉柱指出，"国家统一考试、教学考试、标准化考试，这三个条件是全国大学英语四、六级考试得以存在和发展的基础"[2]。

随着我国高等教育规模的持续扩大，改革开放对大学生英语水平的要求日益提高，大学英语四、六级考试的考生人数还在不断增长。正如时任大学英语四、六级考试委员会主任委员杨惠中所言，一个大规模考试在长时间内保持稳定发展，"这一事实证明大学英语四、六级考试适应了社会的需要，也得到了社会的普遍认同，产生了良好的社会效益"[3]。

上述这些考试主要通过什么来确立其社会地位？这主要受以下两个因素的影响。一是社会对这些考试的客观需求。"文化大革命"十年废除了考试制度，高等学校招生采用推荐与选拔相结合的办法，导致高等学校的招生无法保证质量，产生了诸多弊端。与"文化大革命"前实行统一考试两相对照，在特定的时代机遇推动下，对高考的需求随之产生。高等教育自学考试的建制，全国大学英语四、六级考试制度的建立，均是适应了当时社会的客观需求。二是考试实际功能的发挥。考试学的研究表明，考试功能是决定考试价值、影响考试存亡的关键因素。上述高等教育考试的存续，无不是因为这些考试在具体实行的过程中，发挥了不可替代的价值和功能。统一考试制度的确存在不少的问题，但到目前为止，尚没有任何一种招生办法能够替代统一高考和研究生入学统一考试。高等教育自学考试长期以来发挥了

---

[1] 别敦荣. 用新的理念指导大学英语四、六级考试改革[J]. 厦门大学学报（哲学社会科学版），2002（2）：12-15.
[2] 冯玉柱. 全国大学英语四、六级考试七年之回顾[J]. 外语界，1997（4）：39-44.
[3] 杨惠中. 大学英语四、六级考试十五年回顾[J]. 外国语，2003（3）：21-29.

普通高等教育的替代功能，满足了社会民众接受高等教育的需求，它所具有的内容和形式对于高等教育体系建设而言有着特殊的实践价值。它的独特价值始终是存在的，这也正是其核心竞争力和不可替代性所在。[①]

### 三、高等教育需求与供给之间矛盾激化

考试经济形成的第三个背景是高等教育需求与供给之间矛盾的激化。民国时期我国高等教育需求与供给之间的矛盾主要表现为需求和供给的"双不足"，高等教育本身就不发达，社会民众的高等教育需求能力亦十分有限。1949年以后，高等教育事业被整体纳入国家全面管制之下，高等教育供给有所发展，但主要目的在于满足国家建设的需要，这种局面一直维持到"文化大革命"前夕。在"文化大革命"期间，不仅是高等教育事业，整个社会事业的正常发展都遭到严重破坏。直到改革开放之后，社会经济开始起步腾飞，高等教育需求与供给之间的矛盾达到了一种新的激烈竞争程度。

民国时期的高等教育虽然在不同的场合备受现代人追捧，但该时期各类教育机会严重匮乏，高等教育的学习成本也过于高昂，在适龄人口中占绝大多数的工农子弟极难获得高等教育机会，全国专科以上学校学生家庭背景以社会的中上层为主（表4-1）。1931年南京国民政府教育部的统计数据显示，尽管全国专科以上学校学生家庭职业登记为"农"的比例达到了25.93%，在所有的学生家庭职业中最高，家庭职业为"农"的比例，大学为21.92%，独立学院为33.01%，专科学校为28.03%，但全国专科以上学校学生家庭职业为商、学、政、军、法、医、警的还是占了绝大多数的比例。只要稍微考虑到民国时期基础教育分布的限度，以及接受中学、大学教育所需成本的高昂，就可推知这些工农界家庭，应基本都是地主、工业家和工厂管理人员家庭。[②]"一般中产以下家庭的子弟，都只有望着学校校门向隅而泣。"[③]

表 4-1　1931 年全国专科以上学校学生家庭职业统计　　单位：人

| 家庭职业 | 大学 | 独立学院 | 专科学校 | 合计 |
| --- | --- | --- | --- | --- |
| 商 | 3 333 | 1 522 | 556 | 5 411 |
| 学 | 3 017 | 1 467 | 546 | 5 030 |
| 农 | 2 968 | 2 315 | 597 | 5 880 |
| 政 | 1 661 | 691 | 247 | 2 599 |
| 工 | 473 | 150 | 45 | 668 |

---

① 胡天佑. 高等教育自学考试的发展逻辑与价值重构[J]. 考试研究，2014（1）：16-22.
② 梁晨，张浩，李兰，等. 无声的革命：北京大学、苏州大学学生社会来源研究（1949—2002）[M]. 北京：生活·读书·新知三联书店，2013：7.
③ 张健甫. 要求享受教育机会的平等[J]. 广西教育研究，1942（1）：4.

续表

| 家庭职业 | 大学 | 独立学院 | 专科学校 | 合计 |
|---|---|---|---|---|
| 法 | 394 | 124 | 33 | 551 |
| 医 | 356 | 178 | 37 | 571 |
| 军 | 321 | 106 | 46 | 473 |
| 警 | 76 | 28 | 9 | 113 |
| 其他 | 939 | 431 | 14 | 1 384 |
| 总计 | 13 538 | 7 012 | 2 130 | 22 680 |

资料来源：全国专科以上学校：五项统计[J]. 新中国杂志，1934（4）：16

中华人民共和国成立初期，全国各类高等学校仅有 205 所，在校大学生 11.7 万人，每十万人中高等学校在校生仅有 22 人，高等教育毛入学率 0.26%。1952 年，国家开始对全国大专以上学校进行院系调整，以满足和适应社会主义建设对各类高级专门人才的需求。1978 年，在校大学生 132 万人，高等教育毛入学率为 1.56%。①中华人民共和国成立之后的三十余年，高等教育发展在总体上是非常缓慢的，在某些时间段还陷于停滞甚至倒退的状态（图 4-1），远远落后于同一时期的西方发达国家和许多发展中国家。

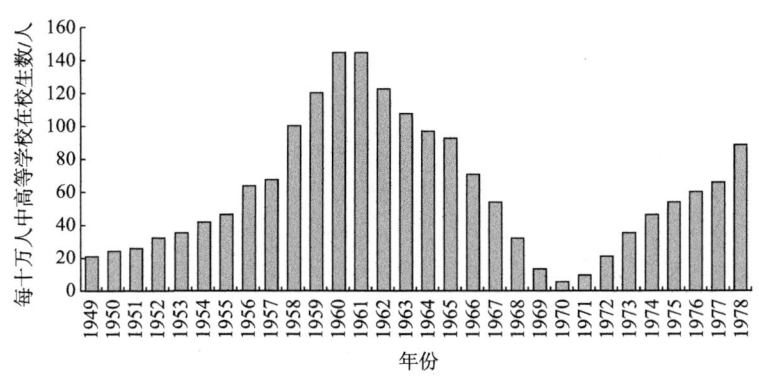

图 4-1　1949~1978 年全国每十万人中高等学校在校生数统计
资料来源：国家统计局

从全国重点高校布局情况来看，76 所教育部直属高校，仅北京就分布了 22 所，在数量上接近中、西部地区的总和。东部地区 49 所，超过全国总数的 64%。在这 76 所高校中，除中央戏剧学院和中央美术学院外，均为"985 工程"大学或"211 工程"大学。1996 年第一批 94 所高校入选国家"211 工程"，2005 年第二批 12 所高校再获入列，同年陕西师范大学获第三批入选。至此，全国共有 107 所高校获国家"211 工程"建设立项，但立项高校主要集中于中东部地

---

① 杨德广. 对中国高等教育进入大众化阶段后的反思[C]//潘懋元，史秋衡. 中国高等教育评论（第 4 卷）. 北京：教育科学出版社，2013：4.

区。2009 年，青海大学、海南大学、宁夏大学、西藏大学和石河子大学 5 校获准进入"211 工程"序列。至此，我国 31 个省（自治区、直辖市，不包括港澳台地区）都有"211 工程"重点建设大学。虽然布局主要集中在中东部地区的状况得到初步改变，但"211 工程"大学在全国的分布依然严重不均，北京、江苏、上海、湖北、陕西等地 63 所，超过全国总数的 56%。一方面是高等教育资源分布严重不均；另一方面是我国高校招生采取分省定额的方式，存在严重的地域歧视。根据北京大学张千帆等的研究，2009 年复旦大学在上海投放的招生指标高达每万名考生录取 117.1 名，在浙江是 5.2 名，在北京是 2.2 名，全国平均是 2.2 名，而在山东、山西、广东、河北、河南、内蒙古等十个省区投放的指标在 1 名以下；上海考生进入复旦大学的比例是全国考生平均的 53 倍，山东考生的 150 倍，河南考生的 274 倍，内蒙古考生的 288 倍。①

从高等教育毛入学率的变化来看，在 1949 年以后，由于高等教育长期被设定为精英教育，规模小、人数少，强调选拔少数精英人才为国家社会主义建设服务。从 1949 年到 1999 年，50 年里，中国高等教育规模尽管有所增长，但入学率的提升却非常有限。②直到 20 世纪的最后 5 年里，才开始出现了较明显的增长。精英高等教育的特点相当明显。从 1993 年开始，高等教育毛入学率才开始逐年上升，但长时间也没有突破 10%（图 4-2）。从 1999 年开始，在高校扩招政策的推动下，高等教育毛入学率急速上升（图 4-3）。2002 年，我国高等教育毛入学率首次达到 15%，进入大众化阶段，实现了历史性突破。高等教育入学机会得到了一定程度的扩充，相对满足了社会民众的高等教育需求，适度缓解了高等教育需求与供给之间的紧张关系。

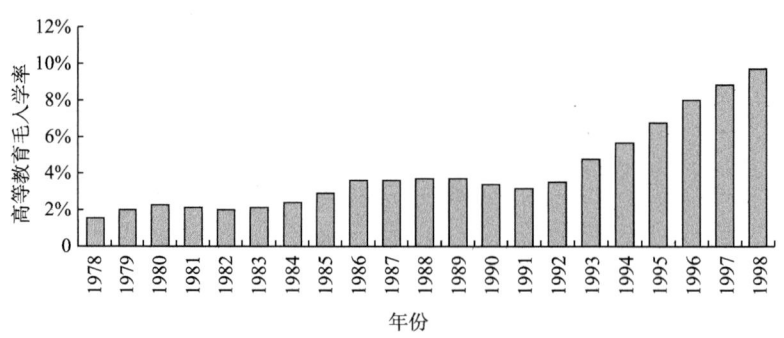

图 4-2　1978~1998 年我国高等教育毛入学率统计

资料来源：国家统计局

---

① 张千帆，杨世建. 高校招生与受教育机会均等[J]. 法学，2009（11）：11-14.
② 梁晨，张浩，李兰，等. 无声的革命：北京大学、苏州大学学生社会来源研究（1949—2002）[M]. 北京：生活·读书·新知三联书店，2013：17.

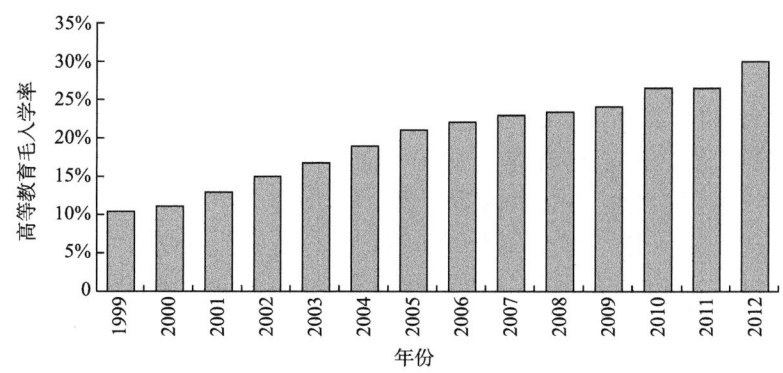

图 4-3　1999~2012 年我国高等教育毛入学率统计
资料来源：国家统计局

从高等学校招生考试的录取率来看，尽管 1999 年高校扩招以后，高考录取率逐年提升，1999~2009 年平均录取率维持在 50%~60%，2011 年更是达到了 73%，在部分发达地区，普通高考录取率其实已经达到了 80%~90%。可以说，基本上只要有意愿接受高等教育，就极有可能会被录取。虽然适龄青年接受高等教育的机会大幅度提升，但数量扩充之后的质量问题却频受人非议。虽然我国高考升学率已经超过 75%，但"一本"录取率在全国范围内只有 9%左右，当大家都把"一本"作为升学追求时，可以想象，这样的高考竞争甚至比 10 年前还要激烈——在高校扩招之前，虽然整体录取率不高，可上大专也被认为是很不错的。[①]

从高等教育需求内容变化来看，随着城乡居民生活水平的提升，在高等教育进入大众化阶段以后，人们日益增长的高等教育需求开始转变为对优质高等教育的需求。通俗来说，就是不仅要"上大学"而且要"上好大学"。在国内优质高等教育供给不足的情形下，要么借助于高等教育中外合作办学，引进国外优质高等教育资源，这也是高等教育中外合作办学存在和发展的理由之一；要么选择海外留学，到境外去接受优质高等教育。但遗憾的是，这两种选择均要付出高昂的成本。

## 四、社会主义市场经济体制逐步建立

考试经济形成的第四个背景是社会主义市场经济体制得到逐步确立。20世纪 80 年代以来，国家通过一系列改革发展措施和制度设计，社会主义市场经济体制逐步建立，为社会经济的成长和腾飞提供了制度保障和社会基础，

---

① 熊丙奇. 如何化解高校生源危机与社会高考焦虑[N]. 文汇报，2014-06-09.

考试经济就是在社会主义市场经济发展的过程中孕育和发展的。

1984年10月，十二届三中全会审议通过了《中共中央关于经济体制改革的决定》，该决定指出，商品经济的充分发展，是社会经济发展的不可逾越的阶段，我国社会主义经济是"在公有制基础上的有计划的商品经济"①。以此为标志，我国经济和社会改革的重心开始从农村转向城市。所有制结构开始突破单一公有制，形成以公有制为主体、多种经济成分并存发展的局面。伴随着以放权让利为起点的国企改革向纵深发展，企业经营自主权逐步得到扩大，所有权和经营权开始适当分离。开始改革高度集中的计划管理体制，经济杠杆在国家宏观调控中的作用明显增强。与此同时，相配套的政府职能转变、分配制度改革、市场体系的建设以及社会保障体制的改革也开始全面铺开。

1992年初，邓小平发表著名的"南方谈话"，提出"计划经济不等于社会主义，资本主义也有计划；市场经济不等于资本主义，社会主义也有市场。计划和市场都是经济手段"②等著名论断，解除了长期横亘在人们内心深处的思想和观念束缚。1992年6月9日，江泽民在中央党校省部级领导干部进修班上的讲话中指出，对于经济体制改革的目标"比较倾向于使用'社会主义市场经济体制'这个提法"③，"加快经济体制改革的根本任务，就是要尽快建立社会主义的新经济体制"④。1992年10月，中国共产党第十四次全国代表大会在北京召开，会议明确了我国经济体制改革的目标是要建立社会主义市场经济体制。以邓小平"南方谈话"和"中共十四大"为主要标志，我国改革开放和社会主义现代化建设进入一个新的历史发展阶段。

1993年11月，十四届三中全会通过的《关于建立社会主义市场经济体制若干问题的决定》，将社会主义市场经济体制改革的目标和基本原则具体化，进一步勾勒了社会主义市场经济体制的基本框架，明确了国有企业改革的基本方向，成为20世纪90年代经济体制改革的行动纲领。⑤随后，按照建立社会主义市场经济体制的目标，经济体制改革在市场体系、宏观调控体系、国有企业改革、分配制度和社会保障制度改革等方面，实现了整体的推进和重点的突破。到20世纪末，我国已建立社会主义市场经济体制的基本框架。⑥

---

① 中共中央关于经济体制改革的决定[N]. 人民日报, 1984-10-21.
② 邓小平. 邓小平文选（第3卷）[M]. 北京：人民出版社，1993：373.
③ 中共中央文献研究室. 十三大以来重要文献选编（下）[M]. 北京：中央文献出版社，2011：542.
④ 中共中央文献研究室. 十三大以来重要文献选编（下）[M]. 北京：中央文献出版社，2011：539.
⑤ 刘国新. 中国特色社会主义道路的成功实践——改革开放历史进程的科学解读[J]. 北京党史，2008（1）：8-11.
⑥ 张神根. 建立社会主义市场经济体制的目标是如何提出来的[N]. 人民日报，2001-07-01.

随着改革开放的深入推进，社会主义市场经济体制逐步建立，激发了社会和市场的活力，我国经济保持了较快的增长，国内生产总值增长率持续走高，城乡居民家庭人均收入逐年增长（图 4-4~图 4-6），全社会累积了巨大的教育投资能量，为城乡居民的教育消费提供了多种可能性。

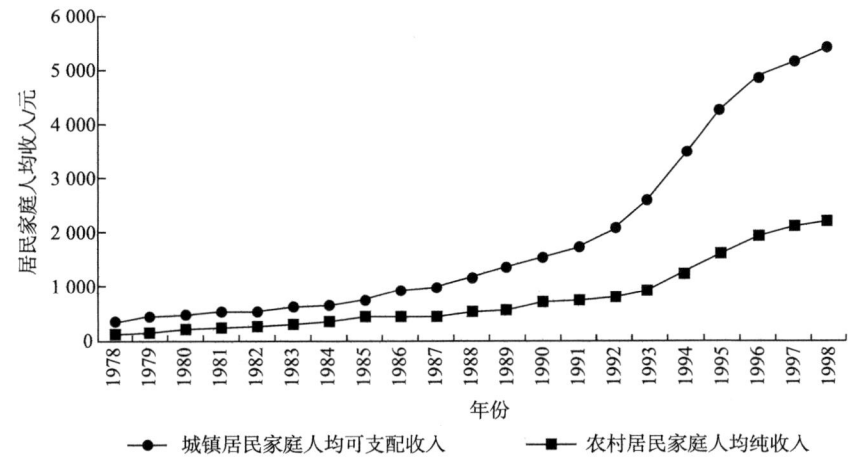

图 4-4　1978~1998 年中国城乡居民家庭人均收入变化统计

资料来源：国家统计局

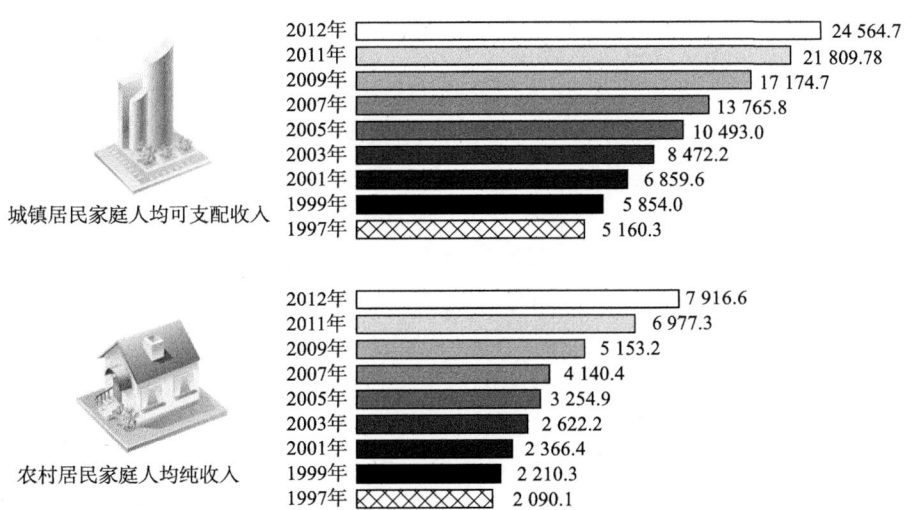

图 4-5　1997~2012 年中国城乡居民家庭人均收入变化统计

资料来源：国家统计局

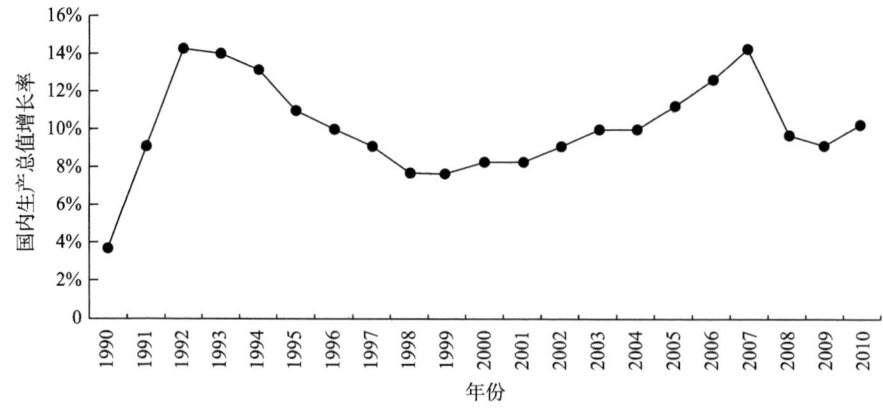

图 4-6　1990~2010 年我国国内生产总值增长率统计
资料来源：国家统计局

## 第二节　考试经济的发展条件

### 一、考试规模相对较大

考试经济的形成，与考试规模息息相关。考试规模相对较大，是形成考试经济的重要条件之一。考试规模越大，考试主、客体的考试需求就可能越多，在外部条件允许的情况下，其所形成的考试市场就愈庞大。就像时任全国大学英语四、六级考试委员会主任杨惠中所言，"大规模、标准化考试具有极强的社会性。考试规模愈大，其社会性愈强"[①]。高等教育考试的规模同时受多重因素影响，一定时期的社会人口总量、高等教育选择模式、高等教育总体规模、社会经济状况等因素均作用于高等教育的考试规模。

其一，从民国时期来看，大学入学考试虽有一定的总体规模，但受各校单独招生考试模式的影响。1935 年全国专科以上学校投考规模与取录统计见表 4-2。从总体考试规模来看，1936 年，据当时全国专科以上 75 校填报的二十五年度招考新生状况，投考者共计 54 320 人（图 4-7），共录取 9 758 人。其中，实类投考 31 321 人，取录 5 371 人，文类投考 22 958 人，取录 4 309 人；国立学校投考 32 519 人，取录 3 715 人，公立投考 189 人，取录 45 人，省立投考 855 人，取录 235 人；私立投考 13 057 人，取录 3 795 人；取录新生 9 758 人中，实类占 5 371 人，文类 4 309

---

[①] 杨惠中，桂诗春. 语言测试的社会学思考[J]. 现代外语，2007（4）：368-374.

人。①1936年全国专科以上75校平均每校投考人数仅为724人左右。

表4-2  1935年全国专科以上学校投考规模与取录统计    单位：人

| 科别 | 投考人数 | 录取人数 |
| --- | --- | --- |
| 理 | 9 010 | 2 702 |
| 农 | 1 612 | 694 |
| 工 | 9 840 | 2 332 |
| 医 | 2 019 | 687 |
| 法 | 6 651 | 1 804 |
| 教育 | 2 639 | 1 120 |
| 文 | 6 631 | 2 280 |
| 商科 | 2 004 | 914 |
| 总计 | 40 406 | 12 533 |

资料来源：全国专科以上学校二十四年度新生考选状况[J].河南统计月报,1936（3）：128-129

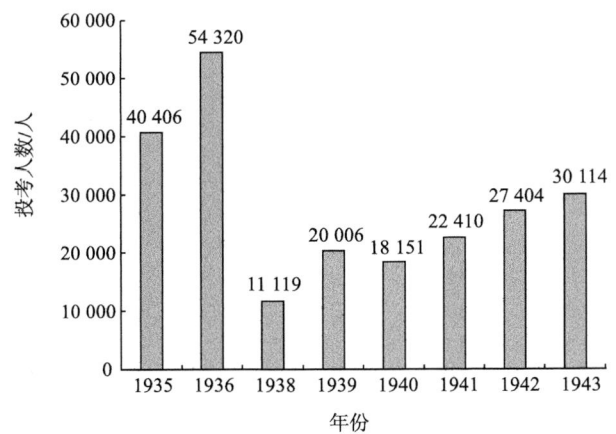

图4-7  1935~1943年全国专科以上学校投考规模

资料来源：1935年数据来源于全国专科以上学校二十四年度新生考选状况[J].河南统计月报,1936（3）：128-129；1936年数据来源于全国大专学校投考学生统计[J].浙江教育,1937（1）：210；1938~1943年数据来源于国民政府教育部统计处.第二次中国教育年鉴（第十四编 教育统计）[M].上海：商务印书馆,1948：23-29

就单所学校而论，据1932年《国立浙江大学校刊》刊载的招生统计，该校文理学院、工学院、农学院三学院投考总数为1 346人，录取总数为277人。②20世纪30年代，国立清华大学"设备宏富，待遇优良"③，所以投考人数非常多，"本年度平沪粤汉四处报名应考的达四千五百人，结果四百人欢天喜地，四千一

---

① 全国大专学校投考学生统计[J].浙江教育,1937（1）：210.
② 招生统计[J].国立浙江大学校刊,1932（107）：1031.
③ 新子.投考大学杂记[J].十日谈,1934（41）：246-249.

百人垂头丧气"①。

1947 年,《厦大校刊》刊载了国立厦门大学招生考试的规模及取录情况:"本校三十六学年度招考新生,已于七月二十八日至二十九日分别在厦门、福州、上海、南昌及汕头等五区举行,各区报名投考者均极踊跃:计厦门七七〇名,福州六四八名,上海一六二五名,南昌一〇五八名,汕头三七五名,共计四四七六名……正取生三七四名,备取生九十一名。"②

1948 年,《厦大校刊》继续登载该校招考新生的统计简况,"本校三十七学年度招考一年级新生,已于七月三十日至三十一日分别于厦门、福州、上海、广州、新加坡五考区同时举行,虽于沪穗两区限制报名各不得超过两千人,但报考者仍极其踊跃,总数达六千人以上。取录正取生三百九十五名(台湾及江西保送生五十名除外),备取生七十五名,从宽录取华侨生十名,已于九月八日正式放榜"③。从统计数字来看,虽然厦门大学连续两年总体考试规模在数千人左右,考试人数亦有所增长,但招生考试分散在五个考区分别举行,平均每考区考生不过一千人。

1934~1935 年,国立山东大学在济南、青岛、南京、北平四地设立考区,1934 年,济南 43 人投考,录取 5 人;青岛 27 人投考,录取 6 人;南京 168 人投考,录取 18 人;北平 626 人投考,录取 152 人,四考区合计投考 864 人,录取 181 人(图 4-8)④。平均每考区投考人数仅为 216 人。

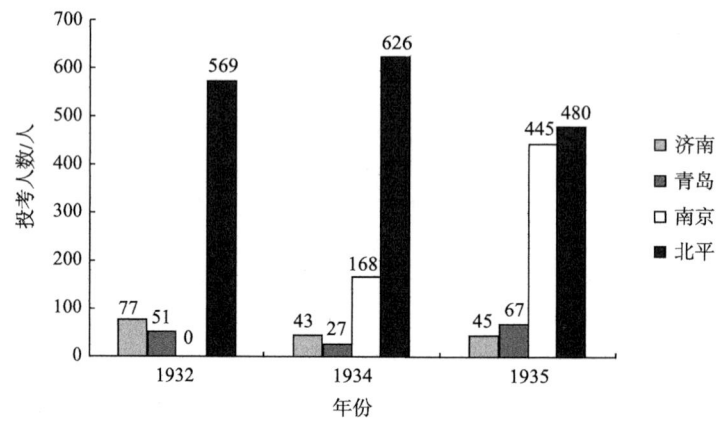

图 4-8　1932~1935 年国立山东大学各考区投考人数

资料来源:《国立山东大学周刊》1932 年第 3 期;1934 年第 83 期;1934 年第 138 期;1935 年第 136 期

这一时期不仅考试规模不大,而且报考和应试还需要承受较大的经济负担。

---

① 新子. 投考大学杂记[J]. 十日谈,1934(41):246-249.
② 本年度招考新生概况[J]. 厦大校刊,1947(1):3.
③ 本年度分五区招考新生[J]. 厦大校刊,1948(1):5-6.
④ 本校二十三年度各地报考人数统计表[J]. 国立山东大学周刊,1934(138):3.

有应试考生回忆道，"无论国立大学也好，私立大学也好，报名费最少也是一块大洋，我作了一个计算，每考一个大学，最少也得花费四元，如果你报考五个大学，就要白白花费二十块大洋！本来，在这天灾人祸，前生注定苦命的中国人，已到山穷水尽的地步了，送子弟上大学谈何容易？在未就学之先，就要花费如许的报名费，实在是额外的负担"。"然在穷苦学生看来，每次的报名费，也足够半月的生活费了。"[①]于是就有了"学校重地，无钱莫入"[②]之叹。

其二，1977年恢复高考制度以来，高考应试人数始终维持在一个较大的规模（表4-3）。1977年恢复高考时考试人数就高达570.0万人，1978年的高考考试人数更是达到610.0万人，为恢复高考后的第一个高峰。此后，1979~1984年高考报名人数回落到正常水平，1984年高考人数为164.0万人。从1984年起，高考人数急速增长，2003年首次超过1978年的高考人数峰值，达到620.0万人，此后每年新增的高考报名人数在100万人左右。2007年高考考生突破1 000万人，2008年高考报名人数达到历史巅峰，增至1 050.0万人，形成世界上最大规模的高校招生考试。2008年以后，虽然高考考生数连续四年下降，但总体上高考人数还是维持在900万人以上的高位（表4-3）。

**表4-3　1977~2012年全国普通高考规模统计**　　　　单位：万人

| 年份 | 高考人数 | 年份 | 高考人数 | 年份 | 高考人数 |
| --- | --- | --- | --- | --- | --- |
| 1977 | 570.0 | 1989 | 266.0 | 2001 | 453.5 |
| 1978 | 610.0 | 1990 | 283.0 | 2002 | 520.0 |
| 1979 | 468.0 | 1991 | 296.0 | 2003 | 620.0 |
| 1980 | 333.0 | 1992 | 303.0 | 2004 | 732.0 |
| 1981 | 259.0 | 1993 | 286.0 | 2005 | 867.0 |
| 1982 | 187.0 | 1994 | 251.0 | 2006 | 950.0 |
| 1983 | 167.0 | 1995 | 253.0 | 2007 | 1 010.0 |
| 1984 | 164.0 | 1996 | 241.0 | 2008 | 1 050.0 |
| 1985 | 176.0 | 1997 | 278.0 | 2009 | 1 020.0 |
| 1986 | 191.0 | 1998 | 320.2 | 2010 | 957.0 |
| 1987 | 228.0 | 1999 | 340.4 | 2011 | 933.0 |
| 1988 | 272.0 | 2000 | 388.5 | 2012 | 915.0 |

资料来源：根据历年《全国教育事业发展统计公报》和《中国考试》2007年第8期普通高考大事记整理

其三，从1978年恢复研究生招生考试制度以来，考研规模不断扩大，形成了世界上最大的研究生入学考试规模。随着高等教育大众化的普及，研究生入学考

---

① 新子. 投考大学杂记[J]. 十日谈，1934（41）：246-249.
② 张健甫. 要求享受教育机会的平等[J]. 广西教育研究，1942（1）：4.

试规模和招生规模迅速扩大。从 1998 年到 2007 年，考研报名人数从 25.91 万人增加至 128.20 万人，招生人数从 5.52 万人增加到 36.40 万人。2008 年考研报名总数首次下降，但报考总数也达到了 120.10 万人，而招生总数则增至 39.00 万人。2009 年硕士研究生报考人数达 124.60 万人，招生 41.50 万人。2010 年考研报名人数为 140.60 万人，2012 年硕士研究生报考人数达 165.60 万人，招生 31.50 万人，报考及招生人数总体呈现上升趋势。①1998~2005 年，全国硕士研究生招生考试报名人数以年均约 20 万人的增速持续上升。2005 年硕士研究生报考人数首次突破百万人大关，比上年增加 22.5 万人。2006 年考生增幅略减，但硕士研究生报考人数也达 127.50 万人。1998~2005 年，硕士研究生报考人数年均增长 24.03%，招生人数年均增长 31.09%（表 4-4）。②

表 4-4　1981~2012 年硕士研究生入学考试规模统计　　单位：万人

| 年份 | 考研人数 | 招生人数 | 年份 | 考研人数 | 招生人数 |
| --- | --- | --- | --- | --- | --- |
| 1981 | — | 0.96 | 1997 | 22.76 | 4.93 |
| 1982 | — | 1.20 | 1998 | 25.91 | 5.52 |
| 1983 | — | 1.55 | 1999 | 30.52 | 6.87 |
| 1984 | — | 2.17 | 2000 | 37.72 | 9.57 |
| 1985 | — | 3.74 | 2001 | 44.40 | 13.00 |
| 1986 | — | 3.48 | 2002 | 60.06 | 16.27 |
| 1987 | — | 3.31 | 2003 | 79.70 | 22.00 |
| 1988 | — | 3.08 | 2004 | 94.50 | 33.00 |
| 1989 | — | 2.51 | 2005 | 117.00 | 36.72 |
| 1990 | — | 2.63 | 2006 | 127.50 | 34.40 |
| 1991 | — | 2.55 | 2007 | 128.20 | 36.40 |
| 1992 | — | 2.81 | 2008 | 120.10 | 39.00 |
| 1993 | — | 3.54 | 2009 | 124.60 | 41.50 |
| 1994 | 11.40 | 4.11 | 2010 | 140.60 | 33.70 |
| 1995 | 15.50 | 3.94 | 2011 | 151.10 | 32.70 |
| 1996 | 20.40 | 4.58 | 2012 | 165.60 | 31.50 |

资料来源：1981~2002 年数据来源于中华人民共和国教育部高校学生司. 1996~2002 年全国研究生招生统计年鉴[M]. 北京：北京航空航天大学出版社，2003：688；2003~2012 年数据来源于研究生招生各网站

其四，高等教育自学考试建立以来，考试规模急速扩大。1982 年下半年，全国先行试点的三市一省（北京市、天津市、上海市、辽宁省）报考总人数仅为 20 645 人；③到 1985 年下半年，自学考试全面推广，我国 29 个省、自治区、直辖

---

① 张亚群，车如山，等. 中国研究生招生考试改革研究[M]. 广州：广东高等教育出版社，2013：序言.
② 张亚群. 大众化阶段研究生招生考试的演化趋向[J]. 学位与研究生教育，2007（1）：19-23.
③ 刘海峰. 高等教育自学考试比较研究[M]. 福州：福建教育出版社，2001：335.

市均已设立考点。1985年全年报考人数已达2 767 541人；从1984年开始，高等教育自学考试报考人数急剧增长，1990年突破400万人，1991年突破500万人，1995年突破700万人，到1997年底，报考人数已突破1 000万人大关。1997~2003年，高等教育自学考试每年的报考人数维持在1 000万人以上。其中，2000年的报考人数达13 725 509人，为历史顶峰。2003年以后，高等教育自学考试虽间有增幅，但报名人数在总体上呈下降趋势，到2012年，全国高等教育自学考试报考人数合计只有853.90万人（表4-5）。1992~2011年广东省高等教育自学考试规模统计见表4-6和图4-9。

**表4-5　1984~2012年全国高等教育自学考试规模统计　　　单位：人**

| 年份 | 报考人数 | 年份 | 报考人数 | 年份 | 报考人数 |
|---|---|---|---|---|---|
| 1984 | 1 486 260 | 1994 | 5 572 796 | 2004 | 12 346 146 |
| 1985 | 2 767 541 | 1995 | 7 086 301 | 2005 | 10 580 440 |
| 1986 | 3 391 178 | 1996 | 8 874 437 | 2006 | 9 492 391 |
| 1987 | 3 968 702 | 1997 | 10 258 754 | 2007 | 9 562 746 |
| 1988 | 3 862 582 | 1998 | 11 847 113 | 2008 | 9 888 172 |
| 1989 | 3 765 946 | 1999 | 13 119 963 | 2009 | 10 424 899 |
| 1990 | 4 362 409 | 2000 | 13 725 509 | 2010 | 9 650 060 |
| 1991 | 5 355 220 | 2001 | 13 406 088 | 2011 | 922.67 |
| 1992 | 5 850 655 | 2002 | 12 851 091 | 2012 | 853.90 |
| 1993 | 5 174 560 | 2003 | 11 561 731 | | |

资料来源：1981~1993年数据来源于国家教委高等教育自学考试办公室.全国高等教育自学考试统计资料汇编（1981-1993）[M].武汉：武汉大学出版社，1996；1994~1999年数据来源于康乃美.自学考试制度研究[M].武汉：湖北人民出版社，2006：107；2000~2010年数据来源于历年《中国教育考试年鉴》；中国教育考试网. http://www.neea.edu.cn/；统计时已将上半年和下半年的考试人数进行合并计算

**表4-6　1992~2011年广东省高等教育自学考试规模统计　　　单位：人**

| 年份 | 报考人数 | 年份 | 报考人数 | 年份 | 报考人数 |
|---|---|---|---|---|---|
| 1992 | 249 399 | 1999 | 837 219 | 2006 | 782 088 |
| 1993 | 235 793 | 2000 | 964 561 | 2007 | 779 503 |
| 1994 | 236 856 | 2001 | 1 162 303 | 2008 | 762 532 |
| 1995 | 249 858 | 2002 | 1 318 745 | 2009 | 770 134 |
| 1996 | 321 991 | 2003 | 1 044 848 | 2010 | 773 295 |
| 1997 | 437 920 | 2004 | 948 073 | 2011 | 767 879 |
| 1998 | 703 382 | 2005 | 847 500 | — | |

资料来源：1992~2011年数据来源于广东省高等教育自学考试研究会

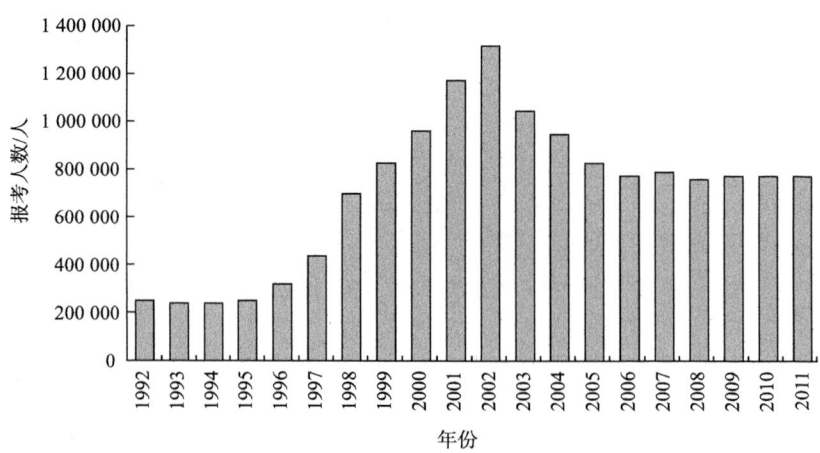

图 4-9　1992~2011 年广东省高等教育自学考试规模统计

资料来源：1992~2011 年数据来源于广东省高等教育自学考试研究会. 广东省高等教育自学考试历年报考人数统计[EB/OL]. http://www.gdzkyjh.com/html/article-5.html

其五，全国大学英语四、六级考试已成为世界上单科考试中规模最大的考试。这一考试制度是改革开放以来我国本科高校大学英语课程实行分级教学的一项重要配套措施。从 1987 年 9 月开始第一次四级考试，1989 年 1 月开始第一次六级考试以来，大学英语四、六级考试规模日益扩大。[①]1987 年 9 月第一次四级考试报名人数是 105 926 人，到 1994 年 6 月报名人数达到 514 518 人，增加了近 5 倍。1989 年第一次六级考试报名人数是 67 206 人，到 1994 年 6 月报名人数达到 196 444 人，增加了近 3 倍。到 1994 年累计报名人数四级达 3 896 283 人，六级达 1 181 041 人，合计共 5 077 324 人。参加大学英语四、六级考试的本科高校从 1987 年的 465 所增加到 1994 年的 686 所，遍及我国 28 个省（自治区、直辖市）。[②]到 2004 年，大学英语四、六级考试加在一起是 1 100 多万人，规模非常大，差不多是世界上规模最大的单科考试。这么大规模的考试，在长达 17 年的时间里，尤其是在前些年没有太大问题，虽然现在有些问题，但总体上来讲仍处于一个稳定发展的阶段。这一基本事实也证明了大学英语四、六级考试是符合社会需要的，是得到了社会普遍认同的，且产生了良好社会效益，也为我国大学英语教学质量的提高做出了巨大贡献。[③]

其六，在我国所有的高等教育考试中，博士研究生入学考试是对考生学历要求最高的考试，它的考试规模在这些高等教育考试中是最小的，是特殊国情所导致的一种招生考试。博士研究生招生考试的规模受制于以下几点因素：首先，社会需求相对较小。博士研究生的培养目标主要是高层次的教学与科研人员，这类人员在社

---

① 杨惠中. 大学英语四、六级考试十五年回顾[J]. 外国语，2003（3）：21-29.
② 冯玉柱. 大学英语四、六级考试七年回顾[J]. 外语界，1994（4）：39-44.
③ 吴启迪. 在大学英语四、六级考试改革新闻发布会上的讲话[J]. 外语界，2005（2）：2-4.

会生活中所占比例不高，因此有志于报考博士研究生的人数相对较少。其次，全国博士研究生招生计划的限制。博士研究生人数在高等教育在校生人数中所占比例并不高，2014年全国计划招收研究生合计631 020人，其中博士研究生71 020人，硕士研究生560 000人，博士研究生在全国研究生招生计划中所占比例为11.25%。最后，博士研究生招生机构的博士学位授权点数量。博士学位授权点多的招生机构，其考试规模就相对较大。而博士学位授权点少的招生单位，其考试规模就相当有限。1981~2008年山东省博士研究生入学考试规模统计见图4-10。

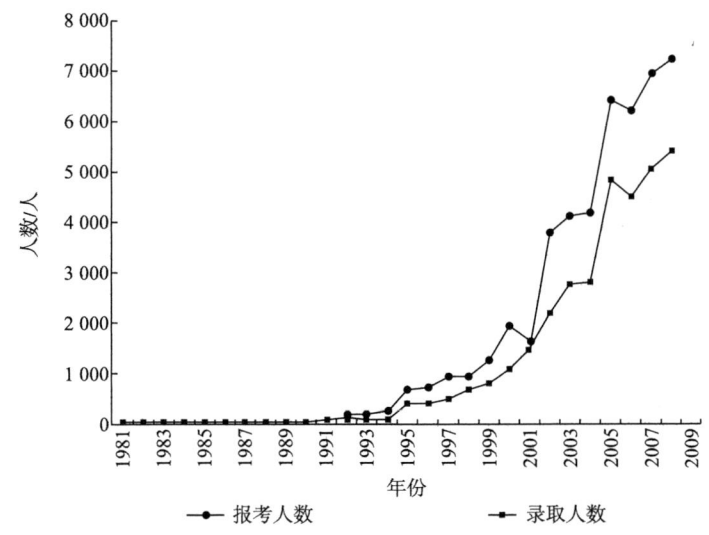

图4-10　1981~2008年山东省博士研究生入学考试规模统计
资料来源：孟庆旭. 山东教育改革发展三十年[M]. 北京：教育科学出版社，2008：652

那么博士研究生入学考试是否形成了相应的考试经济呢？博士研究生入学考试初试和复试均须在目标学校举行，在技术条件不太发达的情况下，部分招生单位还要求博士研究生入学考试的投考者到该单位进行现场确认，这样就在一定程度上会导致一定规模的人口流动，对招生单位所在地的相关产业经济发展一定是有所贡献的，但是从实际情形来看，这种规模并不大，基本可以忽略不计。而通过实际的调查，我们也发现在博士研究生新生中，似乎没有接受过考试培训的受访案例，这可能是因为博士研究生入学考试规模相对较小，同时考试模式也高度个性化的缘故。

在上述不同的高等教育考试中，除博士研究生入学考试相对规模较小外，均为大规模的高等教育考试。虽然不同类型的高等教育考试，在考试规模上存在显著的差异，但高等教育考试经济的形成，均与这些考试的考试规模相关，在考试规模不大的情形下，不利于形成规模经济，应试者的各种应试需求相对较小，相应的这类考试所引发的经济活动相对较少，产生的经济功能不明显。

## 二、考试模式相对稳定

考试经济建立在考试活动基础上，受考试驱动，在一定程度上是由考试衍生出来的经济活动。不同的考试模式会形成不同的考试经济形式。而考试模式相对稳定，则更加有利于考试经济的形成。

1911~1937 年，全国专科以上学校主要实行的是单独招考方式，"除了高等师范院校试行'划片'招生方式外，一般大学和高等专门学校均实行单独招生考试。在考试科目上，各级各类学校并无统一的标准"①。这就意味着，"每一中学卒业生，多需同时投考数所大学，受试期间生活过度紧张，结果对青年健康，极多妨害（金钱耗费尚未计及），而在各大学方面，亦至不经济"②。"投靠学校的确是学生的一个难关。因为毕业考试或会考，至少有一点范围！至于入学考试的内容就很广泛了。"③

1937 年 4 月，浙江大学等五校决定在当年夏季新生招考中实行联合招生考试的办法。"本校鉴于过去每届招考新生，因与其他国内各大学时间参差，以致投考录取新生，各校每多重复，无论在学校方面及投考学生方面，时间经济及精力，皆蒙重大损失。本校乃与北平之北大、清华，南京之中大，武昌之武汉四大学，磋商结果，今夏招生拟联合举行，考试地点仍分在四地各该校，考生得填第一、第二、第三志愿。其录取办法，现在讨论中。"④这种联合招生考试的办法，"在国内尚属创举，据想其最大的理由在求减低学校行政的麻烦，与救济考生时间及经济上的损失"⑤。

"公私立大学之招生广告，遍载南北各报，亦是我国特有之现象。"②而联合招生考试的优点，常导之在《大学联合招生之我见》一文中指出，"节省各校的招生广告费；为避免各校行政的麻烦；为省得远地考生的跋涉；为调剂各校的平衡发展；为谋得中学程度的划一；大学联合招生，实为必要之举"②。

现将民国时期的高校招生考试特点略微总结如下：第一，在特殊的时代背景下，这一时期的高校招生考试制度容易受到外部环境的牵制，从最初各校的自主招生考试，再到政府的适当介入，再到抗战时期的联合招生考试走向统一招生考试，考试模式极不稳定。第二，在战争年代，高校招生考试模式以各校单独招考为主，是故从考试时间到考试科目、从考试内容到考试地点、从考试费用到考试录取，均存在极大的不同。即便是同一所高校，不同年份的考试科目和考试内容

---

① 刘海峰，等. 中国考试发展史[M]. 武汉：华中师范大学出版社，2002：226.
② 常导之. 大学联合招生之我见[J]. 前进教育，1937（5/6）：67-69.
③ 投考的门径[J]. 燕京水星，1941（1）：31-32.
④ 本校今夏将与北大等四校举行联合招考新生[J]. 国立浙江大学日刊，1937（156）：621.
⑤ 煌奎. 大学联合招生问题[J]. 教育评论，1937（2）：1-2.

均不一致，尚没有形成统一的考试模式。高校招生考试方式也极不利于家境清寒的子弟，考生投考成本较高。第三，统一招生考试施行的目的在于"（一）根据实际需要，统筹大学设施之方针，以统一之标准逐渐提高大学学生之程度。（二）减轻学生因投考大学而往返奔走于各地之困难及其因此而所受之经济损失。（三）促进中等教育之改进，并为大学毕业会考之准备"[1]。

1977年恢复高考以来，虽然高校招生考试内容和形式的改革始终在争议中不断前行，但坚持国家统一考试的办法，并没有丝毫动摇。1985年我国开始进行标准化考试实验，同年10月进行高中毕业会考；1985年实行保送生制度；1993年进行高中毕业会考基础上的高考科目"3+2"方案的改革，强调考基础知识，同时注意考查能力；1997年高校招生计划并轨改革；1999年的高校扩招，实现"3+x"改革实验，实行网上录取，2002年网上录取推广到全国；2000年北京、安徽等地实行春季招生；2003年22所高校自主招生，2006年扩大到57所高等院校；2004年的从统一命题到部分省市自主命题；2005年实行高考招生阳光工程；2006年启动考试立法研究；2007年广东、山东、海南、宁夏等地实行新课改，包括考试时间从7月调整到6月，对考生的报考年龄的放宽等一系列改革。可以说从恢复高考以来，高考制度的改革就一直在不断地进行探索。[2]尽管高考制度的内容和形式在不断地进行着这样或那样的改革，但基本的框架和内容还是没有进行根本性的调整。在考试模式上，还是坚持全国或区域统一考试的模式；在考试科目上，语文、数学、外语三大科目一直以来均是高考的主要考试科目；而像物理、化学、生物等科目，一般来说也是理、工、农、医类考生的必考科目；对于文史哲类考生而言，政治、历史、地理等科目，通常也是高考科目中的必考科目。在高校考试招生办法上，虽然高校自主招生考试、中学推荐制等多元入学办法也在试行，但高校招生办法仍然以考试为主。

1978年恢复研究生入学考试以来，根据社会经济和研究生教育发展形式的需要，进行了适当的变革，同样也是研究生入学考试的应有选项。这些适当的变革举措主要有：①从1999年开始，复试分数线的划定，开始按照不同的学科门类与区域划定不同的分数线，学科门类的划分越来越细致、规范和科学。根据各学科门类的实际考试情况，划以不同的分数线，同时注意经济、教育发达地区与欠发达地区的差别对待，照顾少数民族和落后地区。这是高等教育进入大众化阶段最为显著的变化。[3]②2003年，允许北京大学、中国人民大学、清华大学等34所"985工程"高校，根据报考情况、生源质量以及学科发展需要，自主划定复试

---

[1] 教育年鉴编纂委员会. 第二次中国教育年鉴（第五编 高等教育）[M]. 上海：商务印书馆，1947：46.
[2] 杨学为. 历史的抉择与时代的任务：纪念恢复高考制度三十年[J]. 教育与考试，2007（4）：3-5.
[3] 张亚群，车如山，等. 中国研究生招生考试改革研究[M]. 广州：广东高等教育出版社，2013：25.

分数线，逐步扩大高等学校在研究生招生工作中的自主权。③2003 年，启动考试科目改革，"适当减少入学考试中初试科目的门数，同时加强在复试中对考生素质和综合能力的考察，进一步提高复试环节在保证硕士生招生质量中的作用"。初试科目由 5 门改为 4 门，保留政治理论、外国语、基础课和专业基础课。政治理论不再分文、理卷。将与招生专业相关度高，且体现招生单位特色的专业课调整到复试中进行。专业课的考试形式和内容由招生单位根据各专业的培养要求，结合其他知识和能力的考核统筹考虑后自定。①2007 年，对教育学、历史学、医学三个学科门类的初试考试科目和内容进行调整，初试科目为三门，即政治理论、外国语、专业基础综合。专业基础综合科目实行全国统一命题，由教育部考试中心负责。②2008 年，对计算机科学与技术学科初试科目进行调整，初试科目调整为政治理论、外国语、数学一和计算机学科专业基础综合，其中计算机学科专业综合实行联合命题，由全国学位与研究生教育学会工科委员会在教育部考试中心的指导下组织实施。③尽管考试变革始终在进行，但研究生入学考试的模式并未发生整体性变革，依旧是两种考试组织模式、两种考试命题模式和两种主要的招生办法。

全国大学英语四、六级考试建制以来，虽历经多次改革（大学英语四、六级考试建制以来，已进行过三次较大的改革。第一次改革在 1990~1996 年，主要举措是调整考试流程、考试题型和成绩统计方式。第二次改革始于 1999 年，主要是增设了口语考试。第三次改革始于 2005 年，主要是对考试管理体制、计分体制、成绩报道方式以及考试的形式与内容进行调整），但国家统一考试、标准化考试的主要考试模式始终未变。1996 年为引起广大教师和学生对英语写作等语言表达能力的重视，大学英语四、六级考试将作文、改错等部分试题单独组成"试卷（二）"，规定考生必须在单独的时间内完成，不可将这部分考试时间用于多项选择题。1997 年起，为进一步鼓励学生切实提高语言表达能力，大学英语四、六级考试委员会开始使用短句问答、翻译、复合式听写等新题型。1998 年起，为进一步鼓励教师和学生重视英语写作能力的培养，四级考试开始设定作文最低分。1999 年 5 月起，经教育部高教司批准，大学英语四、六级考试开始在全国范围内实施口语考试（CET-SET）。"这标志着大学英语四、六级考试进入了一个相对

---

① 教育部. 教育部关于调整全国硕士研究生入学考试科目的通知（教学[2002]9 号）[EB/OL]. http://old.moe.gov.cn/publicfiles/business/htmlfiles/moe/moe_441/201001/80000.html，2002-05-23.

② 教育部. 教育部关于 2007 年改革全国硕士研究生统一入学考试部分学科门类初试科目的通知（教学[2006]9 号）[EB/OL]. http://old.moe.gov.cn/publicfiles/business/htmlfiles/moe/s3113/201001/79974.html，2006-06-09.

③ 教育部办公厅. 教育部办公厅关于全国硕士研究生统一入学考试计算机科学与技术学科初试科目调整及命题形式改革的通知（教学厅[2008]11 号）[EB/OL]. http://old.moe.gov.cn/publicfiles/business/htmlfiles/moe/s3113/201001/79981.html，2008-06-02.

完善的新阶段。"①2005 年 2 月，教育部公布《全国大学英语四、六级考试改革方案》，这是大学英语四、六级考试实施以来最大的一次变革，主要涉及四、六级考试形式和内容及计分体制等方面。

高等教育考试在适应社会发展的过程中，被社会各界赋予了各种期待，而在这所有的期待中，最显著的是对考试公平的期待。这就使得高等教育考试的施考主体，必须回应这种期待，以满足社会发展对考试的客观需要。高考的每一步改革的动议，均会面临着是否公平的质疑和检验。高考改革稳健派代表人物刘海峰等主张"高考改革，首重公平"②，注重公平显然是没有错的，但什么是公平却是要寻求共识的议题。高考改革要公平，这并没有错，但将追求公平作为高考改革的首要目的，可能解决不了高考及其附带产生的问题，实际上，现实社会中所谓高考带来的问题，有一部分的确是高考作为一种测验技术的科学性问题，但主要是高考之外的资源分配制度和制度规则。

这些高等教育考试，尽管考试性质不尽相同，如高考、研究生入学考试等是选拔性考试，而大学英语四、六级考试是水平性考试，但在以下几个方面依然比较一致，即同属国家统一考试和标准化考试，规定了考试大纲，规定了考试内容，发布了考试简章，规定了考试时间、考试科目和考试形式。无论是普通高考、研究生入学考试、高等教育自学考试，还是大学英语四、六级考试，在追求考试"公平、公开、公正"上，在考试内容、考试形式、考试程序、考试评价等一系列的方面，逐步走向程式化、定型化，形成了一种相对稳定的考试模式，而这些正是考试经济形成的必要条件之一。

### 三、考试竞争相对激烈

考试经济主要附从于大规模、高竞争性的教育考试。高等学校内部的除大学英语四、六级考试以外的校内考试，主要是学业考试，它不太容易产生和形成考试经济现象，这可能是因为：第一，考试规模相对较小，应试者通常只是选修该门课程的学生；第二，考试命题主要由任课教师自行设计，考试的随意性较大，几乎没有规律可循；第三，考试不是竞争性的考试，考试的主要目的不在于选拔，而在于检测和诊断。

在民国时期，我国中等教育和高等教育均不发达。"我国受大学教育的人，一万人中仅有一人，这一人即为'天之骄子'。"③1928 年全国中学数量只有 954

---

① 杨惠中. 大学英语四、六级考试十五年回顾[J]. 外国语，2003（3）：21-29.
② 刘海峰. 高考改革 首重公平[N]. 光明日报，2006-06-22.
③ 黄龙先. 大学统一招生考试的检讨（上）[J]. 教育通讯，1939（46）：1-6.

所，专科以上学校数量只有 74 所（图 4-11）。高等教育是社会高度稀缺的资源，据南京国民政府教育部 1935 年的统计，"全国专科以上学校共一一一校，计大学四十二校内国立十三，省立九，私立二十，独立学院三十八，内国立五，省立九，私立二十四，专科学校三十一校，内国立十，省市立十二，私立九。分布状况为二十七平，十六冀，九粤，八鄂，六京，五晋，五浙，四闽，四川，三豫，三鲁，三赣，三湘，二桂，二皖，滇甘陕新疆各一"[①]。到 1940 年，全国中学数量发展到 1 900 所，专科以上学校数仍只有 113 所。

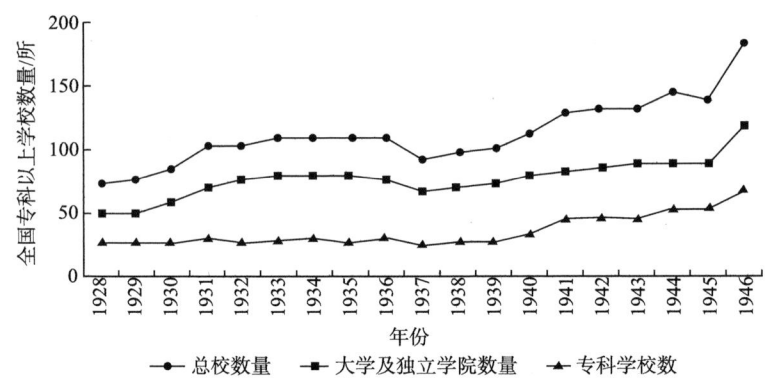

图 4-11　1928~1946 年全国专科以上学校数量统计

资料来源：国民政府教育部统计处. 第二次中国教育年鉴（第十四编 教育统计）[M]. 上海：商务印书馆，1948：4

从全国高校整体招生考试录取率来看，国民政府教育部的统计资料显示，1935 年全国专科以上学校投考人数总计 40 406 人，取录 12 533 人，录取比率为 31.02%。[②]1936 年全国专科以上学校投考人数共计 54 320 人，取录 9 758 人，录取比率为 17.96%。[③]从单所学校招生考试录取率来看，《国立浙江大学校刊》登载的招生统计显示，1932 年全国投考国立浙江大学的人数总计为 1 346 人，录取总数为 277 人，录取比率约为 20.58%。[④]据《国立山东大学周刊》刊载的统计资料（图 4-12），1932 年全国投考国立山东大学总人数为 697 人，共录取 99 人，录取率约为 14.20%。1934 年全国投考国立山东大学总人数为 764 人，共录取 152 人，录取率约为 19.90%。1935 年全国投考国立山东大学总人数为 1 037 人，共录取 202 人，录取率约为 19.48%。1929~1933 年国立同济大学投考生与录取生统计见图 4-13。1938~1943 年全国专科以上学校招生考试录取率见表 4-7。

---

① 全国专科以上学校统计[J]. 教育季刊，1935（4）：48.
② （十）全国专科以上学校二十四年度新生考选状况[J]. 河南统计月报，1936（3）：128-129.
③ 全国大专学校投考学生统计[J]. 浙江教育，1937（1）：210.
④ 国立浙江大学二十一年度招生统计表（一）[J]. 国立浙江大学校刊，1932（107）：1031.

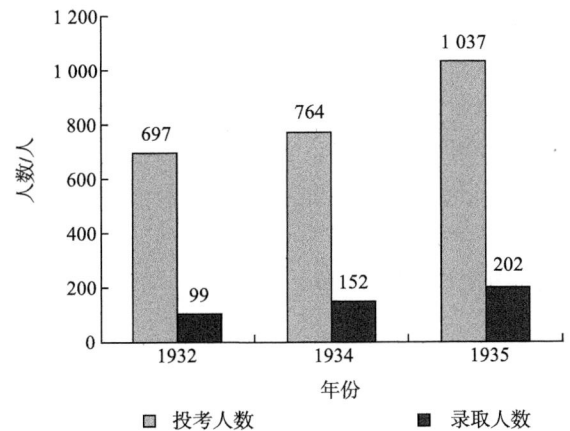

图 4-12　1932~1935 年国立山东大学投考生与录取生统计

资料来源：《国立山东大学周刊》1932 年第 3 期；1934 年第 83 期；1934 年第 138 期；1935 年第 136 期

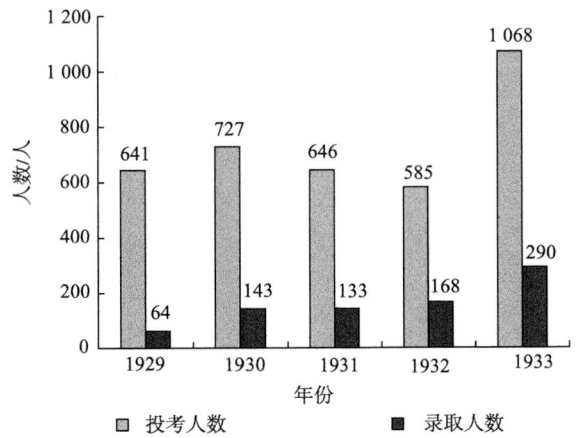

图 4-13　1929~1933 年国立同济大学投考生与录取生统计

资料来源：统计报告二：最近五年内招生概况[J]. 国立同济大学旬刊, 1933（3）: 8-10

表 4-7　1938~1943 年全国专科以上学校招生考试录取率　　单位：人

| 年份 | 应考生数 | 录取生数 | 录取百分比 |
| --- | --- | --- | --- |
| 1938 | 11 119 | 5 460 | 49.11% |
| 1939 | 20 006 | 5 371 | 26.85% |
| 1940 | 18 151 | 7 024 | 38.70% |
| 1941 | 22 410 | 9 142 | 40.79% |
| 1942 | 27 404 | 10 394 | 37.93% |
| 1943 | 30 114 | 9 395 | 31.20% |
| 总计 | 129 204 | 46 786 | 36.21% |

资料来源：国民政府教育部统计处. 第二次中国教育年鉴（第十四编　教育统计）[M]. 上海：商务印书馆，1948：23-29；1938~1940 年数据根据公立院校统一招生应考生及录取生报名单编制；1941~1943 年数据根据各专科以上学校招生统计报告表及报名单编制

从民国时期的高校招生考试来看，考试竞争虽然激烈，但由于各校在事实上形成了单独招考的考试模式，考生投考机会较多，同一学年度可以投考数所高校，而不同高校的考试难度又不一样，所以录取机会也就相对多一些。而且单从数据来看，民国时期高校招生考试录取率总体上并不低，大多数时候甚至还要比1949年以后高，这可能是因为绝大多数适龄青年由于知识和经济水平的原因，被排除在了高校招生考试的竞争之外。

从1952年统一高考制度建立以来，1952~1965年全国共录取新生213.95万人，平均每年为15.28万人，平均录取率为55.92%。①1977年恢复高考制度之后，第一年参加高考的人数为573.10万人，最后录取了27.30万人，按考生比例来算，是21∶1，当年的录取率是4.76%。1978年610.20万人报考，录取了40.15万人，录取率为6.58%。1979年有468.40万人报考，录取了27.50万人，录取率为5.87%。②1977~1982年，录取新生总数为182.44万人；平均每年为30.4万人，平均录取率为6.06%（表4-8）。从统一高考制度建立以来，1952~1965年的录取率是1977~1982年录取率的9倍多①。1999年高校大规模扩招，当年录取率一跃突破50%，达到56%，随后的10年中徘徊在60%左右。③2011年，全国普通高考平均录取率首次突破70%，达到73%。此后录取率逐渐提高，到2014年全国众多省份的高考录取率已超过80%。

表4-8 1977~1997年普通高考报名人数、录取人数和录取率　　单位：万人

| 年份 | 报名人数 | 录取人数 | 录取率 |
| --- | --- | --- | --- |
| 1977 | 573.10 | 27.30 | 4.76% |
| 1978 | 610.20 | 40.15 | 6.58% |
| 1979 | 468.40 | 27.50 | 5.87% |
| 1980 | 468.70 | 28.12 | 6.00% |
| 1981 | 502.90 | 27.87 | 5.54% |
| 1982 | 389.60 | 31.50 | 8.09% |
| 1983 | 309.60 | 36.00 | 11.63% |
| 1984 | 272.00 | 42.69 | 15.69% |
| 1985 | 272.40 | 53.20 | 19.53% |
| 1986 | 191.40 | 57.20 | 29.89% |
| 1987 | 227.50 | 61.70 | 27.12% |
| 1988 | 271.60 | 69.40 | 25.55% |
| 1989 | 266.20 | 61.80 | 23.22% |

① 杨学为. 中国高考史述论（1949—1999）[M]. 武汉：湖北人民出版社，2007：278.
② 刘海峰. 从重学历到重校历并非偶然[N]. 中国教育报，2009-07-13.
③ 黄晨. 36年高考变迁：录取率从5%到75%[EB/OL]. http://special.caixin.com/2012-06-07/100397804.html，2012-06-07.

续表

| 年份 | 报名人数 | 录取人数 | 录取率 |
|---|---|---|---|
| 1990 | 283.20 | 61.80 | 21.82% |
| 1991 | 295.60 | 62.90 | 21.28% |
| 1992 | 302.60 | 76.50 | 25.28% |
| 1993 | 286.10 | 97.50 | 34.08% |
| 1994 | 250.80 | 98.60 | 39.31% |
| 1995 | 253.00 | 93.00 | 36.76% |
| 1996 | 240.60 | 96.58 | 40.14% |
| 1997 | 285.60 | 100.04 | 35.03% |

资料来源：1977~1995 年数据来源于为之. 中国高考与社会、经济的关系[J]. 中国考试，1997（1）：42-44；1996~1997 年数据来源于《中国教育考试年鉴》《中国教育年鉴》

现行高校招生实行配额制，即每所高校在某一省区投放的招生计划是一定的。换言之，每一省份高考考生的竞争对象是本省的全部考生，而非全国的高考考生。"普通高校招生规模急剧扩张，录取率逐年攀升，而重点大学和热门专业的入学考试竞争依然激烈。"①1999年高等学校全面扩大招生规模以后，"985工程""211 工程"等重点大学成为考生竞相追逐的目标，考试竞争的重心逐步上移。2007 年，全国普通高考平均录取率高达 56.1%，然而"985 工程"大学在全国的平均高考录取率却仅为 1.444%，在上海的平均录取率最高，但也只有 4.566%，而河南最低，只有 0.705%，见图 4-14。

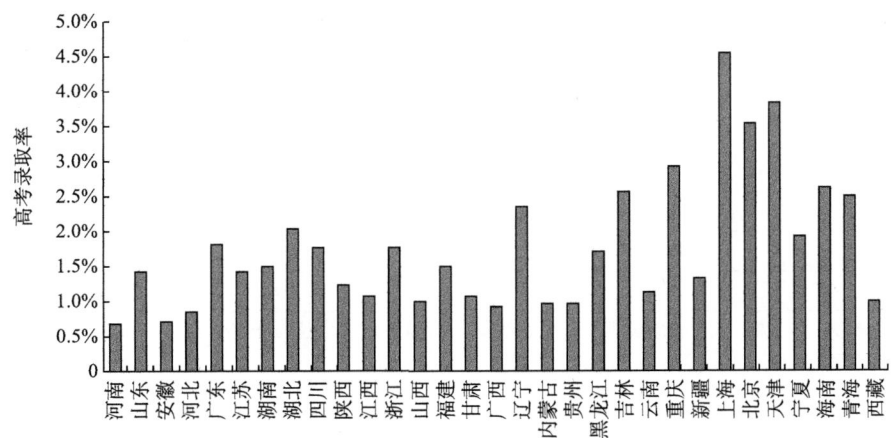

图 4-14　2007 年"985 工程"大学各省（自治区、直辖市）普通高考录取率
资料来源：吴根洲. "985"高校招生属地化问题的实证研究[J]. 教育学术月刊，2009（12）：28-30

在精英高等教育阶段，人们的入学机会较少，高等教育入学选拔的重心在普

---

① 张亚群. 高校自主招生与高考改革[M]. 北京：中国社会科学出版社，2012：自序.

通高校招生考试，其中尤以重点大学本科及热门专业的竞争最为激烈。跨入高等教育大众化阶段之后，随着高等学校规模的日益扩大，普通高校招生考试竞争总体上呈下降趋势，而报考研究生的人数骤增，高等教育选拔性考试的竞争重心逐渐上移。这是改革开放以来我国高等教育招生考试的基本特征，也是当今研究生招生考试演化的一个重要趋向。①

从总体层面的竞争来看，尽管多年来全国硕士研究生招生考试报名人数不断攀升，刷新纪录，但其录取比例却基本维持在一个相对稳定的状态，即报名录取比例一般维持在3∶1左右（表4-9）。1998~2012年，硕士研究生招生考试的平均录取率为31.79%。这是从整体上计算的报名录取比例，反映了研究生入学考试的平均竞争程度。

表4-9　1998~2012年普通高考与硕士研究生招生考试录取率比较　　单位：万人

| 年份 | 高考人数 | 高考录取率 | 考研人数 | 考研录取率 |
| --- | --- | --- | --- | --- |
| 1998 | 320.2 | 36.2% | 27.4 | 26.3% |
| 1999 | 340.4 | 49.4% | 31.9 | 28.8% |
| 2000 | 388.5 | 56.8% | 39.2 | 32.8% |
| 2001 | 453.5 | 57.3% | 46.0 | 35.9% |
| 2002 | 520.0 | 61.5% | 62.4 | 32.5% |
| 2003 | 620.0 | 61.6% | 79.7 | 33.7% |
| 2004 | 732.0 | 61.1% | 94.5 | 34.5% |
| 2005 | 867.0 | 58.2% | 117.0 | 31.2% |
| 2006 | 950.0 | 57.5% | 127.1 | 26.9% |
| 2007 | 1 010.0 | 56.1% | 128.2 | 28.1% |
| 2008 | 1 050.0 | 57.8% | 120.1 | 32.2% |
| 2009 | 1 020.0 | 62.7% | 124.6 | 36.0% |
| 2010 | 957.0 | 69.2% | 140.6 | 33.7% |
| 2011 | 933.0 | 73.0% | 151.1 | 32.7% |
| 2012 | 915.0 | 75.3% | 165.6 | 31.5% |

资料来源：张亚群. 大众化阶段研究生招生考试的演化趋向[J]. 学位与研究生教育，2007（1）：20；历年《中国教育考试年鉴》

从地区层面的竞争来看，东部地区、沿海经济发达地区、省会城市集中了大量考生，所在地区竞争程度较高。2012年报考北京地区研究生招生机构的考生共269 555人。其中，报考普通高校的考生为246 673人，占90%以上。共有10所院校报考人数超万人，其中，北京大学报考人数最多，达21 175人，其次为中国人

---

① 张亚群，车如山，等. 中国研究生招生考试改革研究[M]. 广州：广东高等教育出版社，2013：159.

民大学 17 581 人，北京师范大学 13 922 人，清华大学 13 432 人。此外，北京理工大学、北京交通大学、中国传媒大学、中央财经大学、对外经济贸易大学和北京航空航天大学报考人数均超万人。①2013 年报考北京地区研究生招生机构的考生有 271 238 人，较上年增加 1 683 人，增幅 0.6%。其中北京大学、中国人民大学、北京师范大学、清华大学、北京理工大学、北京交通大学、中国传媒大学、对外经济贸易大学和北京航空航天大学 9 个招生单位报考人数超过万人。2012 年，报考江西地区 13 个研究生招生机构的考生为 22 400 人，比上一年的 18 570 人增加了 3 830 人，增长比例为 20.62%。②

从研究生招生机构层面的竞争来看，"985 工程""211 工程"高校考研竞争激烈，而地方本科高校、民办高校则常年需要靠调剂才能完成招生计划。在中西部地区，有的省份几乎所有的研究生招生机构均需通过调剂才能完成招生计划。例如，2012 年江西省共有 13 所研究生招生机构面向全国招生，从这些机构公布的招生调剂信息来看，13 所研究生招生机构均需要调剂生源（表 4-10）。

**表 4-10　2012 年报考江西省研究生招生机构的考生数**

| 研究生招生机构 | 考生数/人 | 机构排名 | 是否需要调剂 |
| --- | --- | --- | --- |
| 南昌大学 | 7 879 | 72 | 是 |
| 江西财经大学 | 5 804 | 171 | 是 |
| 江西师范大学 | 2 939 | 162 | 是 |
| 景德镇陶瓷学院 | 945 | — | 是 |
| 江西理工大学 | 897 | 221 | 是 |
| 华东交通大学 | 793 | 225 | 是 |
| 南昌航空大学 | 790 | 246 | 是 |
| 赣南师范学院 | 730 | — | 是 |
| 东华理工大学 | 460 | 231 | 是 |
| 江西中医学院 | 446 | 265 | 是 |
| 江西农业大学 | 414 | 163 | 是 |
| 江西科技师范学院 | 289 | 418 | 是 |
| 中国航空研究院 602 所 | 15 | — | 是 |

资料来源：江西省教育考试院. 我省 2013 年硕士研究生招生考试报名工作顺利结束报名人数持续稳步增长[EB/OL]. http://www.jxeea.cn/info/1040/5670.htm，2013-02-25；2012 年 1 月 9 日，中国校友会网《2012 中国大学评价研究报告》。其中，景德镇陶瓷学院、赣南师范学院未进入榜单，中国航空研究院 602 所属于科研机构系列，亦不在榜单之列

---

① 李琦. 近 27 万人报考北京高校研究生[N]. 京华时报，2011-12-04.
② 江西省教育考试院. 我省 2013 年硕士研究生招生考试报名工作顺利结束报名人数持续稳步增长[EB/OL]. http://www.jxeea.cn/info/1040/5670.htm，2013-02-25.

从研究生招生专业层面的竞争来看，工商管理、金融学、法律硕士、公共管理等专业集中了最多数量的考生报考。北京教育考试院统计，2013年报考人数排在首位的是工商管理专业，考生达15 660名；其次为法律硕士（非法学），报考人数为7 357名；报考会计硕士专业的人数为6 595人，比去年增加1 189人。报考人数居第4位至第10位的专业依次为金融学、计算机科学与技术、公共管理、材料科学与工程、金融、会计学和信息与通信工程。①从2012~2014年厦门大学硕士研究生各专业报名人数统计来看，工商管理、公共管理、金融学、会计学、企业管理、新闻学、法律（非法学）等专业连续三年来均为该校报考人数最多的专业。从2014年厦门大学硕士研究生各专业报名录取比例来看，工商管理、会计学、金融学等专业的报名录取比例达10∶1左右，竞争程度可谓异常激烈。

其实，激烈的升学竞争和考试竞争，并不是我国教育独有的现象，而是世界各国教育发展的普遍经历。"当一个国家的优质教育资源有限而且必须保证教育选拔制度的公平性与公正性的时候，选拔分流制度和严格的考试制度就会应运而生。"②教育资源的有限性、社会对资源分配的要求以及教育活动的实际需要等因素是考试制度生长的土壤。竞争激烈的考试深刻影响着的是施考者和应试者的考试行为。为了在考试中竞争胜利，应试者会在考试上投入非常多的资源、时间和精力。考试竞争程度越激烈，对考试经济的促进作用越显著。

## 四、考试影响相对重大

考试经济之所以能够形成并得到蓬勃发展，除了考试规模、考试竞争和考试模式相对稳定和统一外，还与这些考试对于应试者的重要性有着高度的关联。正是由于这些考试对应试者的切身利益和未来发展具有极高的利害关系，即"高利害性"，所以才导致应试者群体更加重视这种考试，并且想尽一切办法以谋求在这种考试中的胜利。这种高利害性，增加了考试的风险，推动了考试竞争，刺激了应试者的应试需求。

在现行体制下，高考的重要性是不言而喻的。2012年，上海合作组织（Shanghai Cooperation Organisation，SCO）北京峰会举行时间与高考时间重合，为照顾高考，上海合作组织峰会7日会议的开始时间推迟了半个小时。③这就是高考重要性最好的注脚。恢复高考四十余年来的历史已表明，高考不仅对个体和家

---

① 杜丁. 27万人考研报名北京院校[EB/OL]. http://www.bjnews.com.cn/news/2012/12/06/237757.html，2012-12-06.

② 黄光扬. 我对素质教育、考试评价、高考升学率以及"减负"等教育热点问题之观点[J]. 教育与考试，2007（4）：63-71.

③ 储信艳. 上合峰会为高考"让路"半小时[N]. 新京报，2012-06-06.

庭命运有着重大影响，而且在客观上也具有维护社会公平稳定的作用。1977年恢复高考以后，成千上万的人们通过高考改变了自身的命运，"对考生来说，高考是人生的重大事件，是决定个人前途命运和未来发展的关键环节"。高考改变命运的一个个鲜活的事实构成了最强的激励。刘海峰先生在回忆1977年的高考时写道："考上大学，对每个人来说都是一生的重大转折，尤其是对我们这些上山下乡的知青而言，更是翻天覆地的变化，好似鱼跃龙门。对我的家庭来说，也是扬眉吐气的一件喜事。"① 对于寒门子弟而言，在以财富和权势为成功标准的社会，高考可能是他们实现社会阶层流动，继而改变自身和家庭命运最主要的途径。高考作为高等教育机会分配的一种机制，决定了个体是否有资格接受精英高等教育，而是否能够接受精英高等教育是成为社会精英的关键。

在教育考试中，研究生入学考试对于应试者的影响也是重大的。其一，对于有志于从事学术研究和高校教学的学生而言，通过研究生入学考试的选拔进入相应的研究生培养单位继续深造，是以学术为志业的一个必经阶段或者最主要的途径；其二，对于在高考选拔中未能进入心仪学府的学生而言，通过研究生入学考试的选拔，争取进入心仪的学府继续深造，可视为人生中的第二次"高考"；其三，对于那些期望通过提升教育程度，从而能在就业市场上占据一定优势的学生而言，通过研究生入学考试的竞争，获得研究生教育机会，依靠研究生教育阶段的培养和锻炼，从而在劳动力市场上获得更高的回报。上述这些利益诉求，无不与青年学生的个人前途和未来发展高度相关。

在教育考试中，大学英语考试是教育部主管的一项全国性的教学考试，其目的是对大学生的实际英语能力进行客观、准确的测量，为大学英语教学提供服务。大学英语四、六级考试可能是每一位在校大学生都会经历的一次重要的考试。这一考试可以说对考生也是影响重大的。一方面，很多高校将大学英语四、六级考试与毕业资格挂钩。在2005年大学英语四、六级考试改革之前，就已有相当多的本科高校将大学英语四、六级考试与毕业证和学位证挂钩，要求所有的本科毕业生至少通过四级考试，否则不予发放学位证或毕业证。另一方面，由于大学英语四、六级考试在社会职业领域得到不同程度的认可，目前已经成为各级、各领域人事部门录用大学毕业生的显性标准之一，大学英语四、六级考试证书或成绩对毕业生的求职有着积极的标识作用。事实上，在就业市场上，大学英语四、六级证书或成绩报告单，"起到的是两方面的作用：一是学生作为向用人单位证明自我能力的'名片'，二是企业在选拔人才时的'筛子'"② 。所以此项大规模教育考试对本科生和研究生而言，其影响也是

---

① 刘海峰. 三十功名尘与土：从参加高考到研究高考[J]. 教育与考试，2007（4）：9-12.
② 全国大学英语四、六级考试-CET[EB/OL]. http://cet.neea.edu.cn/.

重大的。从公务员考试不同岗位对大学英语四、六级的要求，以及校园招聘会对求职毕业生英语四、六级的岗位素质和能力要求来看，这种影响也是客观存在的。

由此，可以看出，对大学生而言，在未来的几条出路中，无论是投身企业，还是考取公务员，均对大学英语四、六级的考试成绩有着一定的要求，而大学英语四、六级考试成绩越好，在就业和公务员考试资格竞争中就越占优势，这项考试"已经成为社会尤其是用人单位普遍接受的公共标准"。这种高利害性，是大学英语四、六级考试相关产业蓬勃发展的主要推动因素之一。

第十届全国人大代表、时任集美大学副校长苏文金在2005年"两会"期间就曾经指出，大学英语四、六级考试在设立初期，对提高大学公共英语教学质量起到了积极作用。但后来社会对大学毕业生的英语能力有了更高要求，英语四、六级考试成绩便成为检验毕业生英语能力的主要标准。有关部门把考试通过率作为大学评估的一个指标，结果每个大学都以此为教学实力的体现，导致了应试教育，滋生了考试经济。而这显然与这项考试设立的初衷背道而驰。[1]

## 五、政府规管政策允许

1952年，全国统一招生考试的"高考"模式就已建立，虽然当时考试规模与今天相比显得微不足道，但在那时也是为数者众。随着社会的逐步稳定和人口的渐进增长，高考考生数基本保持了一种相对平稳的增长态势。从考试竞争程度来看，1952年的高考录取率高达90.17%，"不仅是'文化大革命'前14年的第二高录取率，也是迄今为止全国高考60年间的次高录取率"[2]。从绝对竞争来看，1952~1965年的高考录取率其实是比较高的（表4-11），在一定程度上甚至还要高于现在普通高考的录取率。从考试模式来看，虽然高考从1952年建制以来，一直处于政策调整之中，从考试内容到考试形式间有反复，但基本的思路和框架在逐步形成。

表4-11　1952~1965年普通高考考试规模与录取率　　　　单位：万人

| 年份 | 考生数 | 录取数 | 录取率 |
| --- | --- | --- | --- |
| 1952 | 5.90 | 5.32 | 90.17% |
| 1953 | 8.00 | 6.24 | 78.00% |
| 1954 | 12.50 | 9.23 | 73.84% |

---

[1] 吕诺，张舵. 四六级变革透视中国英语教育之惑[EB/OL]. https://edu.sina.com.cn/en/2005-03-30/ba32422.shtml，2005-03-30.

[2] 刘海峰. 1952—2012：高考建制的花甲记忆[J]. 高等教育研究，2012（6）：78-84.

续表

| 年份 | 考生数 | 录取数 | 录取率 |
|---|---|---|---|
| 1955 | 17.50 | 9.78 | 55.89% |
| 1956 | 36.10 | 18.46 | 51.14% |
| 1957 | 25.20 | 10.56 | 41.90% |
| 1958 | 27.40 | 26.56 | 96.93% |
| 1959 | 32.70 | 27.41 | 83.82% |
| 1960 | 32.00 | 28.41 | 88.78% |
| 1961 | 37.20 | 16.90 | 45.43% |
| 1962 | 38.90 | 10.68 | 27.46% |
| 1963 | 39.80 | 13.28 | 33.37% |
| 1964 | 34.40 | 14.70 | 42.73% |
| 1965 | 35.00 | 16.42 | 46.91% |

资料来源：为之. 中国高考与社会、经济的关系[J]. 中国考试，1997（1）：42-44（本书引用时对部分数据进行了校正）

那么为何在改革开放之前尚未形成普遍的考试经济现象呢？这恐怕还要从社会、经济和高等教育考试发展等方面来寻找原因。

从社会方面来看，政治因素对高考录取的干预始终是存在的。政治背景或家庭出身在高考录取时往往起到了决定性的作用，考试分数在一定程度上并不是录取时参考的唯一因素。中华人民共和国成立之后，在相当长的一段时间内，高等学校的招生"向工农开放"，对工农和革命干部子弟等实行"优先录取"的政策（表4-12）。所以实际上这一阶段虽然存在考试竞争，但考试竞争不是决定录取的唯一依据。那些政治背景和家庭成分"有问题"的考生，即便是在统一高考中取得分数上的优势，照样也会失去被精英大学或者普通大学录取的机会。

表4-12  1958~1964年全国高校新生家庭出身及本人成分构成

| 年份 | 工农家庭出身及本人工农成分 | 剥削阶级家庭出身 | 其他家庭出身 |
|---|---|---|---|
| 1958 | 55.28% | 16.97% | 27.75% |
| 1959 | 54.50% | 19.20% | 26.30% |
| 1960 | 57.40% | 18.60% | 24.00% |
| 1961 | 66.70% | 11.00% | 22.30% |
| 1962 | 53.62% | 15.66% | 30.72% |
| 1963 | 59.56% | 13.18% | 27.26% |
| 1964 | 70.10% | 5.32% | 24.58% |

资料来源：杨学为. 高考文献（上）[M]. 北京：高等教育出版社，2003：525

从经济方面来说，中华人民共和国成立初期党和政府的主要任务之一就是完成社会主义改造，"在一个相当长的时期内，逐步实现社会主义工业化，并逐步实现国家对农业、对手工业和对资本主义工商业的社会主义改造"①。"党在过渡时期的总路线的实质，就是使生产资料的社会主义所有制成为我国国家和社会的唯一的经济基础。"②一方面，随着社会主义公有制和计划经济体制的全面建立，整个国民经济被纳入计划经济的轨道，政府对国民经济实行强有力的控制。从根本上排斥市场机制，这是一种自上而下、以行政管理为主体特征的经济。虽然政府在社会主义建设的过程中也曾认识到单一公有制存在的弊端，以中共八届十中全会为转折点，社会主义非公有制经济政策发生了根本性变化，在"以阶级斗争为纲"的政治氛围中，不仅私营经济被视为社会主义的异己势力而予以消灭，残存的个体经济也被作为资本主义的自发势力而予以取缔。③另一方面，还有城乡居民生活水平相对较低等原因。中华人民共和国成立初期，社会民众的生活可谓"积弱积贫"，挣扎在贫困线上。1949年，农村居民人均纯收入44元，城镇居民人均可支配收入不足100元。1952年，城镇居民家庭人均生活费支出仅为168元，到1978年，也只达到311元。虽然社会民众生活水平略微有所改善，但仍处在温饱不足的状态。从城乡居民储蓄存款余额来看，改革开放之前的28年，我国城乡居民生活水准还处在一个较低的层次。1992年邓小平发表"南方谈话"和中共十四大召开以后，城乡经济才出现快速增长的态势，如图4-15所示。

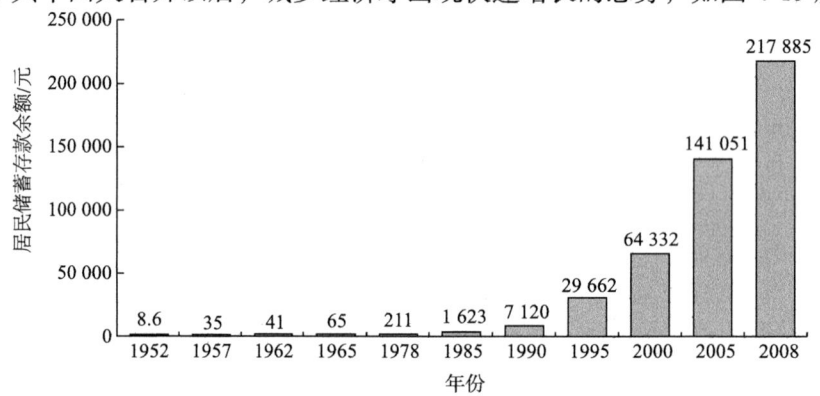

图 4-15　1952~2008 年城乡居民储蓄存款余额统计

资料来源：国家统计局

从高等教育考试发展方面而论，"文化大革命"前十四年的全国统一考试存续期间，高考规模相对稳定，高考的录取率也较高，但高考的竞争并不仅仅在于考试结果的竞争，还与应试者本人的政治背景和家庭出身高度相关。高校招生除了通过考试竞争之外，国家还通过一种"照顾出身"的方式实现了高等教育机会

---

① 中共中央党校中共党史教研室. 四十年的回顾与思考[M]. 北京：中共中央党校出版社，1991：5.
② 毛泽东. 毛泽东文集（第6卷）[M]. 中共中央文献研究室，编. 北京：人民出版社，1999：316.
③ 赵晓雷，王昉. 新中国基本经济制度研究[M]. 上海：上海人民出版社，2009：13.

向工农开放。"文化大革命"期间，高校招生工作停止了四年，统一高考惨遭废除而中断了十一年，社会主要领域应用考试的土壤也不复存在，而在高考等大规模考试不复存在的情形下，"皮之不存，毛将焉附"，也就不可能形成依附于高等教育考试的考试经济。

在改革开放的社会大情境下，社会主义市场经济体制的逐步建立和完善，为考试经济的形成，创造了一种相对较为有利的外部社会条件。而且政府相关政策的允许，为考试经济的形成提供了一种政策基础或政策前提。

在教育和考试政策方面，得益于政府对民办教育行业政策的松动和放开。政府对民办教育培训行业的政策松动，是考试培训产业得以形成的合法性基础。应试者对应试培训的需求，是考试培训产业存在的合理性基础。1985年，中共中央发布《关于教育体制改革的决定》，提出"地方要鼓励和指导国营企业、社会团体和个人办学，并在自愿的基础上鼓励单位集体和个人捐资助学"。非学历教育培训机构在这个时期开始逐步出现。1987年，国家教委颁布了《关于社会力量办学的若干暂行规定》，同年还颁行了《社会力量办学财务管理暂行规定》，这些法规的颁布，标志着民办学校被纳入国家管理体系。1992年邓小平"南方谈话"和中共十四大召开以后，我国民办教育进入了一个空前活跃的发展时期。1993年，《中国教育改革和发展纲要》提出"积极鼓励、大力支持、正确引导、加强管理"十六字方针，进一步促进了民办教育培训行业的发展。1997年，国务院颁布《社会力量办学条例》，标志着我国对民办教育的规管进入了"依法办学、依法管理、依法行政"的新阶段。

在书籍出版政策方面，中华人民共和国成立初期，书籍出版长期被纳入计划经济模式之下，书籍出版政策总体上被包容在大的文化经济政策之中，书籍出版自然也被纳入计划的轨道。"文化大革命"期间，书籍出版领域同样存在"以阶级斗争为纲"的现象，书籍出版基本上是为政治服务的，从而遭受重创，以至于"'书荒'成为当时社会的最大现实"[①]。不合时宜的书籍是不可能被准许出版发行的。由于这一期间主要的高等教育考试被废，所以也不可能存在考试辅导方面的书籍。改革开放以后，书籍出版领域逐步走上正轨，迎来了书籍出版业的春天。随着书籍出版行业市场化改革的持续推进，外加高考等制度和考试竞争的刺激，教辅类、考试类书籍开始走俏，成为书籍市场上的新宠。虽然政府不时有禁止教辅类书籍的行文，但这种强制性规管政策的效果始终不甚显著。

从上述分析可知，考试经济现象的形成，虽然在客观上需要上述条件的存在，但其实可以说它是多种因素综合作用的结果。考试经济对考试有着较深的依赖性。这种依赖性，意味着它存在的前提即考试活动的存在。换言之，考试经济

---

① 程美华. 新时期（1978—2008）出版史概论[M]. 上海：学林出版社，2012：58.

的发展前景和未来命运，与考试活动、考试政策以及政府的规管政策等扭合、捆绑在了一起。考试制度是考试经济的制度基础，政府的规管政策构成了考试经济的政策基础。而且不同类型的教育考试，由于考试使命、性质、结构和应用领域存在显著差异，于是就在实际上形成了诸种各异的考试功能。至于能否形成一定的经济功能，或者形成哪种程度和多大范围上的经济功能，既与考试主体的设计和施行有关，也依赖这种教育考试与社会系统的互动。

## 第三节 考试经济的发展过程

### 一、考试市场观念的解冻

长时间以来我国并不存在所谓考试市场的观念。考试权在国家，是我国自古以来的考试传统。科举时代的考试制度是政府行为，主要是一种深具政治性质的考试。近代学校教育制度建立以来，考试制度应用的领域从教育领域逐步扩大到社会需要选择人才的领域。无论是政治领域国家考试制度的建立，还是教育领域的高等学校入学考试，均不存在考试市场观念。这些考试主要是一种政治行为和教育行为，而不是一种经济行为。随着市场机制在社会各领域的逐步建立和发展，考试市场的观念正在逐步解冻并得到发展。

正如前文所述，市场是一个复杂的概念。从经济学的角度来说，市场是商品经济的产物，是与商品交换联系在一起的，它是商品交换的场所和领域，同时也是商品交换关系的总和。从市场学的角度来说，市场是用来概括有各种需求且愿意和可能通过交换使需求得到满足的顾客群体，是某一产品的现实购买者和潜在购买者的需求总和。无论从上述哪一个角度来看，考试市场在考试活动中均是客观存在的。

考试活动是因应人类社会生产和生活的客观需要而产生的，是人类社会生产发展的产物，并随着社会生产力的发展而变化。[1]考试产品的产生是社会分工和商品经济发展的产物，考试产品的商品化是考试市场形成的前提。但在现实社会中，考试还不能算作完全意义上的商品。应试者虽然支付了一定的考试费用，但购买这种考试产品和服务并不能实现自由交换。应试者和施考者之间的地位是不平等的。主要的大规模考试还是在教育行政主管部门的组织下施行的，应试者对考试没有任何选择的余地。

---

[1] 胡天佑. 论考试的经济性质[J]. 教育与考试，2014（3）：34-37.

在人们的传统考试观念中，考试虽然付费，但并不是商品，至少还不是完全意义上的商品。高等教育选拔性考试的应试者均是考试的付费者，但应试者所付的费用往往只是象征性的，并不承担考试组织和施行的全部费用。考试的结果供各类高等学校招生使用，但高等学校并不需要为考试活动支付任何费用。考试是一个系统，它并不是商品。考试的考试服务有商品的成分，但也不是完全意义上的商品。社会需要设置什么样的考试，必须符合社会发展的实际需要。

科举时代以来，考试权即在国家。社会诸领域考试种类从总体上来说是单一的，主要的成文法规考试其实就是政治性的科举考试，在规定的时间和地点举行国家考试，以选拔"治国理政"的贤才。因此，科举时代的考试权主要在国家。我国现在高等教育考试大都规模庞大，社会影响深远，具有高利害性的特征，所以考试权长时间为政府所控，逐渐形成了一种"国家教育考试制度"。

近代以来，我国高等学校是具有一定考试权的，高等学校的校内考试和入学考试，属于高等教育考试，但考试权不在国家而在学校或者在授课教师。作为高等学校甄别人才的选拔性考试，从理论上来说，高等学校应该具有一定的考试权，也就是说高等学校在选择新生这一问题上，应有一定的发言权和决策权。但高等学校选拔新生的方式受到政治、经济、文化等因素的制约，不同的社会，选拔形式迥异。我国教育有着"政教合一"的历史文化传统，近代以来逐渐形成了中央集权的教育管理体制，高等教育充当着服务于国家经济和社会建设的重要工具，高等学校新生选拔形成了以国家统一考试为主，自主招生和推荐为辅的选拔方式，高等学校在这个过程中权力有逐步扩大的趋势。

在高等教育考试中，高考、研究生招生考试，以及大学英语四、六级考试和高等教育自学考试等，均在教育部考试中心等教育部批准设立的教育考试机构组织之下实施。易言之，高等教育考试主要还是一种国家主导下的考试模式。那么应试者对考试的需求到底是市场经济发展的产物，还是施考者创造和考试政策所造就的需求？

考试需求是复杂的，它产生于外在需求，并在这种外在需求的驱动下转化为受教育对象的内在需求。一方面，高等教育考试是为满足国家和高等学校实际需要的产物，它满足的主要是高等学校选拔新生和测度知识与能力的需要。社会高等教育资源的稀缺性和高等教育对受教育对象素质和能力的要求，是这种需求应运而生的依据。另一方面，高等教育考试需求，在高等教育考试地位确立以后，渐进成为受教育对象的内在需求。随着社会的进步和良性运转，高等教育考试成为接受高等教育、获得相应证书和社会身份、成就社会地位等现实利益的必经之途。高等教育考试的需求实际上是社会民众对接受高等教育和社会身份、地位进阶等的需求。也就是说，从表面看，是对高等教育考试的需求，而实际上是对高等教育考试所能带来的利益的需求。

那么在考试活动中是否要引入市场机制呢？在计划经济体制向市场经济体制转型的过程中，社会诸领域发生了天翻地覆的变化。高等教育市场渐进形成，在市场化的浪潮中，高校招生考试制度历经多次改革和修正，虽然迭有推荐保送、自主招生考试等举措，但高等教育考试中的高考、研究生招生考试等却被人称为教育领域"计划经济的最后堡垒"，并且认为现行高校招生考试制度，仍然是计划经济时代的产物。虽然某一国家的高校招生考试方式会受经济因素的影响，但并无证据表明，高校的招生方式与经济制度之间存在某种一一对应关系。

考试领域所要引入的不是市场机制，而是一种竞争机制，以期实现考试质量和科学性的持续性提升。现行考试的施行存在这样或那样的问题，其原因之一就在于缺乏一种考试质量的监督与优化机制。在考试产品和服务领域，由于至今尚未引入一种有效的竞争与优化机制，考试产品和服务的质量对于考试生产者的利益而言并无实质性影响，考试产品和服务的生产者也不存在所谓退出机制，至今仍然维持着国家行政权力垄断考试生产的格局，也就是说，考试市场主要是一个垄断性的市场。考试领域缺乏足够的改革动力和一定的质量优化机制。这样的后果是"考试的科学化水平高低，考试质量的好坏，考试改革进度的快慢，与考试主管机构和主管人员的切身利益没有多大关系。考试科学化水平再低、质量再差、改革进度再慢，有关机构和人员仍然可以继续主管考试"①。应试者对考试质量也没有监督权和评判权。在考试政策的要求下，应试者几乎没有选择的权利，必须参加某种考试，才能实现预期目的。

与此对应，由于市场机制的作用，美国主要考试公司或机构均面临着巨大的生存压力。为了维系和继续扩大考试用户的规模，考试机构需要持续地提高考试的质量和科学性并向考试用户论证考试的有效性。为此，美国各主要考试公司或机构都在考试科学研究方面投入了很多精力，进行了许多旨在提高考试有效性的研究。②其实，正如教育测量学专家谢小庆所言，政府相关部门应该考虑逐步退出考试编制领域，扮演好考试"质量监督员"和"裁判员"的角色，而不是"生产者"和"球员"的角色。真正扶持专业化的考试研究机构，为考试研究引入优化机制，同时引入市场机制实现对考试质量的有效控制。③

考试是一种社会活动和社会现象，但这种活动本身并不是商品。考试的正常进

---

① 谢小庆. 必须认真清理考试领域中不合理的行政许可——兼谈考试应体现谁的意志[J]. 湖北招生考试，2004（12）：49-52.

② 谢小庆. 怎样在求职考试中保护求职者的利益[C]//谢小庆，张洁. 考试研究文集（第 4 辑）. 北京：经济科学出版社，2008：445.

③ 谢小庆. 怎样在求职考试中保护求职者的利益[C]//谢小庆，张洁. 考试研究文集（第 4 辑）. 北京：经济科学出版社，2008：447.

行，必须借由施考者或委托机构提供相应的考试服务，这种考试服务的对象既有施考者，也有应试者。对于施考者而言，考试服务就是考试技术、考试内容和考试执行过程中的服务；对于应试者而言，考试服务就是考试内容和考试执行过程中的服务。施考者支付相应的费用，在施考者与考试技术和考试内容生产商之间形成一种商品交易关系。应试者支付一定的考试费用，应试者与施考者之间也形成了一种事实上的商品交易关系。因此，从这个意义上来说，考试是一种特殊的商品。

考试服务的对象是多元的。概括而言，主要有以下三类：一是应试者，考试为应试者提供了一种测度其个人素质和能力差异的教育测量服务；二是施考者，考试的技术和设备提供商为施考者提供了考试设备、考试技术和考试内容服务；三是考试的最终用户，考试作为甄别、测度应试者素质和能力差异的测量工具，其考试结果为考试最终用户的"选才"和"育人"活动提供服务。

考试市场是一个特殊的市场。在考试市场中，高等教育考试主要是由教育部考试中心或地方教育考试机构提供的。不同的高等教育考试的考试模式不同，但就高等教育考试的供给而言，不存在市场竞争关系。高等教育考试产品在市场上不存在替代品，其他机构和企业完全不能进入这一市场，高等教育考试市场实际上是一个完全垄断的市场。

从市场学的视角来看，高等教育考试市场是存在高等教育考试需求，愿意和可能通过交换使这种考试需求得到满足的顾客群体，是高等教育考试产品的现实购买者和潜在购买者的集合。由于市场学是从经营和卖方视角下来审视市场问题的，所以在这一视角下，"考试营销"的概念就产生了。换句话说，就是要将考试产品和服务尽可能多地销售给考试产品和服务的需求者，对于现实购买者而言，需要增进考试产品和服务的质量，以巩固考试市场；对于潜在购买者来说，需要将其转化为现实的购买者，以继续扩大和占领考试市场。在市场学的视野下，高等教育考试市场的指向，在于维系和扩大高等教育考试产品和服务的现实购买者和潜在购买者的群体数量，并且尽可能多地将潜在的购买者转化为现实的购买者。高等教育考试市场的规模，取决于高等教育考试产品的消费者、购买力和购买欲望三因素。市场规模的大小则取决于现实购买者和潜在购买者数量的多寡。也就是说，高等教育考试市场观念形成以后，高等教育考试产品和服务的生产商或经营商的追求就在于如何扩大高等教育考试市场的规模，提高市场的占有率，从而实现生产和经营的利润。

高等教育考试产品的购买还有一定的门槛，即高等教育考试还存在一定的资格限制。[1]例如，高考除了一定教育程度的要求外还有其他的限制性条件。大学

---

[1] 高等教育自学考试具有极大的开放性，报考者不受性别、年龄、民族、种族、职业、已受教育程度、身体条件和居住区域的限制，但凡愿意应试者均可依照《高等教育自学考试暂行条例》自由选择报考专业。

英语四、六级考试报考资格只向在校大学生开放，并且六级考试只允许四级考试合格者报考等。换言之，以市场学的观点来看，在消费者、购买能力和购买欲望这三个要素中，消费者的购买能力并不起决定性作用。例如，若不具备考试资格，则消费者有再强的购买力和购买欲望，也不可能购买到这种高等教育考试产品和服务。在高等教育考试市场中，应试者对高等教育考试产品的购买欲望，有时是不会自然产生的，即不是一种内部驱动，而是带有一定的外部强制性，即应试者可能并没有购买高等教育考试产品的欲望，但为了达成一定的目的，实际上又不得不购买这种考试产品。在此情况下，高等教育考试市场的形成，不是以"购买欲望"来推动的，而是成了一种"购买要求"，是在"购买要求"的驱动下形成的。

考试市场的开拓是否存在限度？对考试市场进行开拓的前提，是社会诸领域有施行考试的需要。换言之，考试产品的社会需求是客观存在的。考试并不是越多越好，而是应该在需要考试的时候恰当地运用考试。高等教育不太可能离开考试，考试在招生、教学、管理等过程中发挥着不可替代的价值和作用。也就是说考试的需求是客观存在的。问题是这种考试需求不见得是高等教育受教育对象的需求，而更多地体现为一种施考者对应试者素质和能力的甄别和检测。

"开拓市场"这类话语是从市场学的角度来看待高等教育考试市场的，它强调的是"高等教育考试经营"的理念。从价值追求上，就是要扩大考试的应用领域和应试者的群体规模，从而实现高等教育考试产品现实购买者和潜在购买者的最大化。也就是说，开拓市场就是要追求考试规模的不断扩充和考试市场占有率的不断提高。如前所述，考试规模不是越大越好，并不是所有的人和所有的领域都需要参加或运用考试，考试并不是"万能神器"。因此，考试市场的开拓并不是完全适用，开拓考试市场也应有一定的限度。例如，研究生入学考试有两个施考者，一个是教育部考试中心，一个是研究生招生机构。研究生入学考试市场多受考试政策的影响，对于教育部考试中心而言，这是一个完全垄断的市场，开拓研究生入学考试市场不是他们的追求。对于另一施考者——研究生招生机构而言，这不是一个垄断市场。在研究生招生考试制度架构下，应试者有在考试之前选择报考学校的权利，这就意味着应试者有着一定的考试选择权，不同的学校选择对应着不同的考试要求。换言之，对于研究生招生机构而言，研究生入学考试市场是需要开拓的，这种开拓是一种对本机构研究生生源质量的保障。

市场的开拓者主要是商品的生产经营者，而开拓高等教育考试市场的主体，一类是施考者，施考者在现实情境中，就是高等教育考试的提供者，谁可以参加考试是由施考者决定的，但谁会选择参加考试是潜在应试者自行决定的。施考者不太可能采取市场的策略来扩大应试者的规模。一类是服务于施考者和应试者的技术和内容提供商，由于存在竞争关系，所以对这类考试技术和内容提供商而言，开拓考试市场就在于扩大考试技术和内容的应用领域和市场占有率，这是成立的。例如，现代考试的正常进行需要各种考试阅卷技术、考试运行技术和考试管理技术等，对于教育考试机构而言，这类技术的开发已超出其能力的界限，所以就产生了专业的考试技术提供商来提供此类考试技术服务。

开发考试市场还必须正确地认识考试的作用与功能。一方面，考试市场是政府教育行政部门实际创造的。例如，政府教育行政当局决定高校招生采用统一考试的办法，那么所有想要进入高等学校的追求者，就必须参加这种考试，这种考试市场就自然形成。另一方面，这种考试市场的形成，归根结底还是源于社会发展的实际需要。例如，政府行业主管部门之所以开发一种考试项目，往往是为了满足社会和行业发展的需要。所以，考试市场形成的路径，往往就是"社会需求—考试的开发设计—创造新的考试需求"。

## 二、考试产业的渐进形成

考试经济的形成须建立在考试产业基础之上。那么什么是考试产业，考试产业是如何渐进形成的，考试产业形成的主要表现是什么？这是本部分试图回答的问题。

### （一）考试产业观念的启蒙

在传统的考试观念中，高等教育考试并不存在专业化和考试经营的问题。一方面，高等教育学业考试是高等学校任课教师的事情，似乎并不需要太过专业的考试素养和技术，学业考核是授课教师的自主权，怎么考查学生的学业成就全凭授课教师决定。另一方面，高等教育选拔性考试往往是国家主导下的教育考试，主要是由国家教育行政部门负责组织实施的，具有国家考试的权威性，其专业性和质量并未受到人们的质疑，这主要是因为国家考试的权威性和公平性掩盖了对考试质量的追求。也就是说，高等教育选拔性考试也不存在考试专业化和考试经营的问题。

在传统的考试观念中，高等教育考试的核心诉求在于其公平性，这也是目前社会的普遍共识。高等教育考试是一种国家主导下的公益事业，是国家教育选才的手段和措施，"考什么"和"怎样考"是国家的事情，权威性、公平性、公益性是社会民众关注的焦点。也就是说，高等教育考试，无论是高考，还是研究生入学考试，抑或是大学英语四、六级考试，这些考试均是公益性的考试，考试的目的要么是选拔人才，要么是甄别、检测知识和能力。这些考试均不是商品化的社会活动，主要是一种公益性的教育活动。

在现代考试观念中，考试完全可以成为一种市场化的社会活动，考试可以按照产业化的方式来运营，以提高考试活动的效率、质量和科学性。

东亚社会是一个倚重考试的社会，但同时考试也被称为"人间虐政"①和"吃人的恶魔"②。在考试时代，人人均有考试的经验，人人可言考试的是非。教育测量学专家谢小庆在《中国青年报》上曾撰文，自谓"专门从事考试研究已经二十余年，深知试卷编制是一项专业性很强的工作，考试的质量控制殊非易事"③。意思是说，考试是一种高度专门化的社会活动，必须仰赖专业化力量的推动。

人们在考试实践的过程中逐渐认识到，考试是一种高度专门化的技术，也是一种十分复杂的社会现象。尤其是高等教育考试，不仅关涉高等教育资源的分配，还与外部社会的复杂系统有着广泛的联系，高等教育考试不仅是一种技术，更是一种社会行为。高等教育考试形塑着高等教育和外部社会系统，社会系统的特征和结构也往往映射在高等教育考试上，集中展现在社会对高等教育考试诸种功能的期待上。

对考试专业化的要求是经济社会发展的产物。在工业社会以前，经济社会发展对人才素质和能力的要求相对简单，仅需依靠考试对人才素质和能力进行简单的甄别。但是工业革命以后，大机器生产的全球扩展，使经济社会发生了深刻变革，各行各业对人才素质和能力的要求越来越高。随着近代自然科学的发展进步、经济社会的发展，高等教育获得了前所未有的发展机遇，高等教育规模也得到了极大的扩张。如何选择合适的高等教育对象就成为一种关键性的行动。尤其是心理学和教育测量学等学科的发展和进步，让考试技术获得新生，从而使相对科学地测量人的素质和能力成为可能。

考试产业是经济发展和社会分工的产物。考试产业的形成有一前提，即考试成为一种商品化的社会活动。而这些，在社会经济发展的过程中已经逐步具备了。

中华人民共和国成立以后，各类考试逐步被纳入国家计划的轨道，高等教育考试亦不例外。高等教育考试得以重新建立以后，在相当长的时间内，还是在国家统一考试的模式下进行的。随着社会改革和全面开放，计划经济体制向市场经济体制的转变，高等教育产业化的浪潮持续推展，由国家主导的统一考试模式在不同的层面显示出诸种弊端，人们的竞争观念和产业意识渐渐觉醒和成长，在这种背景之下开始有人呼吁将竞争机制引入高等教育考试之中，经济社会发展对高等教育考试公平和效率的要求也越来越高。

---

① 考试的敲门砖[J]. 游艺报，1948（11）：5.
② 刘晋藩. 怎样去打破考试制度[N]. 民国日报·觉悟，1922-03-31.
③ 谢小庆. 引入市场机制 优化考试质量[N]. 中国青年报，2003-07-15.

想要在高等教育考试公平与效率之间维持适当的平衡，就必须在考试的设计和实施上推陈出新，持续提高考试的质量。在传统的考试模式下，高等教育选拔性考试长期以来由国家垄断，考试权在国家的掌控之中，国家设立临时性或专门性的考试组织机构，负责实施高等教育选拔性考试，随着社会经济发展和技术更新换代，考试的规模和应用领域相继扩展，社会对考试质量和考试公平的要求越来越高，而这种考试质量，不仅仅是考试编制的质量，还包括了考试服务过程的品质。

随着市场经济社会的发展，权益意识的逐步觉醒，社会对高等教育考试品质的关注程度越来越高，同时高等教育考试的设计和实施所需要的专业化程度越来越高。一方面在考试规模不断扩大的进程中，要求提高考试设计和实施的效率与品质；另一方面在考试的设计和实施过程中，要求保障考试的相对公平与公正。

在现实社会中，不管人们是否愿意承认，高等教育考试在事实上已成为一种带有商品性质的社会活动。从考试选择权来看，应试者已经具有一定的考试选择权，只不过这种选择权是相对的。应试者在经济条件允许的情况下就可以选择放弃参加全国普通高考，而转向"洋高考"——SAT、ACT（American College Testing，美国大学入学考试）等美国高校入学选拔的考试项目。研究生入学考试的选择权主要体现在不同的研究生招生机构对考试科目的不同要求上。不仅可以选择什么时候参加大学英语四、六级考试，还可以选择不参加这一考试。从考试的成本分担来看，高考、研究生入学考试，以及大学英语四、六级考试等均是收费考试，应试者已经承担了部分考试成本，为考试付费了。也就是说，应试者与施考者之间已经形成了交换关系，应试者支付考试费用购买的是考试产品和考试服务，而施考者提供的是考试产品和考试服务。

考试是一种高度复杂的技术和社会现象。它必须在高度专门化的情境中进行设计和实施，才能提高考试的质量和科学性，而只有提高考试的科学性才能从根本上实现考试的目的。因此，可以说考试技术的科学性或考试的自然属性，是考试的第一要义。考试与外部社会的关系问题，是考试的社会属性，这是影响考试科学性的重要因素。正确处理考试与外部社会的关系问题，才能让考试的科学性得到最大限度的发挥，否则只会损害考试的科学性，让考试误入歧途。例如，高考公平问题，就是高考与外部社会的关系问题所衍生的一个现实问题。高考作为一种考试技术，首先必须注重科学化，即能够相对真实而准确地反映和测度应试者的素质和能力。高考公平与否的问题，更多地可能还不是考试技术的问题，而是考试技术与社会的关系问题。高考技术与高校招生制度、社会分配制度等相联系，公平问题就是在这一过程中显现出来的。在高考技术相对科学化的情况下，高校招生制度或社会资源分配造成的社会不公，就会影响到社会民众对高考技术的公平与否的评价。换言之，高考技术，容易受到高考制度和社会现实的影响，从而限制高考技术的科学化。

（二）考试产业的渐进之路

社会经济的发展带来了考试大发展时代。一方面，社会要求考试迅速摆脱传统考试观念束缚，尽快形成适应社会发展需要的考试模式，要求考试的设计和实施必须符合科学、客观公平和可操作性的原则，做到量才客观、选才准确、信息可靠。另一方面，考试观念的更新及考试范围、门类的扩大，又导致考试理论、考试程序、考试手段的革命，使考试逐渐成为一门科学，考试流程成为高度专业化的科学控制过程。与之相适应，世界主要发达国家和地区的考试组织机构日益整体化、专业化，形成了完整的专业考试管理系统。[1]因此，考试机构的专业化程度，在一定意义上显示了这个国家的教育、考试和人力资源开发的现代化水平。

考试模式的形成，主要受外部政治、经济和文化背景的影响。1911~1937年，全国专科以上学校招生实行单独考试，考试的组织和实施在各校的招生委员会等类似机构的组织下进行。在高校招生实行统一考试以后，入学考试交临时性的全国大学招生统一考试委员会负责。考试的设计和实施还不可能专门化。1949年以后，在高校招生考试领域，联合招生考试逐步走向统一招生考试。高等教育考试在"文化大革命"期间遭废除。改革开放以后，在经济社会发展需求的刺激下，各种高等教育考试相继建立。这就为高等教育考试产业的观念解冻和高等教育考试产业的形成创造了前提条件。

20世纪80年代以后，随着教育体制改革的推进，各地专事教育考试的机构普遍建立；随着考试时代的来临和考试规模的扩大，市场经济的大潮孕育和催生了一批考试内容和技术服务商。这就意味着考试技术和考试内容不再专由隶属于政府的事业单位提供，考试技术的服务也开始走向产业化，由专业的企业和机构提供技术支持。而这些无疑有助于考试效率和考试质量的提高。

20世纪90年代中后期，随着市场经济的急速发展和技术的更新进步，考试在各个领域得到广泛应用，参加各种付费考试的人数不断增加。《第一财经日报》估计，我国每年约有1亿人参加各种类型的考试，平均每人花费在考试上的费用约在500元，每年考试市场规模在500亿元。[2]但长期以来考试领域主要是政府和教育机构的事情，考试的商业化程度一直很低。"大家没有觉得考试是一个生意，中国几乎没有独立的公司为考试提供商业化服务，虽然也有像新东方这样

---

[1] 韩家勋. 教育考试评价制度比较研究[M]. 北京：人民教育出版社，2010：323.
[2] 孙珺. 国人爱考试 造就纳市上市公司[N]. 第一财经日报，2008-01-10.

做考前辅导的，但不是做考试。"①一方面，考试的应用领域不断扩展，考试规模持续扩大，考试频率不断增加；另一方面，考试的专业化程度却并不高，没有专门为政府和教育考试机构提供专业化考试服务的商业机构。在此背景下，以海云天科技股份有限公司和全美在线（Advanced Testing Authority，ATA）等企业为代表的专业化考试技术服务商应运而生。

1997年，深圳海云天科技股份有限公司成立。海云天科技股份有限公司自成立以来专注于网上评卷、教育测评、智能化考试、考务管理标准化、教育管理信息化等技术的研究、开发和应用。多年来为教育部高校学生司、教育部考试中心、教育部信息中心、司法部国家司法考试中心、财政部会计资格评价中心以及全国各地的教育考试机构提供考试技术服务保障。截至2013年，海云天科技股份有限公司已为全国十余个省市的高考和大学英语四、六级考试，以及研究生入学考试，几十个地市的中考、会考、高等教育自学考试、国家司法考试、会计资格考试等大规模考试提供网上评卷系统和技术支持。海云天科技股份有限公司每年累计的考试评卷数据处理量持续位居全球第一，已成为中国领先的考试评价技术和服务提供商，在国际同行中受到广泛认可和尊重。②它们自主研发的"海云天网上评卷系统"，改变了教育考试的传统人工评卷方式，解决了长期以来困扰高考等大规模教育考试的评价误差问题。这项考试技术被国家教育部和各省招考部门誉为"中国教育招生考试信息化建设的重要里程碑"③。目前，该公司的教育考试业务正在不断拓展，并继续深耕标准化考场建设、无纸化考试、教育质量监测与评价、试卷智能跟踪系统等领域，在我国教育考试的信息化进程中扮演了重要角色。

1999年，ATA公司在北京成立。成立之初，该公司就致力于从技术层面开发考试工具，并自主研发了动态模拟试题技术。同年9月，ATA公司就与原劳动部职业技能鉴定中心达成合作协议。根据协议，ATA公司将为劳动部提供长达十年的考试平台和考试技术服务。2003年，ATA公司开始在全国范围内设置考点，同时开始承接全国性的大规模考试。"从成立以来，ATA公司每年的销售收入都保持一倍的增长，2005年约有360万人次通过它的平台完成考试，ATA收入超过亿元。"④"2007年ATA公司的销售额达1.72亿元，比上一年增长100%。而2008年，前三个季度的净收入已经达到1.49亿元。公司第二季度收入比去年同期增长3.9%，利润率为15.61%。"⑤2008年1月，ATA公司在美国纳

---

① 王芳. ATA挺进2.0时代[J]. [EB/OL]. http://www.ata.net.cn/detail/1202.html，2014-04-29.
② 姚卓云. 海云天领跑教育信息化 推进教育国际化[N]. 深圳特区报，2012-03-13.
③ 林若飞. 深圳软件独步网上阅卷市场[N]. 深圳商报，2006-007-28.
④ 孙琎. 国人爱考试 造就纳市上市公司[N]. 第一财经日报，2008-01-10.
⑤ 许慧颖. ATA的年末账单：瞄准一亿人的考试市场[N]. 第一财经日报，2008-12-24.

斯达克挂牌上市,成为国内唯一一家以考试和评价服务为主营业务的海外上市公司。目前,该公司开发的考试技术每天在全球 161 个国家的 7 000 多个考站,以 8 种语言被运用于各种类型的计算机化考试。在国内,ATA 公司获得了政府部门、教育机构和行业协会的广泛认可。目前,ATA 公司的考试服务已遍及国内教育、人事、劳动、金融等各行业领域,目前已经发展成为集考前、考中和考后于一体的全方位技术平台和服务的提供商。①ATA 公司凭借长达十五年的考试运营和管理经验,以及遍布全国的 3 043 家考站,400 多种科目鉴定和考试项目,15 000 余家考点的客户自有鉴定考试渠道,自主研发的 DST 动态模拟技术、ETX 考试系统、Mobile Testing System(移动考试系统)等世界领先的考试技术,已成功为政府机构、企事业单位、教育机构和数千万名考生提供了专业化的考试和测评服务,成为中国最大的智能化考试的供应商、全球操作类考试技术的领导者。②

广东启明科技发展有限公司(以下简称启明科技)成立于 1998 年,专注于教育考试行业网络评卷业务和招生考试应用系统业务,目前已成为我国中、高考网络评卷和标准化考场建设主要服务商之一。目前,启明科技的主要业务为招生考试软件系统与服务、考试数据处理、标准化考场相关产品及系统的开发与应用。截至 2012 年 12 月 31 日,启明科技总资产 9 456.64 万元,净资产 6 534.54 万元。2012 年,完成营业收入 6 101.79 万元,净利润 2 013.91 万元。③此外,涉足国内教育考试行业的还有深圳卓帆科技公司、深圳中科考试测评技术研究所、广州启辰电子科技公司等企业和机构,它们在考试信息化技术服务领域也占有一定的市场份额。

2013 年中国教育考试行业知名企业见表 4-13。

表 4-13　2013 年中国教育考试行业知名企业

| 企业名称 | 成立时间 | 企业定位 | 核心业务 |
| --- | --- | --- | --- |
| 海云天科技股份有限公司 | 1998 年 | 中国领先的考试评价和教育测评服务提供商 | 考试评价和教育测评信息化服务 |
| 启明科技 | 1998 年 | 中国最优秀的教育招生考试信息化服务提供商 | 网络评卷系统、人机对话系统、招生考试系统 |
| ATA(全美在线) | 1999 年 | 考试测评专家 | 考试平台和考试技术服务 |
| 卓帆科技公司 | 2002 年 | 全球最值得信赖的考评信息化服务提供商 | 考试信息化服务、网络化机考服务 |

资料来源:根据上述相关企业官方网站及文宣整理而成

进入 21 世纪以后,考试的专业化、社会化,尤其是高考的社会化,成为全社

---

① 王昕. 专业化考试服务是大势所趋[N]. 21 世纪英语教育周刊,2009-05-04.
② 王芳. ATA 挺进 2.0 时代. [EB/OL]. http://www.ata.net.cn/detail/1202.html,2014-04-29.
③ 孟红. 科大讯飞收购启明科技 拓展教育业务[EB/OL]. https://www.yicai.com/news/2780806.html,2013-06-14.

会关注的热点问题。考试的产业观念关注的是考试的效率和质量。就是要以产业化的运营方式，来提高考试的效率和质量。对于应试者而言，考试只能是相对的公平，但却可以在考试的效率和质量上，取得较大的突破。

考试的效率与公平问题，是一个争论不休的问题。就高考公平与效率而言，有主张"高考改革，首重公平"[①]的，也有主张"高考改革要注重效率"的。其实，高考的公平和效率不存在孰轻孰重的问题，也不存在"哪个首重，哪个次重"的问题。考试作为一种技术，本来就是为了追求效率而产生的，无效率的公平也是没有意义的。效率与公平并不矛盾，可贵的是要在公平与效率之间保持一定的平衡。一方面，考试是公平的象征，尤其是高等教育选拔性考试，由于事关重大，这类考试的每一步改革都极为审慎，以至于对公平的重视超过了对效率的追求。另一方面，考试事实上是追求效率的工具，考试的产生不是追求公平的结果而是为了追求效率的产物。考试规模的大小、考试的竞争程度和考试利害性的高低，是决定考试社会影响的最主要因素。

考试质量是考试公平的前提。考试质量不过关，就达不到考试的目的。而根源于人及社会发展需求的考试目的，既是考试活动的出发点，又是考试活动的归宿地，考试活动的一切内容与形式，都必须服从考试目的的需要。考试目的是形成和完成考试活动的首要前提。[②]考试实现不了施考目的，这项考试也就失去了存在的价值。那么怎样的运作方式有助于考试质量的提高呢？考试质量保证的动力就在于竞争机制的引入。将高等教育考试置于市场之中，让其接受市场的检验，培育高等教育考试产业。那么高等教育考试的产业化运作是否会损害考试的公平呢？

考试是由施考主体、应试主体、考试中介、考试用户和考试环境等形成的一个系统。高等教育考试全部交由社会性的专业机构来设计和实施，既无必要，也有相当的难度。但考试的设计和实施应由专业化的机构来完成，无论是在理论上还是在实践上都是可以成立的。在当下社会，高等教育考试的施考主体对考试技术的需求，事实上就是由专业的考试技术生产商来提供和满足的。而这样的考试技术服务机构在事实上也已经形成一个相对独立的产业。现阶段是考试技术提供的专门化、产业化，未来阶段是考试内容的编制和考试过程执行的专门化和专业化。在一定的经济条件下，从事考试活动的主体由政府转向民间，形成相互联系、相互影响、相互竞争的考试内容和考试技术服务机构群，考试产业也就形成了。

---

① 刘海峰. 高考改革 首重公平[N]. 光明日报，2005-06-22.
② 廖平胜. 论考试的本质与功能[C]//《考试研究》编辑部. 考试研究（第 1 辑）. 天津：天津人民出版社，2002：1-15.

### 三、考试相关产业的勃兴

前述考试关联产业主要是由两类组成的,一类是在考试举行期间推动其发展的关联产业;另一类是在考试存续期间推动和影响其发展的关联产业。而这两者均与施考者与应试者的考试需求紧密相关。考试相关产业勃兴的主要表现形态有哪些?

#### (一)考试培训产业:考试社会的产业形态

有考试活动就有应试,但有考试活动不一定会产生考试培训产业。高等教育考试有其特殊的性质和地位,尤其是当前的竞争性高等教育考试具有"大规模"和"高利害性"的特征,高等教育考试培训产业,在民办教育政策松动的背景下兴起。在高等教育考试中,高等教育自学考试的社会助学,可视为大规模考试培训活动的发源之一。作为最为重要的两种高等教育考试,高考和硕士研究生入学考试分别形成了两种不同的培训模式,即针对高考的"学校培训模式"和针对硕士研究生入学考试的"市场培训模式"。

高考是对高等教育机会的初次分配,由于中等教育评价导向以及高考本身的导向功能,高考主要形成了一种"学校培训模式"。尽管我国中学教育阶段一再强调要实行素质教育,但高中教育仍然不可避免地在实行应试培训,在一定程度上高三一学年整个学校就进入了考试培训模式。所有的教学和课程安排都围绕着"高考",也就是说,高考培训的主体是高中。虽然并不排除高考考生在高三年级为了应考而选择市场化的培训模式,但这种情形可能会受到以下条件限制。第一,高中管理模式的限制。高考的升学率与高中评价高度相关,这不仅事关政府对学校事务的支持,而且更是学校赢得社会民众认同的最重要指标。所以高中在一般情况下均会投入极大的专业热忱来提高考试培训的效果,而准军事化、封闭式管理是全国许多高中所采行的办法。第二,高三集中性的轮番训练是否在时间上令市场化的高考培训有机可乘。这就意味着,一旦高考考生放弃学校培训模式,就极有可能跟不上整个班级的复习节奏。虽然目下高考培训主要还是在高级中学的具体组织下实施的,但我们并不否认市场化的高考培训模式的存在。而且这种市场化的高考培训就是在学校培训模式的缝隙中寻求生存的。在学校主导的高考培训模式无法满足应试者及其家庭应试需求的时候,市场培训模式就会在不同程度上补位。

硕士研究生入学考试关系着对高等教育资源的再分配,由于这一考试录取率的高低无关高等学校质量评价,所以绝大多数高校不会涉足考研培训领域,同时这也是教育行政主管部门所不允许的活动。反倒是一些地方本科院校在办学过程中遇到了困境，学生出路便是一个严重的问题，从而它们会支持和引导学生考研，追求其升学率。在这一过程中，偶尔有高校会组织相应的考研培训，但不会形成较大的规模，评价高校的导向不在于考研的升学率，也就意味着没有组织和强化高校组织和提供培训的动力机制。另外，按照多年来形成的研究生招生考试模式，公共课长时间实行国家统一命题，而专业基础课和专业课则实行研究生招生单位自主命题模式。显然，在这样的命题模式下，即便是学校提供考研培训，多数情况下也只是针对公共课考试科目的培训，而专业课考试科目的培训是很少的。这可能是基于两个方面的原因：一是国家教育行政主管部门已经明令禁止命题单位组织考试培训的行为；[1]二是专业课考试科目为自主命题项目，考试人数受高校声誉、实力、专业冷热等多种因素制约，并且一般情况下规模并不大，在研究生入学考试的考试模式下，培训活动也不太容易实现。随着研究生入学考试应考人数的急剧攀升，导致市场培训需求剧增，专门从事考研培训的机构才在20世纪末至21世纪初如雨后春笋般诞生。

改革开放几十年间经济的高速增长，带来了城乡居民生活水准的大幅度提升。1978年我国城镇居民家庭人均可支配收入仅为343.4元，到2008年已达15 780.8元。国家统计局最新的数据显示，2012年我国城镇居民家庭人均可支配收入已达24 564.7元。1978年，我国农村居民家庭人均纯收入仅为133.6元，到2008年已达4 760.6元，国家统计局发布的数据显示，2012年我国农村居民家庭人均收入已达7 916.6元。

1999年，中共中央和国务院做出"扩大高等教育规模"的重大决策，随后高等学校大幅度扩大招生规模，至2002年我国高等教育已迈入大众化阶段，在规模上获得了极大发展，但质量一直是困扰我国高等教育的隐忧，成为频受社会质疑和诟病的问题。

教育部的统计数据显示，2014年全国普通高考报名人数为939万人，比2013年增加27万人，这是高考人数连续5年下降之后的首次回升。另据美国国际教育协会（Institute of Internation Education，IIE）2013年的《开放门户报告》（Open Doors），2012~2013年中国赴美留学生数为235 597人，比2012年增加41 568人，增长21.4%，中国赴美留学生人数占美国国际学生比重之首。[2]自2005年以来，中国赴美留学人数增长了近三倍。[3]

进入21世纪以后，高考已经不再是独木桥，对于许多高三学生来说，"洋高

---

[1] 教育部办公厅关于严禁研究生招生单位举办考研辅导班的通知[EB/OL]. http://www.moe.gov.cn/jyb_xxgk/gk_gbgg/moe_0/moe_1/moe_366/tnull_4329.html，2004-05-30.

[2] Institute of International Education，https://www.iie.org/.

[3] 高四维. 绕开高考独木桥[N]. 中国青年报，2014-06-09.

考"似乎是一条不错的选择。一方面是全国普通高考报名人数连续五年下降；另一方面是报名参加 SAT 等所谓"洋高考"的高中生人数连年增长。中国教育在线发布的《2011 出国留学趋势调查报告》显示，从 2008 年开始，我国出国留学人数呈爆炸式增长。2008~2010 年，每年出国留学人数分别是 17.98 万人、22.93 万人和 28.47 万人，同比增长 24.43%、27.53%、24.16%。①近两年来，在北京、上海等一线城市，放弃高考而选择出国留学的学生，正以每年 20%左右的速度递增。伴随着"洋高考"市场的扩大，12 家知名留学中介机构在 2011 年的业务增长多数超过 30%。②

中国教育在线发布的《2014 年出国留学趋势报告》显示，在美国高校 Top50 中，SAT 录取标准在 2 000 分以上的占 65.63%，2 200 分以上的占 34.38%。从统计数据来看，2013 年仅有 4.96%的中国考生 SAT 成绩超过 2 000 分。③另据 SAT 举办机构美国大学理事会（The College Board）披露的数据，来自中国内地的考生正在逐年增加：2008 年 7 000 人，2009 年 1.5 万人，2011 年 2 万人，2012 年激增至 4 万人，2013 年内地的 SAT 考生更是突破了 6 万人。由于内地未设立 SAT 考点，考生不得不去设有考点的中国香港、中国台湾，以及新加坡、日韩等地区和国家参加考试。④

2003 年，北京新东方培训学校上海分校开设了国内首期 SAT 考试培训班。SAT 考试的"星星之火"从那一年开始点燃。经过十余年的发展，SAT 考试这个带有"美国高考"标签的异域来客，应和了国内赴美留学的浪潮，裹挟着众多怀揣"美国梦"的中国学子，渐成气候。④《第一财经日报》报道，上海新东方的 SAT 暑期强化班，12 人的小班，不到三周学完 36 课时，学费为 22 800 元，还不包含住宿和餐饮费。如此昂贵的培训班，却常常爆满。⑤当然这还不算什么，还有高级的"一对一 VIP 辅导"，每小时培训费高达 600~800 元。一般而言，"针对 SAT 不同考试科目的一对一培训，至少需要 50 个学时，这也意味着考生需要另外再花费 3 万元到 4 万元"②。

实际上和其他所有大规模教育考试一样，庞大的 SAT 应考人群所创造的"考试经济"是"令人称奇"的。据《广州日报》统计，国内考生参加一场 SAT 的花费大致在 10 万元左右，这其中包括 8 万元左右的培训费、数百元的报名费以及千余元的食宿费用。加速膨胀的"SAT 考试团"，便是这些现象

---

① 中国教育在线. 2014 年出国留学趋势报告[EB/OL]. http://www.eol.cn/html/lx/2014baogao/content.html，2014-03-13.
② 陈竹，于楠. 与中国高考"决裂"[N]. 中国青年报，2012-08-21.
③ 中国教育在线. 2011 出国留学趋势调查报告[EB/OL]. http://liuxue.eol.cn/html/lxrep/，2011-12-13.
④ 覃巧云. SAT 中国"万人坑"炼成史[J]. 留学，2014（1）：46-51.
⑤ 缪琦. "美国高考"的中国产业链[N]. 第一财经日报，2013-03-06.

的注脚。① "让我们看看广州考生何同学的备考以及参加考试的具体花费,到底考一场SAT要花多少钱?第一,SAT考试培训费用:8万元左右(这是最大的一笔花费,何同学选择的是一对一培训,目标是冲击2 200分,680元/课时,培训了120个课时)。第二,考试报名费:87美元,约合人民币540元(大部分考生都会参加两次考试,报名费相应增加)。第三,食宿交通费用:1 000元左右(如果是父母陪同,家在离香港很远的城市还必须乘飞机前往,花销就更大)"②。

根据美国高校的入学政策,中国籍高中生申请美国高校,除须参加SAT考试以外,还须要参加托福考试(TOEFL)。而这项考试的辅导价格也不菲。以2013年北京新东方培训学校的定价为例,高中学生参加托福考试辅导,一般会选择25人左右的中型班级。参与基础、强化、精讲精练三个教程,每个教程7 280元,学完要2万多元。但若选择一对一的VIP课程,每小时价格就从550元到900元不等,价格随购买课时数量递减,最低档次为10小时,9 000元,最高可到200小时,十余万元。③

(二)考试用书出版产业:出版产业的"常青树"

从统计数据来看,教辅已经成为现阶段中国出版产业赖以生存和发展的基础。④据不完全统计,目前全国600余家出版社中,90%在出版教辅。而其中全国性民营策划和发行机构,涉及此领域的占60%,这还是一个保守的数字,还不包括众多的教育机构以及日益崛起并产生影响的"农民出版商"。在全国3万多个书店中,目前有近80%的书店经营教辅图书,并依靠教辅而生存。大多数新华书店的发行与经营利润,主要来自教材与教辅的发行。⑤1977~2010年中国文教类图书增减示意图见图4-16。

在"中国标准书号"的分类中,找不到"考试用书"的存在,它从大的分类上来说,属于"文化、科学、教育、体育类";从小的方面来说,属于教辅类图书。"从占有率来说,绝对支撑着国内书业的半壁江山。"⑥由于出版统计资料中并未设置"考试用书"这一类别,所以我们暂时还无法对考试用书出版产业的规模做精确的统计。但我们可以估计,在规模庞大的教辅图书中,专门的考试用

---

① 覃巧云. SAT中国"万人坑"炼成史[J]. 留学,2014(1):46-51.
② 李琼. SAT大军催高香港酒店价[N]. 广州日报,2012-05-17.
③ 李伟,刘敏. "洋高考":选择以及选择的条件[J]. 三联生活周刊,2013(737):6-3.
④ 孔融. 改革开放以来我国教辅出版管理研究[D]. 南京大学硕士学位论文,2013:10.
⑤ 陈汉辞. 卖书如买药:教辅图书食利链揭秘[J]. 今商圈,2012(7):50-52.
⑥ 缪宏才. 教辅观察:现状、历史与未来[J]. 编辑之友,2010(4):12-13.

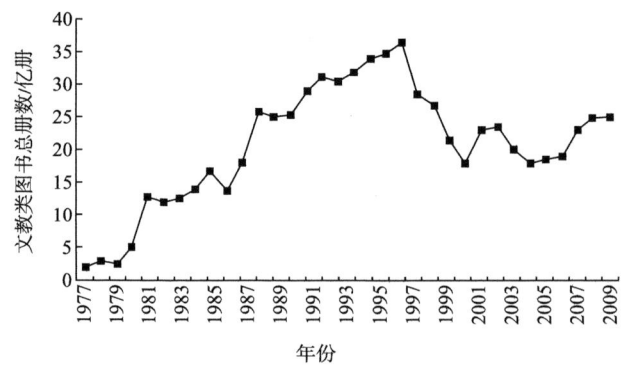

图 4-16　1977~2010 年中国文教类图书增减示意图
资料来源：孔融. 改革开放以来我国教辅出版管理研究[D]. 南京大学硕士学位论文，2013：10

书也占到了相当大的比例。从考试规模和考生考试用书的平均使用情况来看，也可以窥探考试对考试用书出版的深刻影响。

从编纂者群体来看，考试用书的编纂工作主要由两类人员承担：一类是在考试培训机构整合下，由高中、高校教学研究人员或其他考试研究人员等完成。在考研复习用书方面，北京新东方大愚 2014 年考研系列丛书就是新东方培训学校组织培训教师编写的考试辅导用书。北京万学教育旗下海文考研 2014 年考研系列丛书，同样也是考研培训机构整合培训教师编写的考试培训教学和指导用书。最常见的一类是在出版机构的整合下，由高中、高校教学研究人员和其他考试研究人员等完成。在高考复习用书方面，"志鸿优化系列"就是在世纪天鸿书业①策划下，整合高中教师和高考应试研究人员编写的考试辅导用书。"王后雄系列"高考复习用书，就是王后雄等整合湖北黄冈地区高中骨干教师共同编写的高考复习全书。据媒体披露，王后雄"主编的教辅书销量过亿册，创造的商业价值不可估量"②。

从属性上来看，考试用书的出版还不太可能构成一个独立的产业，它自始至终都是归属于图书出版产业的一个子类。虽然不容否认，考试用书的出版规模颇具，但似乎也没有哪一家出版社是专门靠出版考试用书而生存的。它的广泛存在，在多个层面上产生了广泛的影响，在事实上有力地支撑和推动着出版事业的发展。这主要是因为，一方面考试用书的需求量大，销量也大，带来的经济效益非常可观，而这些在市场经济发展的初期，在提高出版从业人员经济待遇方面可谓贡献良多。另一方面，借由考试用书及教辅的大量出版发行所带来的经济效

---

① 世纪天鸿书业有限公司是志鸿教育集团旗下全资子公司，具有"出版物国内总发行权"和"出版物全国连锁经营权"，从 2004 年起销售规模居全国第一，年发行图书 1.5 亿册。

② 李佳. 华中师大版"都教授"主编教辅书过亿[N]. 长江日报，2014-03-12.

益，能够补益出版社的发展，让其有更多的资源和能力来出版发行那些虽然在经济效益上不甚显著，但在价值上影响深远的书籍论著。

从未来走向来看，尽管受政府考试政策和教辅出版政策的双重影响，但可以预计，高考、研究生入学考试等考试在未来一段时期内还会是一种大规模、高利害性的教育考试，应试者对考试用书的需求依然会十分强劲。

### （三）考试作弊产业：打不死的"小强"

2014年6月11日，《中国教育报》刊发深度新闻报道，将"作弊"与"反作弊"之间的博弈比喻为"魔道之争"。同时指出，当前高考作弊的主要特点为高科技化、集团化、职业化、内部化。以2013年高考为例，考试机构与公安机关紧密配合，共打掉"助考"犯罪团伙83个，抓获犯罪嫌疑人343名，收缴无线电作弊器材2 700余套。①

近年来，虽然打击各种考试舞弊的技术手段不断更新，从手机信号屏蔽仪、金属探测器、无线电监测车到全程电子监考等，但国家教育考试的舞弊现象却有愈演愈烈之势。从最开始的小纸条到手表式、橡皮擦式、腰带式、钢笔式作弊器，十余年间，考试作弊技术和手段愈加高级，作弊行为也从个体性发展到集体性，再到现在的全国联网作弊产业链的显现。据统计，近十年，中央电视台（CCTV）著名栏目《焦点访谈》播出的与"考试作弊"相关的节目就高达十余次。

考试作弊已形成一个庞大的产业，从生产销售作弊器材到卖试题、卖答案，形成一个完整的产业链条。从英语四、六级考试，高考，考研等教育考试，到国家司法考试、注册会计师考试、公务员考试等社会考试，"所有国家组织的考试均有相应的作弊网络，研发者、生产者、销售者们不仅通过网上邮购，各取所需，而且还有论坛，交流信息，讨论产品的性能"②。用《南方周末》刊载的评论说就是"国家抡才大典，面临全线失守"③。

2010年6月19日，某省发生大学英语四、六级考试作弊案，388人被查处。2010年6月21日，中央电视台《新闻1+1》栏目剑指发生在某市的考试作弊现象。"考试还未开始，很多参加考试的学生就收到了答案。"在学校的教学楼、学生寝室、洗手间，甚至是公开的告示板、广告栏，到处都贴满了贩卖英语四、六级考试答案的小广告。"考场有松有严，就我那个考场，保守估计最少有30%是作弊的。我随便一瞟，左边那个女生把手机放到腿上抄，右边那个

---

① 俞水. 高考作弊的魔道之争[N]. 中国教育报，2014-06-11.
② 盛望. 各类统考均有产业化作弊器材堪比间谍设备[N]. 西海都市报，2009-06-18.
③ 曾鸣，沈颖. 泄题2012：国家考试失守，不止考研英语[N]. 南方周末，2012-03-19.

男的也拿手机放在桌上抄。肯定都是接收答案的。但还是怕巡考，今年巡考抓了十几个人。就像校方一直在撕，却也撕不完的小广告一样，作弊是难以禁绝的公开秘密。"①

2012年引起举国关注的研究生入学考试英语泄题事件，就是由考试培训机构在利益诱导下主导完成的。众多的事实和案例已经表明，发生在考试实施环节的"泄题"等作弊现象，极大部分是在考试施行环节发生了问题。而且典型的特征就是内外勾结、非法牟利。专门的培训机构或作弊公司，为牟利无所不用其极，勾结考试命题、运输、实施等流程中的关键人物，以达到赚取高额利润的目的。这种在教育行政部门或工商行政部门注册的合法培训机构，寄生于考试活动，以帮助考生应试为生存所依，却在事实上通过非法的作弊手段来帮助考生应试②。

考试安全是考试公平的前提条件，考试作弊严重损害了考试活动的公平性，最终将消耗考试的生命力和公信力。在市场经济条件下，"获取试题渠道的专门化、考试作弊中介的发达化、需求作弊的考生规模化、考试作弊工具的完善化，这些加在一起，就可能形成考试作弊产业化，这种产业化一旦形成对于我们正常的教育与考试制度将产生极大的危害"③。上述种种考试作弊现象不得不令人相信，一种潜在的产业正在为应试者的考试作弊需求提供完整的服务，"这种服务从考试的源头到中端，再到末梢，与考试作弊工具产供销市场相关联，与考试作弊需求相配套，呈现出典型的'产业'的特征"④。

通过上述考试作弊事件的条陈，可以发现考试作弊频发的机理，技术的进步为考试作弊提供了有利条件；考试利益和经济利益为考试作弊提供了行为驱动；规管政策的松弛为考试作弊行为提供了实施空间；相关考试人员职业道德的滑坡为考试作弊提供了现实的可能。

### （四）交通、住宿、餐饮业：受考试模式的深刻影响

从科举时代的"赶考"到信息时代的"应试"，变化的是考试的内容和形式，不变的是应试者对"衣食住行"的需求。考试对交通业的影响问题，主要是应试群体较大规模的地理移动所导致的，而应试群体的地理移动范围则又取决于考试组织模式。考试对交通、住宿、餐饮业的刺激程度，除了受考试规模影响，还与考试组织模式和运行规则有关。研究生入学考试实行初试统一考试，复试各

---

① 刘志毅. 英语四级作弊者自述：从作弊者到"生意人"[N]. 南方周末，2010-07-01.
② 田国垒. 三问考研英语大泄题[N]. 中国青年报，2012-03-16.
③ 杨涛. 考试作弊产业化就要实现了？[N]. 检察日报，2006-06-21.
④ 吕霜. 警惕考试作弊成"产业"[N]. 中国教育报，2006-06-26.

招生单位单独考试的考试模式,由于初试还不太可能在每位考生所在的单位和学校设置考点,所以交通、住宿、餐饮等问题依然存在。但研究生入学考试的复试对交通、住宿、餐饮等行业的刺激就要显著得多了。普通高考虽然实行"就近考试"原则,但高考的考点并没有延伸到所有高中,这可能是因为考虑到了考试安全问题,在很大程度上还考虑了考试的经济效率问题。在目前的条件下,虽然全国各地已经设立了为数众多的"国家教育考试标准化考场",但仍不可能在每所中学都设置考点。正是由于这种考试模式,才有了"六安毛坦厂中学 6 000 多考生分乘 32 辆大巴前往六安市区赴考"的"壮观场面"[①]。大学英语四、六级考试多在本校举行,考试期间最多也就是实行封楼等措施,对考点周边的交通、住宿、餐饮等的刺激,基本上可以忽略不计。

上述相关产业,受制于考试的规模和组织模式,大规模的考试带来的人员流动,才会带来对交通运输业短暂的刺激。考试考场的设计需要考虑到不同地域和背景的考生,从而缓解弱势群体在交通、住宿、餐饮等方面所处的劣势。交通运输、住宿、餐饮等可能会受到考试的举行带来的短期刺激,这种现象本身似乎没什么问题。存在问题的是对不同的考生,由于地域和家庭社会经济地位的差异,而导致在购买能力上形成的差异。

从价值导向来看,考试只会给交通运输业带来短暂刺激。随着社会物质条件的极大丰富,考试已经不可能像科举考试的"考棚"和"号舍"那样艰苦,为应试者创造适宜的考试环境是施考者应追求的价值导向。高等教育考试期间的住宿餐饮是应试者最基本的需求,这种需求的产生当然不能说完全是考试带来的,对不同的应试者群体而言,是否产生这种需求以及这种需求的优先次序也是各不相同的。不论是"高考爱心车""高考房",还是"高考餐",它们满足的是人们对生存和发展的关注,它们追求的是考试人本化的问题。它们要为应试者创造相对舒适的考试条件,让考试对应试者知识和能力的测度、甄别层面上更具准确性。

一般来说,"高考房"的预订热在距离高考开始的前两周左右就会开始。"淘宝旅行"的数据显示,2013年高考期间酒店的预订量与2012年同期相比增长了135%,全国共有超过4万人通过该平台预订了这两天的酒店,在北京、上海、广州、深圳、杭州等经济发达城市,"高考房"的预订更是出现了"井喷"[②]。"高考房"的火爆其实只是高考诸多现象中一种个别现象,但却反映了高考竞争的激烈、家庭对高考的期待以及考场后勤服务缺失的问题[③]。"高

---

[①] 郭晨,方荣刚. 毛坦厂:气场太强想低调都难[N]. 安徽商报,2014-06-06.
[②] 韦慧. 备战高考进行时:"高考房""高考餐"走俏[EB/OL]. http://roll.sohu.com/20130605/n378114004.shtml,2013-06-05.
[③] 姜朝晖."高考房"火爆折射高考改革任重道远[N]. 中国教育报,2014-05-27.

考房"的火爆，其实折射的还不是高考改革的问题，高考考生及其家庭对"高考房"的需求，是极其正常的市场需求，高考施考者需要做的就是遵循"就近考试"的原则安排考试场地，从而减少社会弱势群体对考试期间住宿的需求，或进行一定程度的住宿安排，抑或给予社会弱势群体一定的经济补偿。

# 第五章  考试经济的问题探寻

1934年，余家菊在《中华教育界》撰文指出，"国人在今日，可谓又入于一崇拜考试之时代"①。尽管中国社会的变革此起彼伏，但不变的是国人仍然处于这样一个崇拜考试的时代。所不同的是，今天的时代不仅是一个崇拜考试的时代，更是一个考试经济盛行的时代。考试与经济的关系较之以前更加密切了，考试与经济的"联姻"，使考试演变成为一种满足考试人群需求，促进经济社会发展的社会活动。本章的主要任务，是深长反思考试经济所带来的几个重要理论问题。

## 第一节  "考试"还是"经济"：考试的性质迷思

考试经济现象的大行其道，在一定程度上导致人们对考试性质的认识产生了困厄：考试的目的到底是考试的目的还是经济的目的？考试的发展价值何在？站在不同的视角和立场观察，对考试的性质和目的的认识就不尽相同。正因人们所持立场不一，但讨论的却是同一对象，所以人们得出的结论迥异。

考试是一种高度复杂的社会活动，人们对它的认识千百年来也并未达成一致，历史上多次关于科举和考试"存"与"废"的争论就能极好地说明这一点。从不同的角度和立场来审视考试这一复杂的社会活动，由此形成了诸种解释考试现象并影响考试行为的思想和价值观念。我们暂且将这种思想和价值观念称为考试领域的"主义"。

孙中山对"主义"曾有过专门的阐述："什么是主义呢？主义就是一种思想，一种信仰，一种力量。"②这种解释有助于我们从宏观上理解"主义"。孙

---

① 余家菊. 会考问题商榷[J]. 中华教育界，1934（6）：1-8.
② 孙中山. 孙中山全集（第9卷）[M]. 中国社科院近代史研究所，等编. 北京：中华书局，2011：184.

先生所主张的"主义",不仅是一种"思想",还是一种"信仰"。至于什么样的"思想"和"信仰"才切合"主义"的实质,仍然有待研究。而"力量"则言说的是主义的功用。

余家菊在《吾之主义观》一文中,对主义也有精辟的论述。余氏认为,"盖主义非他,乃解释某类事象或控制某类行为之概括的观念也"①。"凡有所企图者,无论其企图为学术的抑为事实的,皆必具备一定的主义。"①从功用上来说,这种主义往往能起到"解析某种特性"或"建立一条贯系统"的作用。

人们对于某些事物的本质究系何为的探寻之所以未有定论,"最重要的一个原因就在于我们在什么是本质这一问题上,还没有一个一致而又正确的意见,以致关于这些事物本质的看法,也就难于评判和说明了"②。人们对本质的认识是一个过程,不可能一成不变。事物的本质表征为其外部的形式,正如列宁所说,"人对事物、现象、过程等等的认识是从现象到本质,从不甚深刻的本质到更深刻的本质的深化的无限过程"③。事物的性质是一种相对的稳定,而不是绝对的。从这个意义上来说,考试的本质也可能在考试内容和形式量变的过程中,发生局部的质变,最终产生质变也是可能的。

## 一、技术主义的考试本质观

2012 年 2 月,《中国科学报》刊载《考试:一门亟待研究的技术》一文,鲜明地表达了"考试是一门亟待研究的技术"这一观点,认为"考试的科学性,有很多问题需要研究"④。在当前大多数人执着和满足于考试程序公平的情形下,对考试技术的研究可谓正当其时。

法国哲学家狄德罗(Denis Diderot)对"技术"进行了如下定义,"技术是为某一目的的共同协作组成的各种工具和规则体系"⑤。狄德罗从技术的"目的性、共同协作性、工具性、规则性和知识体系"五个方面阐明了技术的本质特征。在狄德罗对"技术"的定义中,"技术"可以分为各种工具和规则体系,其中工具可以归属为"硬技术"类,而规则体系则属于"软技术"一类。⑥

那么考试到底是一种什么样的技术?一般认为,考试主要是一门教育测量技

---

① 余家菊. 吾之主义观[J]. 东南论衡, 1926(3): 7-9.
② 郭留柱. 也谈什么是本质[J]. 山西大学学报(哲学社会科学版), 1993(1): 56-60.
③ (俄)列宁. 哲学笔记[M]. 中共中央马克思恩格斯列宁斯大林著作编译局, 译. 北京: 人民出版社, 1956: 239.
④ 陆琦. 考试: 一门亟待研究的技术[N]. 中国科学报, 2012-02-03.
⑤ 吴为平, 周健平. 科学技术概论[M]. 长沙: 湖南出版社, 1991: 5.
⑥ 马庆国, 胡隆基, 颜亮. 软技术概念的重新界定[J]. 科研管理, 2005(6): 99-105.

术。考试作为一种技术测量活动，是"用数学和统计理性去论证社会活动的合理性"①。在教育领域，正像余家菊所说，"考试之事，不过促进学生在知识之获得上积极努力之一种技术而已"。考试之为术，"至多为此项技术之中一种而已"。就是在此一点上，"其效用亦复有限，而非绝无流弊者也"②。考试在教育领域还被视作一种选择技术。在论述教育选择方式时，有论者就直接将考试视作"一种具有选拔或筛选功能的教育选择技术"③。

实际上，技术即解决问题的工具和手段。④它是人们在解决问题的过程中所采用的各种手段和方法的总和，包括有形的工具、手段和无形的智能方法等两个方面。⑤因此，从技术的角度看，考试技术是在考试活动过程中所运用的一切物质工具和方法技能的综合体。有形的考试技术主要是指考试活动中所运用的物质工具；无形的考试技术包括在解决考试问题的过程中所运用的技巧、策略、方法等。考试技术是"软技术要素"和"硬技术要素"的统一，或者说考试技术是"硬技术"和"软技术"的统一体。

在贾湛主编的《中国劳动人事百科全书》中，考试技术是指"考试主管机关及考试主管人员在主持各种考试过程中的知识和能力"⑥。这不是说考试是一种技术，而是说考试技术是"主持考试的知识和能力"。刘芃在为《中国考试》杂志所写的首卷语中也对考试技术有所论及。刘氏认为，"考试技术是在对人进行评价的过程中积累并在实践中体现出来的经验和知识"⑦。两种观点的共通之处在于，考试技术是一种经验、知识和能力。显然，这主要指的是考试的"软技术"。

考试的"硬技术"支持主要是指考试设计、实施过程中所需要的物质技术条件，考试报名系统、考试阅卷系统、考试查分系统等；考试的"软技术"规划主要是指考试设计、实施过程中所需要的方法、流程、管理模式等。从考试管理的过程来看，考试技术主要包括考试设计的技术、考试实施的技术、考试评价的技术三个方面。

许扬本在《我国现行考试制度述评》一文中论道，"科举之弊，病在所考内容无裨实用，只是技术问题，而非原则问题。因技术而疑及原则，实属当时的一种浅见。然考试技术问题亦足攸关制度本身的存废，若运用得宜，足以发挥考试

---

① 吴宗杰. 论证中的话语混杂：外语测试的社会分析[J]. 外国语, 2004（5）：48-55.
② 余家菊. 会考问题商榷[J]. 中华教育界, 1936（6）：1-8.
③ 刘精明. 教育选择方式及其后果[J]. 中国人民大学学报, 2004（1）：64-71.
④ 金周英. 全球性技术转变：从硬技术到软技术[M]. 北京：北京大学出版社, 2010：26.
⑤ 李玉斌, 戴心来, 王朋娇. 现代教育技术（第2版）[M]. 北京：高等教育出版社, 2011：8.
⑥ 贾湛. 中国劳动人事百科全书[Z]. 北京：兵器工业出版社, 1991：343.
⑦ 转引自边际. 考试技术[J]. 中国考试, 2007（2）：1.

制度的长处，方法拙劣，匪特埋没考试制度的优点，甚且令人怀疑及于制度的本身"①。这就是说，考试的科学性从根本上取决于考试技术的进步，这是考试科学性的前提。但考试技术的科学性，并不足以使考试活动或考试制度产生最佳的教育和社会效果。

那么技术与经济又是怎样联系起来的，技术与经济的关系又是怎样的呢？一方面，技术进步推动相关产业发展，继而促进社会经济发展。反过来，经济发展的现实需要是推动技术进步的动力。另一方面，技术革新促进经济活动效率的提高。总的来说，社会经济的发展为技术进步创造了条件，而技术的进步则为推动经济发展提供了重要手段。②我们再来通过技术与经济的关系，来探讨考试技术与经济之间的关系。从性质上来说，无论技术与经济之间的关系如何发展，"技术是手段不是目的，是用不是体，是从不是主"③。技术本身始终都不是经济，但技术可以应用于经济领域。考试技术本身也不是经济，但考试技术离不开经济，考试技术也不会主要是解决经济问题或达成经济目的的手段和工具。

作为一种具体而微观的技术，考试对技术的需求也是考试经济发展的推动力之一。考试技术的进步，通过考试技术相关产业的发展，推动着考试经济的发展；考试经济的发展则又为考试技术的进步提供了一定的物质基础。从这个层面来看，考试技术与考试经济之间在事实上已经形成了紧密的联系。深圳海云天科技股份有限公司、启明科技等考试公司利用考试技术服务教育考试行业，从而创造可观经济财富的事例就是明证。考试技术的进步在某种程度上是促进考试产业、考试经济发展的推动因素，为考试经济的发展带来了新的市场机会。

作为一种整体而宏观的技术，考试作为一种手段，其目的指向既可以在教育领域，也可以在经济领域。考试技术作为评估或评价的主要手段时，它主要服务于教育的目的；考试技术作为提高效率和人力资源开发的工具时，它主要服务于经济的目的。

## 二、工具主义的考试本质观

在工具主义那里，考试是一种"工具"，至于它到底是何种工具，则主要取决于这种工具的应用领域和用途。而考试之功用何在，唯赖考试目的之所指。

主张考试是一种测量工具的论者，组成了工具主义阵营的主要部分。袁伯

---

① 许扬本. 我国现行考试制度述评[J]. 胜流，1948（4）：645-649.
② 梅强，张海峰. 技术经济学[M]. 北京：企业管理出版社，1992：3.
③ 卢伯鸥. 理论与实践[J]. 政治教育季刊，1940（2）：15-18.

樵在《改进大学入学考试之商榷》中指出,"入学考试是天秤,是量尺,应由它可以权衡出才能之高低,机会之均等与公平"①。这意思是认为考试是一种测量工具。顾明远主编的《教育大辞典》将"考试"这一词条解释为,"根据一定的考核目的,让被试者在规定时间内,按指定的方式、要求来解答试题,并对其解答结果评等级、记分。具有评定、诊断、反馈、预测和激励的功能。是教育测量的工具之一"②。陈若敏也曾撰文指出,"考试可说是人类广泛用来测量行为的工具"③。考试学专家刘海峰同样主张考试是一种测量工具,就像体能测试可测出一个人的体能和体质强弱一样,考试令所有应试者接受相同的挑战,将个人的才学和能力放在首位,因而历来被视为可以客观公正地选取优秀人才的公平尺度,或称"量才尺"④。原教育部考试中心主任戴家干也持同一论点,认为"考试是教育评价的一种工具和手段,任何一个考试都是测量应试者的素质、知识、技能、能力的一把尺子"⑤。宋兆鸿等在《现代教育测量学》中也直接指出,考试是一种测量工具,就好像天平是测量物体质量的工具,温度计是测量物体温度的工具一样,考试是教育测量的工具。⑥

主张考试是其他工具的论述主要有以下几位代表。上海市"国际学生评估项目"（Program for Internation Student Assessment, PISA）主任张民选等撰文指出,"数百年来,特别是科举西传以后,发达国家均以测试和考试作为选拔优秀人才的主要工具"⑦。在邱泽奇所著《社会学是什么》中,考试是"最通用的约束实施教育和接受教育双方不滥用各自权利……的工具"⑧。在英国管理培训专家加里·米切尔（Garry Mitchell）眼中,"考试是一种工具,一种对强项和弱项进行诊断的工具"⑨。在教育社会学家眼中,"考试是一种社会选择和分配的工具,通过考试,社会检验着学生的文化资本,依据其文化资本的数量与质量,赋予不同的社会地位"⑩。教育行政学家杜佐周所持观点与众不同,杜氏认为,"社会上一切工作,人人都有机会去做,其能得做与否,全视其实际的能力为标

---

① 袁伯樵. 改进大学入学考试之商榷[J]. 中华教育界, 1949（10）: 32-35.
② 顾明远. 教育大辞典（第1卷）[M]. 上海: 上海教育出版社, 1990: 215.
③ 陈若敏. 现行考试制度改进刍议[J]. 学记, 1973（4）: 133-138.
④ 刘海峰. 以考促学: 高等教育考试的功能与影响[J]. 厦门大学学报（哲学社会科学版）, 2002（9）: 5-7.
⑤ 戴家干. 历史的抉择与时代的任务——纪念恢复高考三十周年[J]. 教育与考试, 2007（4）: 3-5.
⑥ 宋兆鸿, 等. 现代教育测量学[M]. 北京: 教育科学出版社, 1986: 2.
⑦ 张民选, 等. 专业视野中的PISA[J]. 教育研究, 2011（6）: 3-10.
⑧ 邱泽奇. 社会学是什么[M]. 北京: 北京大学出版社, 2002: 121.
⑨ （英）加里·米切尔. 美国管理协会培训完全手册[M]. 郭鸣宇, 译. 西安: 陕西师范大学出版社, 2008: 145.
⑩ 吴康宁. 课程社会学研究[M]. 南京: 江苏教育出版社, 2004: 416.

准。换言之，依照能力，分配工作，就叫做工作机会均等"①。因此，考试为谋得工作机会均等的一种工具。

哲学家张申府在《方法与工具》一文中指出，方法和工具从根本上属于两个不同的范畴，但两者是不可分离的。"方法就是循着一些东西达到一种目的者。"方法与工具是不可以同一视之的。不但不能说，工具是方法，也不能像平常常有的，说方法是工具。工具应当是具体的东西。以刀切菜，刀是工具，怎么切是方法。方法可以用工具，但不能说"工具用方法"。工具只是有赖于方法，才见其功效。②混淆工具和方法不仅会导致言语上的混乱，还会引致思想上的粗糙。

考试作为一种工具，归根结底反映的还是人与人之间的关系，也就是通过考试这一测量工具来认识个体的素质和能力。至于考试被视为"选拔人才的工具""教育评价的工具"还是"社会选择与分配的工具"，抑或是作为"赚钱的工具"，均是建立在考试作为测量工具这一基础之上，用来满足考试工具使用者的需要的。这也就是说，考试作为工具本身具有两重角色：第一重就是考试本身是一种测量工具；第二重就是建立在测量工具基础上的充当完成其他任务和使命的工具。

至于考试到底算作何种工具，取决于考试的目的到底何在。考试作为一种工具，归根结底是要服务于考试目的的需要。考试属于什么工具，从根本上取决于考试目的的性质。教育考试的性质决定了其考试目的在于服务教育的需要；人事考试的性质决定了其考试目的在于服务人事行政的需要。

持平而论，考试的工具主义本身并没有什么问题，这种考试主义至少已经认识到了考试本身并不是目的，而仅仅是工具。一个令人担忧的问题在于，在一部分工具主义者那里，考试在事实上已经作为大肆谋取经济利益的工具。再退一步讲，在一定条件下将考试作为一种获取经济利益的工具其实也可以商榷，只要这种行为不损害考试活动本身和考试人群的利益。

## 三、制度主义的考试本质观

1935 年 4 月，山东乡村建设研究院主办的《乡村建设》杂志刊载了《制度与经济》一文，该文指出，"一个社会的制度，就是为事实而想的办法。事实到了之后，才能产生新制度……经济为事实之主要部分，事实之骨干"③。所以，制

---

① 杜佐周. 考试与工作机会均等[J]. 福建教育周刊，1931（83）：1-9.
② 张申府. 方法与工具[J]. 清华周刊，1935（2）：7-9.
③ 朝话：制度与经济[N]. 乡村建设，1935-04-01.

度从根本上就是为经济的事实而想的办法,新制度的产生必有其经济事实的背景。考试制度的产生,从根本上来说也是因经济事实而想的办法。

沈兼士在《中国考试制度史》中指出,"以考试制度取士用人,是中国文化传统的一大特色"[1]。这就是说,从科举制度产生以来,中国有着长达一千三百年的考试制度化的历史,制度化的考试活动是起源于中国的。邓嗣禹在《中国考试制度史》中写道,"凡宇宙间一切错综复杂的现象,依照科学因果律说来,都是有一个原因在前。我们不察其当时的时代背景,则无以见制度的来源;凡一种制度之推行,影响必及于全社会,同样的,我们不察其后的时代背景的变迁,则无以定制度评价"[2]。考试制度的形成,就是为"救选举之穷"而来,是在社会政治领域的选举制度呈现严重弊端的情形下产生的。

近代以来我国学术界主要是将考试作为一种制度来研究的[3],有关"中国考试制度史"的论著,就出版了几十部[4]。但这些大多是将其作为政治制度的考试制度研究。在当代社会,贾非在《考试制度研究》一书中,通篇将考试作为一种制度来研究,与之前研究的不同之处在于,贾氏主要是从学校教育制度这一层面来研究考试制度的。

胡美琦在《中国教育史》中指出,"考试制度本是无可厚非的,但是考试方法历代有变、有争议,而终亦历代有弊"[5]。认为考试制度本身没有什么问题,问题在于考试制度所施行的方法。或者说考试制度的方法决定了考试制度的效能。这意思正是郑鹤翔指出的,"一种制度原无绝对优劣的区分,只视其方法得当,利用周密,不无相当的功能"[6]。

1877 年,日本文部省顾问穆雷(D. Murray)在一次演讲中就指出,日本社会形成了一种"依据考试奖励学生,依据考试成绩获取资格、改变社会地位的制度"[7]。也就是说考试制度与相应的社会配套机制联系在一起发展成为一种深具社会性意义的制度。王章伟在《考试制度作为一种社会制度》中直言,作为一种社会制度,考试制度实在是一种"必须的恶灵"[8],它是不可替代的。作为一项社会制度来说,它应有其彰显的精神。李弘祺进一步指出,"考试制度的精神在维持公

---

[1] 沈兼士. 中国考试制度史[M]. 台北:"台北商务印书馆",1980:189.
[2] 邓定人. 中国考试制度研究[M]. 上海:民智书局,1929:2.
[3] 这些著作主要有邓定人《中国考试制度研究》(民智书局,1929)、章中如《清代考试制度》(黎民书局,1931)、邓嗣禹《中国考试制度史》(考选委员会,1936)、沈兼士《中国考试制度史》(台湾商务印书馆,1969)、谢青等《中国考试制度史》(黄山书社,1995)等。
[4] 田建荣. 中国考试思想史[M]. 北京:商务印书馆,2004:3.
[5] 胡美琦. 中国教育史[M]. 台北:三民书局,1978:427.
[6] 郑鹤翔. 中国考试制度之史的检讨[J]. 三民主义教育通讯,1936(9/10):21-26.
[7] (日)天野郁夫. 試験の社会史:近代日本の試験・教育・社会[M]. 東京:東京大学出版会,1983:10.
[8] 王章伟. 考试制度作为一种社会制度[J]. 香港社会科学学报,2001(20):111-130.

正"①。历史学家李剑农在《政治学概论》中指出,"考试制度的精神,是机会平等,是承认人格与权利的平等"②。行之在《团结》杂志撰文也指出,"考试制度公正,精当,明确,严密,允为选贤与能,识拔真才之良法"③。

金兆梓在《中国史纲》一书中也认为,客观公正是考试制度的真精神。金兆梓引用欧阳修在《论逐路取人扎子》中所论的话,"国家取士之制,比于前世,最号至公……故不问东西南北之人,尽聚诸路贡士混合为一,唯才是择,又糊名、誊录而考之,使主司莫知为何方之人,谁氏之子,不得有所憎意厚薄于期间",来说明这种"至公"正是宋代以来考试制度的精神。④

制度与方法不可分离,制度必由方法来实现,所以考试制度的构想纵然是良法美意,考试制度的方法则有良窳。"制度本身所包蓄的罪恶,它总会寄于各种奇形怪状的事情上体现出来。"⑤制度的功能,实质上就是"控制"。制度是人的社会行为规则系统,实施、执行制度,就是通过这套规则来引导、规范人的社会行为,实现某种特定目标。⑥考试制度在某种程度上也是一种规范社会教育和选才活动的规则系统,至于考试制度能否起到规范和引导教育和选才行为的作用,实现其预设的目的,需要考试制度施行方法的持续完善。

考试活动走向制度化是在中国的封建社会时期。从制度性质来说,这一时期的考试制度主要是一种政治性的制度,杨鸿烈甚至断言,"中国人有的只是一种政治的考试制度"⑦。显然,在相当长的时期内,考试制度并不是一种经济制度,也不是什么经济领域的制度安排。从考试制度的应用领域来看,考试制度最早是政治领域的用于选拔政府官员。然后才被应用于学校教育领域,成为学校教育制度的组成部分。

社会的需求推动着考试实践活动的向前发展,在这个过程中,人们对考试的性质和规律的认识进一步深化。近代自然科学的发展使考试的科学性得到进一步提升,最主要的是社会生产力的进步和社会经济的发展对考试有了新的需求,考试的应用领域也扩充到了社会经济领域,考试在经济领域中也发挥着客观的功能。但这种功能主要是间接的,而不是直接的。应用于社会经济领域的考试,其直接的目的不在于发展经济。因此,从性质上来说,应用于经济领域的考试制度,并不是一种经济制度,它并不规范人类的生产活动。

---

① 李弘祺. 科举——隋唐至明清的考试制度[C]//郑钦仁. 立国的宏规(中国文化新论——制度篇). 台北: 联经出版事业公司, 1982: 296.
② 李剑农. 政治学概论[M]. 上海: 商务印书馆, 1934: 158.
③ 行之. 考试制度刍议[J]. 团结, 1948(1): 3-4.
④ 金兆梓. 中国史纲[M]. 上海: 中华书局, 1945: 185.
⑤ 皇甫苔. 论考试制[J]. 现代知识, 1948(3/4): 57-58.
⑥ 李志昌. 制度功能之哲学分析[J]. 哲学分析, 2011(4): 91-103.
⑦ 杨鸿烈. 考试制度的研究[J]. 教育丛刊, 1922(3): 1-10.

## 四、经济主义的考试本质观

我们正处在一个经济活动至上的时代,"经济主义"是这一时代的核心意识形态。[1]所谓的经济主义就是"以经济为目标,同时以经济为手段的倾向"[2],它倾向于对复杂的社会事实进行经济还原,引致许多问题连同其解决方案,都被打上了一种经济还原的烙印。

考试领域的经济主义,主要是进一步彰显了考试系统的经济功能和经济元素。就是将考试活动视为一种经济活动,将考试作为手段,以经济利益为考试活动的最高目标。不是主要注重考试本身的质量和考试服务,而是将目光聚焦在考试的经济利益上或考试的经济功能上,将考试作为一种营利的工具。不容否认的是,考试提供了市场机会,考试活动孕育了相关市场,但考试始终都不是"经济",教育考试的价值指向从来都不在于社会"经济",也不应在于社会"经济"。

作为人类社会的一种社会实践活动,考试活动本身就是实现考试活动目的的手段,考试活动作为过程始终指向考试活动的目的。人活动的性质取决于支配人的活动的目的的性质。[3]从目的与手段的关系来看。手段服务于目的,手段对于目的具有依附和从属的性质,这是目的和手段关系的基本面。作为依附于目的的手段,就其本身而言,实际上并不存在正确或错误、善良或卑劣、美好或丑恶的区分。手段的性质和价值取决于它为之服务的目的的性质和价值。[4]

绍基在《我之考试观》中指出,"凡做一桩事情,最要紧是认清楚目的,目的不认清楚,往往容易和手段混淆,反把手段当作目的;本来极有价值的,后来也会变做毫无意义而发生种种恶影响"[5]。手段为达到目的的方法,欲达美满的目的,必用良好的方法,此所谓有因而后有果,一定不易之理也。虽然手段与目的互为因果,然其性质迥然不同。"今人往往不了解手段与目的之区别何在,往往误手段为目的,甚至滥用手段,以达到彼之所谓目的。"[6]这是混淆了手段与目的之间的关系。钟克钊在论述手段与目的的关系时,提出了"同一目的-多种手段"和"同一手段-多种目的"两种关系结构。[7]从同一目的来看,考试作为手

---

[1] 卢风. 经济主义批判[J]. 伦理学研究, 2004 (4): 61-66.
[2] 周作宇. 论高等教育中的经济主义倾向[J]. 北京师范大学学报(社会科学版), 2008 (2): 5-15.
[3] 郭湛. 人活动的效率[M]. 北京: 人民出版社, 1990: 12.
[4] 汪华岳, 李光耀. 简论目的和手段[J]. 山东社会科学, 1993 (4): 71-73.
[5] 绍基. 我之考试观[N]. 民国日报·觉悟, 1922-01-16.
[6] 沈宝珩. 手段与目的[J]. 崇善月报, 1935 (112): 2-3.
[7] 钟克钊. 论目的与手段[J]. 江海学刊, 1996 (5): 108-113.

段，可能仅是达成这一目的所能够采取的多种手段之中的某一种而已；从同一手段来看，考试作为手段，对于不同的活动对象来说，它可能产生多种不同的目的。考试不是目的，考试是达成目的的手段；考试本身是手段，考试经济是以"考试"这一手段为手段，来满足考试经济主、客体的利益。

任何活动必须先决定其目的，然后才好选择方法与材料。若不考虑其目的，虽最有价值的活动也不能很有效率，而其可能性仅部分利用。[①]考试的目的，各家见解不一，但有一共同点，即一优良的考试常具数种重要之目的。[②]

1926年，美国哈佛大学（Harvard University）第22任校长罗维尔在《大西洋月刊》（Atlantic Monthly）上发表《考试之技术》（The art of examination）一文，指出，"考试是教育历程中之一重要部分，应用它们使生最佳的结果之技术是极其复杂且繁难"[③]。云生在《太行教育》发表文章，言"考试是学习过程必要的一项"，其目的"一句话：是为检查教学效果，检查学业标准，改进教学，推动学习"[④]。时任南京国民政府考试院编译史美煊在《考试新论》一书中对考试目的的认识更进一步，"考试之主要目的"在于"测量学生的成绩与能力；供给客观的标准；诊断特殊的困难；引起学习与温习的动机；训练文字发表力；测量与改善教学效率"等。[②]英国伦敦大学国王学院（King's College London）荣休教授Black P J认为，考试的主要目的在于支持学习、报告个人成就，以及满足公共责任的需要[⑤]。英国埃克塞特大学教育学院Charles Desforges教授在《测验与评估》（Testing and Assessment）一书中认为，考试（测验）的主要目的在于"提供信息以帮助决策"[⑥]。上述诸种有关"考试目的"的论述，尽管有着不同之处，但这些考试应用的领域均在教育历程之中。是故，这些教育考试的目的，可以大致抽象地表述为"为教育教学而服务"。

考试的应用领域不独局限于教育历程，还在于人事行政。时任国立政治大学教授吴鼎在《中国历代考试制度之演变》一文中就指出，"考试之目的，在取士得才"[⑦]。教育测量学专家王书林在《教育通讯》上发表《考试与考绩》一文，直言"考试的目的，在选拔真才，以服务于社会"[⑧]。楚伧在《考试制度与选

---

① 史美煊. 考试新论[M]. 上海：民智书局，1933：8.
② 史美煊. 考试新论[M]. 上海：民智书局，1933：9.
③ Lwrence A L. The art of examination[J]. Atlantic Monthly，1926（137/1）：58-66.
④ 云生. 考试是学习过程必要的一项[J]. 太行教育，1949（5）：9-11.
⑤ Black P J. Testing: Friend or Foe? Theory and Practice of Assessment and Testing[M]. London: Falmer Press, 1998: 24.
⑥ Desforges C. Testing and Assessment[M]. London: Cassell Education Limited, 1989: 3.
⑦ 吴鼎. 中国历代考试制度之演变[J]. 新时代，1964（5）：21-24.
⑧ 王书林. 考试与考绩[J]. 教育通讯，1940（35）：4-11.

举》一文中也指出,"考试的根本意义,是'人才集中'和'需求适应'"①。专制时代的考试,起到的作用是简拔和集中全国的人才,来替君主服务;而共和时代的考试,起到的作用是将全国的人才集中起来,适应时代与社会的需求,来替国家服务。上述诸种有关考试目的的论述,共同之处在于考试的应用领域是在人事行政而非教育领域。所以,这些人事行政考试的目的,也可以大致抽象地表述为"为提高人事行政效率而服务"。

那么考试的目的到底是谁的目的?考试主体、考试客体和考试中介是构成考试系统的三大实体性要素。考试的目的即考试行为主体的目的,它主要包括考试主体的施考目的和考试客体的应考或参考目的。考试主体的考试目的与考试客体的考试目的是不同的,这主要是因为考试主、客体的考试利益不同所致。

考试的目的是否在于追逐经济利益?考试的目的是否蕴含着经济目的?对于考试主体而言,从目前的情况看,主持、设计、实施和监督考试活动,同时包含了经济目的和非经济目的。考试主体同时是市场经济主体时,考试主体的考试目的表现为双重目的,在追求考试的非经济目的的前提下,实现对经济利益的追逐;考试主体不是纯粹的市场经济主体,或者考试主体是非市场经济部门时,考试主体的考试目的表现为对考试功能的追求。对于考试客体来说,参加现实的考试活动并不能带来直接的经济利益,而往往是通过间接的手段和方式,来实现考试客体对经济利益的追求。

在经济学领域,最常用的关于经济概念的定义有两类:第一类着眼于经济活动的最终目的及经济活动为之服务的需求类型。第二类着眼于经济活动的性质及其内在属性。②所谓经济活动具有两个特征。一是客观的特征:经济活动直接的外部对象,始终是外部自然界而不是人;二是主观的特征:经济活动始终是手段,而不是目的。我们把这两个特征综合起来,可以得出如下关于经济这一活动的定义:经济是人类以外部自然界为对象,为了创造满足我们需要所必需的物质环境而不是为了追求享受所采取的行为的总和。③

对照这种定义,考试是追求效率的产物,考试活动具有一定的经济性质,但考试活动本质上不是一种经济活动,考试活动不以获取经济利益为主要目的,考试活动不是发展经济的手段。人类社会发展经济的手段有多种,考试从来都不是也不可能是发展经济的主要手段。高等教育考试是目标指向高等教育的考试,不管其考试主体是谁,考试目的的最终归宿均在于实现对高等教育的促进和发展。

社会学家马克斯·韦伯在考察人的行为时,提出了工具理性与价值理性这两

---

① 楚伧. 考试制度与选举[J]. 河南自治周刊, 1923 (36): 1-4.
② (俄)杜冈-巴拉诺夫斯基. 政治经济学原理(上册)[M]. 赵为良, 等译. 北京: 商务印书馆, 1987: 8.
③ (俄)杜冈-巴拉诺夫斯基. 政治经济学原理(上册)[M]. 赵为良, 等译. 北京: 商务印书馆, 1987: 14.

个概念。显然，若是纯粹地将考试作为一种主要谋取经济利益的工具，就是工具理性僭越了价值理性。考试具有工具理性，但考试同时还有着一种追求价值的理性。教育考试由于应用领域集中于教育教学领域，所以必须追求工具理性和价值理性的平衡，工具理性不能僭越价值理性，追求价值理性的实现，才是教育考试的主要任务。

禹铭在《人言周刊》上曾痛陈考试机关的营利化，"考试之形式，虽俨然客观，而考试之结果，则贿赂公行，盖人民以求官为荣，国家以敛财为的，考试之机关，变为营业性质，为政不洁己奉公，求仕不度德量力，上下交征利，而国危矣"①。作为兴贤育才的社会机制，考试机关的营利化，不但可能损害考试本身的利益，而且攸关国家和民族的前途命运。

穷原竟委，考试虽为因时制宜之利器，但在经济主义盛行的背景中，考试活动已显现出若干"异化"的特征：考试活动及其过程疏离于或对立于考试设立的初始目的；考试的测度和甄选的工具性质渐渐偏离于或游离于考试主体关注的最主要范畴；考试演变成考试主体和考试市场主体牟利和大肆敛财的工具。

若要正确地认识高等教育考试的性质，还须弄清高等教育与考试的关系。正如禹铭在《人言周刊》上所指出的，"考试是教育的方法，不是教育的目的"①。中国高等教育学学科奠基人潘懋元同持此论。潘懋元对教育与考试关系的揭示，为我们指明了高等教育考试与教育之间的关系。"考试不是一种孤立的、自足的活动，而是从属于教育活动，为达到教育目的所采取的方式方法之一。在这个意义上说，教育是目的，考试是方法。"②无论是什么教育性的考试，都是为了给人们一种反馈信息，评估学生的学习效果和教师的教学效果，以便提高教育质量。考试只是一种方法，教育才是目的。作为方法的考试，考什么、如何考，必须符合教育的目的。

## 第二节 "考才"还是"考财"：考试的公平假象

"考试是拔取真才的善政。"③到底是不是"善政"，要看所拔取的是不是"真才"。考试的选拔标准，是选拔"真才"还是选拔"真财"？考试的价值导向到底何在？考试在名义上的确是"才华至上"和"能力本位"，考察的是考生的"才华"和"能力"，实际上却可能考察的是考生及其家庭的"财力"。"考

---

① 禹铭. 由生产教育到考试教育[J]. 人言周刊, 1934 (27)：563-564.
② 潘懋元. 教育与考试——目的与方法[J]. 教育与考试, 2007 (1)：1.
③ 王永孟. 考试与文凭[J]. 浙江青年, 1936 (9)：17-18.

试登进"在事实上可能是一条"金钱"和"财富"铺就的道路。

史学家司马光曾言,"为政之要,莫若得人,百官称职,则万物咸治"[①]。考试就是一种"得人之法",其目的就在于"遴拔真才",以使"百官称职"。考试在人事行政领域的应用时间最久。邓嗣禹在《中国考试制度史》开篇就指出,"考试之旨,首在取士"[②]。林绍尧在《考试制度论》中也说,"考试之旨,为拔选贤才,登崇俊良,荐为国用"[③]。邓林二氏所说的"考试",主要指的是"科举考试",或者"选拔性考试"。科举考试主要是一个"取士"的制度,从制度源泉来看,考试之制是为救选举之弊而来,主要应用于政治和军事领域。

邓嗣禹在《中国考试制度史》中指出,"考试本旨,固在得才,以为治国安民之用"[④]。但李祥生却认为,作为"国家抡才大典,其目的固在求才,然不仅在求才也"[⑤]。考试还有着其他诸种意义。侯绍文谓"考试之主旨,在拔取能胜任某项事务之人才"[⑥]。这应该主要指的是人事行政考试。

美国社会学家戴维·格伦斯基(David Grusky)在《社会分层》中对考试制度的应用做过一个评论:"当我们从四面八方听到人们到处都在要求引入常规的课程和特种考试时,隐藏在其背后的理由,当然不是出于人们突然萌发的'求知欲',而是在于人们试图控制对这些优势地位的供给,从而实现文凭拥有者对这些优势地位的垄断。"[⑦]也就是说,考试制度的应用是一种教育资源的分配机制,而分配的内容是某种优势的社会地位。

社会学者陆学艺在《当代中国社会流动》中指出,在现代社会,教育已成为大多数人获得更高社会地位的主要渠道,但是教育的获得尤其是优质教育的获得,并不总是完全取决于个人的主观努力。相反,各种基本的社会制度安排和个人的家庭背景所造就的社会机会结构,对个人的教育获得有着巨大的影响,有时甚至是决定性的影响。[⑧]

不可否认,在经济上富裕的学生,"就有条件购买大量参考书和教材,就能够支付高报酬进补习学校学习或聘请家庭教师。这些条件对于准备升学考试的学生,当然是有利的"[⑨]。但这些也仅仅是提供了有利条件,而绝非决定升学考试竞争胜利与否的根本。实际上,金钱和财富并不能直接转化为考试成绩,"金钱

---

① (宋)司马光. 乞以十科举士札子[C]//李之亮. 司马温公集编年笺注(四). 成都:巴蜀书社,2009:316.
② 邓嗣禹. 中国考试制度史[M]. 南京:考选委员会,1936:1.
③ 林绍尧. 考试制度论[J]. 县政研究,1939(7):45-50.
④ 邓嗣禹. 中国考试制度史[M]. 南京:考选委员会,1936:256.
⑤ 李祥生. 论清代乡试设定名额之意义[J]. 政治建设,1941(3):53-57.
⑥ 侯绍文. 现行考试制度改进刍议[J]. 行政研究,1937(8):805-814.
⑦ (美)戴维·格伦斯基. 社会分层[M]. 王俊,等译. 北京:华夏出版社,2005:129.
⑧ 陆学艺. 当代中国社会流动[M]. 北京:社会科学文献出版社,2004:68-69.
⑨ (日)矢仓久泰. 学历社会[M]. 王振宇,程永华,译. 长春:吉林人民出版社,1982:17.

或能予人以求学的闲暇，决不能变傻子为才子"①。离开了应试者个体努力这个主观能动的过程，再多的金钱和财富也不可能带来考试的竞争胜利。

社会上层出身的人进行高级循环，而社会下层出身的人，则只能进行负数的循环。也正是因为如此，靠书面考试所支撑着的学历社会，即所谓的只要努力，任何人都可得到升学机会的学历社会，已经越来越不合理了。②学校制度完全资本主义化，遂至演变成"学校重地穷人免入"的现象，而使学校教育权为有产者所独占，更使"才"与"财"成正比例的进展，实是最不公平的事情，也得从根本上进行改造。③

近代中国社会建立和模仿西方盛行的学校制度以来，高等教育所费昂贵，"所谓高等教育，几乎就不是无产阶级们可得享受的"④，多少有志青年因家境贫寒只能望着大学之门而兴叹，"财富"成为选择大学生的重要标准；又规定大学入学考试凡投考者须有中学文凭，于是资格头衔成为大学选择学生的重要标准。针对此种境况，教育测验专家陈选善认为："大学生的选择应以才智为标准，而不以财富或资格头衔为标准。大学为培植专门人才、研究高深学术的机关，除非我们承认人类在天赋的才智上是没有差别的，我们就不得不承认不是人人有成为专门人才或学术家的可能……至于财富与资格二端在现行制度下实为重要的标准。要投考大学必须经过小学中学的历程，在中小学教育不能完全免费的社会里，投考大学的学生是已经经过多层经济的选择的。"⑤

郑若谷曾在《明日之大学教育》中专门探讨了"谁应该受大学教育"的问题，他认为大学教育不是为一般人而设，而是为少数具有特别才能的青年而设，主张大学教育要真正选拔人才，它并不是人人可得的，而是少数"天才"的特权。⑥只有具真正人才之必备条件，"无论其贫富的阶级，社会的地位，性别为何，信仰为何，概当受大学之欢迎；反之，虽千金万盛之子，亦不应准其问津"⑦。

总而言之，高等教育考试是一种综合性的考试类型。一方面厥为高等教育门户；另一方面亦为高等教育发展进程中不可或缺的部分。在可能的范围内，还是应以"才智"或"才华"为最主要的标准。考试应为"才力之试金石"⑧，而非"财力之试金石"。

---

① 张耀翔. 中国人才产生地——在学术讲演会讲演[N]. 晨报副刊, 1926-11-24.
② （日）矢仓久泰. 学历社会[M]. 王振宇, 程永华, 译. 长春：吉林人民出版社, 1982：20.
③ 舒新城. 考试与文凭[J]. 中学生, 1931（12）：1-12.
④ 尹冰彦. 中学生升学的几个问题[J]. 现代青年, 1936（6）：192-196.
⑤ 陈选善. 大学生的选择[J]. 教育与职业, 1933（150）：774-776.
⑥ 郑若谷. 明日之大学教育[M]. 上海：南华图书局, 1929：3.
⑦ 郑若谷. 谁应该受大学教育[J]. 现代学生, 1931（7）：1-8.
⑧ 郑宗海. 考试与学校[J]. 教育丛刊, 1929（1）：1-6.

## 一、"首重公平"的真义

"首重公平"一词经常出现在有关"考试改革"的评论和学术探讨中,然其真实意义何在,一般人尚无深切认识,或多有误解,此应加以确切解释。探寻"首重公平"对于考试的意义,必须首先弄清"什么是考试公平?"这一问题。

"公平"所指为何,不是一个容易回答的问题。公平具有一定的模糊性。公平一词,涉及主观价值判断等问题,难有满意的解释与结论。①公平是一个主观性极强的概念,也是一个人人均可言说的议题。日本汉学家沟口雄三对中国从古迄今的"公""私"观念有过深入研究。②在中国语境中,"公平"与"平等"长时间以来是纠缠不清的关系。

澄宇在《平等与公平解释》中对"公平"与"平等"做过区分,"所谓平等者,全无差别,亦不认因果之关系。而公平则以因果为要件,自生差别之形式。凡不论原因之异同,而结果能得相同者,前者之谓也。其原因同则结果亦同,其原因异则结果亦因之而异者,乃为后者之意义也。故公平为差别的平等,亦为平等的差别"③。

平义曜在《东吴法声》撰文称,"待遇均等是平等,待遇相称是公平。对任何人待遇一律者,未必相称;反之,相称者,亦未必相等,此平等与公平二者分野之所在"④。公平是一种抽象事物,对公平的衡量"是诚见,是技巧,无固定之规律","难免主观之因素","纯凭各种质量反映于吾人脑际之印象"。④对公平这种抽象事物的衡量,"殊易易非""其难可知"。

王书林在《考试与考绩》一文中指出,"平等并非自然界的现象,自然界现象乃是差异。如何使平等与差异得以调和,基点在公平。公平的状况下之差异的现象是合于自然的,不会发生问题,在不公平状况下之差异的现象是不平等。不平等则产生愤怒情绪,是社会不安定,或革命的心理基础。中国的人生哲学最重'诚'字,诚的基础条件即是公平。考试之主要功用,即以公平的方法选拔人才"⑤。

教育测量学专家谢小庆主张"考试公平"有三种不同的含义。⑥第一种考试

---

① 盖浙生. 教育机会、所得分配与社会公平[C]//编辑小组. 中国教育的展望. 台北:五南图书出版公司,1988:77.
② (日)沟口雄三. 中国的公与私·公私[M]. 郑静,译. 北京:生活·读书·新知三联书店,2011.
③ 澄宇. 平等与公平解释[J]. 政法月刊,1932(10):108-109.
④ 平义曜. 公平之涵义与衡量[J]. 东吴法声,1945(5):12-13.
⑤ 王书林. 考试与考绩[J]. 教育通讯,1940(35):4-11.
⑥ 谢小庆. "考试公平"的三种不同含义[A]//谢小庆,张晋军. 考试研究文集(第3辑). 北京:经济科学出版社,2006:1-6.

公平是指"程序公平",即追求对所有应试者一视同仁,使所有考生得到相同的对待。第二种考试公平是指"条件公平",即不仅追求所有应试者在考试中受到相同的对待,而且还要求应试者在教育条件方面也能受到相同的对待。第三种考试公平是指"事实公平",即在满足前述两种公平条件的基础上,追求所有应试者具有平等分享优质教育资源的权利。

从逻辑上来说,"首重公平"的背后至少有三层意义:其一,"首重公平"意即"首先着重公平"、"着重公平第一"或"公平最重要",那么为何要这样呢?必然是公平对于考试而言,具有极其重要的价值与意义。其二,既然有"首重",那就意味着可能存在"次重"或"第二重"、"第三重"等重要性的排序。其三,"首重"和"次重"等其他诸种重要性因素之间的关系应当是清楚的。还需要回答的是,在考试的其他重要性因素无法得以保证时,这些重要性因素是否要做出牺牲,从而保证"首重"的地位?

在 20 世纪 80 年代,台湾师范大学编写的《明日的高中教育》一书就认为:"考试首重公平竞争。"[①]不过这种"首重公平竞争"的考试主要是指的入学考试等竞争性或甄别性的考试。在大陆,持此观点并产生重要学术和社会影响的,还须提及刘海峰、郑若玲等学者对考试"首重公平"的论述。刘海峰在《高考改革首重公平》一文中提出,"公平是社会大众对高考最为关注的一个方面,也是高考制度的基本功能和精神之所在……千百年来,中国人都是不患寡而患不均,在考试方面则是不怨苦而怨不公。不怨竞争激烈,不怨刻苦学习后考不上,就怕不公平竞争"[②]。郑若玲在《高考改革首重公平》一文中还认为,"公平成为衡量几乎所有教育改革成败的核心标准"[③]。公平问题,涉及主观价值判断,难以有绝对客观的衡量标准。实际上,两位学者所述的"首重公平",侧重的是考试的程序公平以及考试作为一种选择、分配工具所可能带来的教育机会均等的结果。就像刘海峰所说的,"具有一种强调实质性机会平等的倾向"[②]。但"首重公平"不是考试的条件公平,条件也很难公平。所谓"教育机会均等"也并不是说人人都须受同样的教育,乃是你是什么样的天才,就会得到什么样的教育机会,这才是"平等"的真谛。[④]

刘海峰先生在接受中国教育电视台(CETV-1)《面对》栏目专访时,将考试制度形容为"一个社会的稳定器",这主要是强调了考试的社会意义或者说社会功能。当考试成为一种社会制度时,由于社会制度的利益影响面广,其公平性最

---

① 方焱明. 入学与升学制度[A]//台湾师范大学学术研究委员会. 明日的高中教育. 台北: 幼师文化事业公司, 1982: 192.
② 刘海峰. 高考改革首重公平[N]. 光明日报, 2006-06-22.
③ 郑若玲. 高考改革首重公平[N]. 科学时报, 2011-03-23.
④ 郑若谷. 谁应该受大学教育[J]. 现代学生, 1931(7): 1-8.

易受到人们的关注。"稳定社会"和"维护公平"从根本上并不是考试本体功能，也并非考试的根本宗旨所在。社会的稳定不应主要通过考试来维护，或者说维护社会公平不是考试最主要的任务，政府可考虑通过其他的方式和手段来从根本上维持社会的稳定和维护社会的公平。

不可否认，考试公平对于高考等大规模教育考试有着相当的重要性，但"重要"不等于"首重"，不能说将考试的公平问题解决了，其他的考试问题就自然而然地解决了。考试必须首先是科学的。不科学的考试，不能真实地测度出应试者的实际素质、水平和能力，那也是没有什么公平性可言的。从这个意义上来说，对考试公平性的追求，本身就是对考试科学性的追求，也就是对考试质量的追求。

考试"首重公平"在某种程度上来说，是对考试本旨的僭越。过于注重考试公平反而会损害考试的本旨。就高考来说，作为一种社会化了的教育制度，长时间以来，高考制度将追求考试公平作为其当然的目标与功能，但遗憾的是仅仅是形式上或表面上的公平，以至于对公平过分关注，而在一定程度上忽视了考试的科学性和实质性公平问题。

为了弄清这个问题，这里有必要先将"考试"和"考试制度"做一些区分。通常所谓的"考试"，主要是指的测度和甄别应试者素质和能力的社会活动，而考试制度的含义则要广泛得多，它不仅包含了考试，也包含了有关考试活动及考试活动前后的一系列制度安排。

考试仅仅实现所谓的公平是远远不够的，公平不是考试的最终依归。考试的最终依归，依赖的是考试目的。刘海峰在一篇文章中提到，"考试一直把追求公平视为当然的目标，但公平并不是考试的唯一目标，讲求效率也是考试的重要方面"[1]。换言之，公平与效率均是考试的目标。但公平从来都不是考试的直接目标，也不应是考试的目标；追求公平是为了照顾到不同利益主体的利益需求，公平应服务于考试的本体目标。所以公平不是考试本身的目标，而是考试人群对考试活动设计和实施过程的要求和期待。

众所周知，西方汉学界普遍采用"社会流动"（social mobility）这一概念作为衡量考试是否公平的标准。[2]也就是说，考试引致的社会流动性越大，考试的公平性就越高。当然这里的"考试"主要是指"考试制度"，这种考试也不可能是所有的考试，因为并不是所有的考试都会引起"社会流动"，在引致"社会流动"的考试之外，还广泛存在着与"社会流动"无关的考试。因而，西方汉学界

---

[1] 刘海峰. 高考改革中的公平与效率问题[J]. 教育研究，2002（12）：80-84.
[2] 刘祥光. 科举与地方发展：宋元明教育与科举研究的取径与成果[A]//李弘祺. 中国与东亚的教育传统（一）：中国的教育与科举. 台北：喜马拉雅研发基金会，2006：157.

所讨论的考试，实际上只是科举考试制度。他们将"社会流动"作为衡量考试公平的标准，主要赋予考试的是其政治和社会意义。

那么，在当今中国宜用什么样的标准来衡量考试是否公平呢，是否还用这个西方汉学界流行的"社会流动"概念来衡量考试的公平性呢？社会学的理论和实践研究表明，一个社会有其社会结构的调节机制，社会成员的阶层和职业地位保持一定的有序流动性，有利于社会结构的稳定和良性发展。引起和推动社会流动的因素和手段有多种，借由高等教育来实现社会垂直流动只是诸种手段的其中之一。况且，高等教育是否真的在事实上具有促进社会流动和缩小社会差距的功能，理论和实践界尚存有争议。

公平所反映的实际上就是一个利益关系问题。在通常情形下，考试结果所反馈的信息往往只是作为考试最终用户进行某种决策的依据，一旦考试最终用户的这种决策可能影响到应试者的社会和职业地位，就涉及考试所负荷的利益问题了。考试结果所反馈的信息的利用方式或者操作规则，就直接与考试利益有关了。这种利用方式或操作规则就代表着考试公平与否的问题。所谓公平其实就是"待遇相称"，而"待遇相等"则是平等。[①]这也就是说，根据考试结果所反馈的信息，分配与之相称的考试利益，这样的考试就可以说是"公平"的。

高等教育考试是一种旨在测量和甄选同时指向高等教育的社会活动。其直接目的在于测量和甄选，为高等教育提供可靠的决策信息。既是如此，那就只有提供的信息是可靠和准确的，才能作为高等教育决策的参考依据，否则是根本没有什么公平性可言的。

这种流动性在现代考试条件下并不太适用。高等教育考试中的学业考试基本与社会流动无关；高等教育阶段的入学考试，本身也并不具有社会流动性。高考和研究生招生考试在表面上具有一定的社会流动性，但实际上并不具有促进社会流动的特征，或者说，促进社会流动不是高考、研究生招生考试等高等教育考试的固有属性。这主要是因为：一方面，促成社会成员社会流动的是高等教育，或者说是高等教育所促成的就业流动，继而又形成一定的社会流动。另一方面，高等教育考试并不一定具有竞争性，或者说竞争性不是高等教育考试的固有属性。在高等教育考试不具备竞争性的情形下，高等教育考试也就部分地丧失了分配优质高等教育资源的功能。例如，高等学校的学业水平考试，就是一种水平性的测试，其所提供的信息不承担分配教育资源和社会地位时的参考依据。再者，一项考试若具有较大的流动性，并不见得该项考试就一定是公平的，流动性所代表的是考试的结果，但并不显示考试结果的公平与否，而只是显示考试结果所带来的社会地位的差异程度。

---

① 平义曜. 公平之涵义与衡量[J]. 东吴法声, 1945（5）：12-13.

之所以进行教育考试,是教育活动的需要,不是公平的需要。教育活动为什么需要"考试"这一工具,在考试的功用部分已经讲得比较清楚了,在此不再赘述。教育考试所追求的完全在于教育活动的效率,即提升教育效率的需要,提升效率并不是最终的目的,最终的目的还在于借由教育考试,服务于教育的对象——人的需要。

之所以需要进行人事行政考试,是人事行政活动的需要,而不是公平的需要。人事行政活动为什么需要"考试"这一工具,这是因为"考试之功用,在考验被试者对拟任工作之知能,由其知能作抽样测量,以概测其全"①。人事行政工作需要了解每个人的素质和能力,考试在事实上起到了一定的测量人素质和能力的作用。这种测量的结果,就作为人事行政和管理决策的依据。也就是说,人事行政考试的目的不在于公平,而在于谋人与事的匹配和调适。因此,诚如教育测量学专家谢小庆所言,虽然考试在一定的条件下具有维护公平的意义,但"考试是追求效率的工具,考试所追求的并不是公平"②。

"公平"与"选才"对于考试制度有何意义?"考试目的"与"考试公平"之间又是一种什么样的关系?沈兼士在《中国考试制度史》中认为,"一国的大政,不外'用人'和'行政',行政的良窳,全看用人的当否;而用人的标准,则舍公平的考试制度以外,更没有再好的方法"③。借此可知,考试制度是"用人"的"标准"和"方法",是为"选人、用人"而服务的,"选人、用人"是行考试制度的根本目的,"公平"被认为是考试制度理所当然的性质。天一在《教育杂志》撰文专门论述考试制度,认为"选拔考试的根本意旨,是要公平的去取人才"④。显然"取人才"是考试的目的,"公平"是考试的性质和要求,也就是要杜绝"门路人情"等因素对"取人才"的影响。上述两段论述已经比较明了地将"考试目的"与"考试公平"之间的关系进行了阐述:"选才"是考试活动的目的,"公平"是考试制度的性质。

史美煊在《优良的考试之特征》一文中指出,"考试之优劣,依个人的评判而定"⑤。但紧接着史氏就提出了他所主张的判定标准:那么什么是优良考试的特征呢?判定考试价值的标准或曰"考试必具之条件"主要有以下三个方面:其一,正确性。所谓正确性,就是一个考试是否真正测量其所欲测量的东西。假使一个考试不能真正测量其所欲测量的东西,则这个考试就无价值,就失掉其所以执行的意义。其二,可靠性。所谓可靠性,就是一个考试是否测量得准确,而能

---

① 吴福元. 人事管理与心理学[A]//萧孝嵘. 人事心理论文集. 重庆:人事心理研究社,1944:33-41.
② 谢小庆. 为什么要进行高考改革[J]. 中国教师,2007(4):13-14.
③ 沈兼士. 中国考试制度史[M]. 台北:"台北商务印书馆",1980:1.
④ 天一. 考试制度[J]. 教育杂志,1920(5):1-7.
⑤ 史美煊. 优良的考试之特征[J]. 测验,1932(2):1-6.

切实表现其功能。换言之,就是考试测量它所测量的事物或能力的准度。其三,客观性。所谓客观性,就是一个考试的计分是否能够尽量免除或减少个人主观的影响。换言之,就是考试不受施行者和校阅者个人差律[①]或主观的影响而得到同样的结果。上述三项是"优良考试"之最基本的条件[②],考试"首重公平"的前提在于考试首先是优良的,而且必须是优良的。"首重公平"的真义,在于强调"机会的公平"、实现"程序的公平"以及"考试作为一种社会制度的公平"。

竞争性考试具有高利害性,与人们的利益关系至大,最容易产生考试公平问题。而这时考试本身公平与否,依赖考试方法的良莠。考试的方法,要如何才能达到最完善可靠的境地,截至目前,还是行政上一个最大的悬案,也是教育界和一般心理学家尚在摸索的问题。[③]

南京国民政府考试院首任院长戴传贤认为,"测验是考试制度之一种方法而非于考试之外另有一种制度"[④],"'智力测验'是为先天的聪明,求正确之方法,以定准其性质与其分量;'教育测验'是为学来的知识,求正确之方法,以定准其性质与其分量"[⑤]。考试完全采用教育测验的方式,也就是知识性的考试,主要考察和测量的是后天习得的知识。

中华心理学会首任会长、《心理》杂志主编张耀翔认为,"处同一样境遇,能与一般人竞争,此种竞争能力,谓之智慧"[⑥]。公平"以因果为要件",应试者的境遇各不相同,采用同一的教育测验来定准"学来的知识"的性质和分量,这种性质与分量必不相同。欧阳兰与之针锋相对,称"境遇可以制造人才,亦可以埋没人才,我们决定人才如果不考察他们的境遇如何,只注意他们后天获得的智慧,结果因为个人的境遇不同,成绩亦自有差异"[⑦]。

考试本来就是用来甄别和测度应试者素质和能力的差异,也就是说考试的结果是不可能平等的,考试所追求的正是"差异"。考试所谋不是什么公平的问题,而是测量的问题。测量是真正准确的,考试本身就是公平的。考试公平不是考试本身的问题,而是考试对于应试者利益影响的问题。或者说考试本身无所谓公平问题,而只有考试正确性与否的问题。

考试对于应试者的利益影响越大,考试公平性问题就越会受到关注。或者说考试的社会权重越大,其利害性就越高。由此,也可以说考试公平与考试利益相连,

---

① 差律,指误差率。
② 史美煊. 优良的考试之特征[J]. 测验,1932(2):1-6.
③ 谢廷式. 考绩的理论与实际[J]. 行政研究,1936(3):496-516.
④ 戴传贤. 测验为考试制度之一种方法[J]. 测验,1932(1):6.
⑤ 张耀翔. 教育测验缘起[J]. 心理,1922(1):105-111.
⑥ 张耀翔. 智慧之定义及范围[J]. 心理,1922(2):1-8.
⑦ 欧阳兰. 智力测验与科举[N]. 晨报副刊,1927-01-10.

相对而言，竞争性的考试更易产生公平问题。语言学专家杨惠中与桂诗春在《语言测试的社会学思考》一文中认为，"当一项考试的结果用于考试以外的目的时，该考试结果就获得了社会权重，这项考试就变成了高风险考试。这种社会权重越大，考试的风险就越高"①。其表达的核心意思是说，考试的社会权重越大，考试的风险就越高。但需要注意的是，考试的结果本来就不是应用于考试以内的。所以，也就无所谓"考试结果用于考试以外的目的时"。高等教育考试的结果被用于高等教育领域以外的社会目的时，考试就被赋予了一定的社会权重，而考试对应试者等考试人群的利益关系影响尤深且切时，就演变成了一种高风险考试。

## 二、"才华至上"的可能

追寻中国考试发展的轨迹，"中国考试制度，是由选用人才方法之进步而成，由专重品行而为兼重学识，由贡举之滥，而先生贡举，后考试之办法，再进而为公开竞争之考试"②。正是考试制度的产生和施行，才有了"才华至上"的可能。考试制度之真精神，就在于使社会上一切依着天赋才能与努力自由发展的人们，得有贡献社会的机会。

### （一）前科举时代：人才登庸以什么作为标准？

前科举时代的人才登庸之径，主要是"乡举里选""察举制""九品官人之法"。从"乡举里选"到"九品官人之法"，主要以民间舆论和举贤、荐贤的主观评价方法为主，评价的内容具体表现为"德行"，即"考以道德"。"登庸之标准类为德望，渐且重阀阅，采虚声，仕途既为少数士族所垄断。"③

两汉时期所行的"察举制"，地方察举之权在太守，并无客观严格的标准，"均非凭才取士"④。地方长官既可探访民间舆论，遴选真才，也可推举私人。而其弊端有两种：一是"权门相托"，二是"故旧报恩"。这两种流弊互为因果，从而使天下仕途渐渐走入社会中一个特殊阶层的家庭中去。所谓"官之选举必由于薄状"⑤。

两汉时期所行的"察举制"，以"贤良""孝廉"两科得人最盛。"贤良"诸科，其取之也以言，故多加策试；"孝廉"诸科，其取之也以行，故重

---

① 杨惠中，桂诗春. 语言测试的社会学思考[J]. 现代外语，2007（4）：368-374.
② 周匡. 中国考试制度之起源[J]. 真知学报，1942（4）：41-45，68.
③ 甘乃光. 论用人[J]. 行政效率，1934（3）：82-86.
④ 沈兼士. 中国考试制度史[M]. 台北："台北商务印书馆"，1980：26.
⑤ （宋）郑樵. 通志（卷二十五）[M]. 杭州：浙江古籍出版社，2000：439.

在考察。言采易见，而德行难知；策试可凭，而考察难见。① 以至于《后汉书》载有"桓帝之世，更相滥举，人为之谣云：举秀才，不知书；举孝廉，父别居；寒素清白浊如泥；高第良将怯如鸡"，其"所察举，不但不重德行，并亦不重才能，进取皆以官婚胄籍为先。以致'士人皆厚结姻缘，奔驰造请，浸以成俗'"。②

魏晋南北朝时期以"九品官人之法"来考核人物，"延康元年，吏部尚书陈群，以天朝选用不尽人才，乃立九品官人之法，州郡皆置中正以定其选择，州郡之贤有识鉴者为之区别人物，第其高下"③。但重阀阅而轻孤寒，只问家世，不问才具，形成了一个"门第的社会"④或"贵胄社会"⑤。

"九品官人之法"形成了保障门第的"护符"⑥。各州郡中正之设，其所论唯在德行，重清议，以行实等下品第。但中正品评不能客观和公正，高下任意，荣辱在手。"而中正所铨，但存门第……中正计资定品，惟以居位为贵"（卫衡语）。"据上品者，非公侯之子孙，即当途之昆弟"（段灼语）。"上品无寒门，下品无世族"（刘毅语）。高门华阀，有世及之荣，庶姓寒人，无寸进之路，此为当时尽人皆知的事实。⑦"九品官人之法"最初立法的本意，原不过一时权衡之计，但因施行时间一久，大小中正品评人物时，就不免瞻徇私情，爱憎由己，以致为豪门贵族所把持，不复再以品德学识为标准，只以门阀势力的大小为高低。⑧也就是说，家世已成为权衡品第高下的主要依据。学衡派代表性人物胡先骕先生认为，此种选举制度之弊，不但不能拔取真才，且造成一种阶级制度。故晋代刘毅认为此制，"未见得人，而有八损"⑨。

前科举时代，人才登庸之径从"乡举里选"到"九品官人之法"，虽然科目有所不同，但在名义上始终注重个人德行，饱含着一种朴素的道德情怀。但实际上其等第"只因门阀而定，不问贤愚"，血缘、家族、门第等个人德行、才华之外的因素愈益占据取才之法的主导地位，越来越成为一种"变相世袭制"⑩。

---

① 沈兼士. 中国考试制度史[M]. 台北："台北商务印书馆"，1980：25.
② 陈东原. 中国科举时代之教育[M]. 上海：商务印书馆，1934：9.
③ （唐）杜佑. 通典（卷十四）[M]//（清）永瑢，纪昀. 景印文渊阁四库全书（第603册）. 台北："台北商务印书馆"，1986：150.
④ 钱穆. 中国历代政治得失[M]. 北京：九州出版社，2012：38.
⑤ 李弘祺. 中国与东亚的教育传统（一）：中国的教育与科举[M]. 台北：喜马拉雅研发基金会，2006：viii.
⑥ 胡美琦. 中国教育史[M]. 台北：三民书局，1978：208.
⑦ 胡美琦. 中国教育史[M]. 台北：三民书局，1978：211.
⑧ 沈兼士. 中国考试制度史[M]. 台北："台北商务印书馆"，1980：43.
⑨ 胡先骕. 选举制度与考试制度对于中华民族之影响[J]. 新自由，1946（3）：4-7.
⑩ 王亚南. 中国官僚政治研究[M]. 北京：中国社会科学出版社，1981：100.

## （二）科举时代：人才登进以什么作为标准？

科举时代本身就是一个崇尚考试的时代，考试制度是科举制度最核心，也是科举制度最宝贵的一个要件。[①]"考试固然不是选择真才的唯一妙法，但是考试比起毫无标准的用人，自然要可靠得多，进步得多。"[②]东晋葛洪在其所著的《抱朴子》中就认为，行考试之法，"人事因缘"可绝，"属托之冀"可窒。[③]

科举制度是一种以"适者生存"为原则的竞争，取录有一定的标准。前科举时代的察举，重在德行，科举则全由考试鉴定其学识。所谓"一切以程文为去留"[④]，"一切考诸试篇"[⑤]，"一决于文字而已"[⑥]。侯文绍在《唐宋考试制度史》中指出，"考试制度大公无私，是以客观的尺度，作为拔取人才的准绳。凭借才能，以为获官进身的阶梯。所以考试制度为人才主义之实际运用，而其效果，谓为正途出身，可为端正风俗，澄清吏治之宝筏也"[⑦]。

英国伦敦大学国王学院荣休教授 Black P J 对中国的科举考试评价颇高，"几乎所有人可以参加科举考试，这个制度确保考试成就而不是门第、赞助等为通往成功的大道"[⑧]。社会学者孙立平认为，科举制的首要意义在于，它形成了一种生产精英并维持精英的再生产的重要机制，它第一次撇开了血缘、门第、出身、家世等先赋性因素，而将学问这种成就取向的因素作为官员录用与升迁的基本标准。[⑨]

科举考试之制，到隋唐时代始臻确立。"唐兴乃尽革门阀之九品中正制度，而行科举制度，凡举士任官，皆重考试。且科举盛行，白衣及第，得通婚于世宦，门第之风以衰，此不可谓非社会中一种革命也。"[⑩]历史学家吕思勉在《中国制度史》一书中指出，"案科举之善，在能破朋党之私"[⑪]。这主要是因为科举考试"一扫前代门阀阶级的风习。其取士不赖乡评，不委中正，惟令天下士人，投谍自进，公开竞争，凭考试成绩，合格则取，不合则去，高低贵贱，一准于此"[⑫]。

---

[①] 侯文绍. 唐宋考试制度史[M]. 台北："台北商务印书馆"，1973：27.
[②] 李如汉. 如何改进考试制度[J]. 政治评论，1932（24）：20-22.
[③] （晋）葛洪. 诸子集成（第8册）[M]. 北京：中华书局，1957：130.
[④] （宋）陆游. 老学庵笔记（卷五一）[M]. 上海：商务印书馆，1936：51.
[⑤] （清）毕阮. 续资治通鉴（宋纪四十三）[M]. 黄德馨，等校. 长沙：岳麓书社，1992：556.
[⑥] （元）刘埙. 隐居通议（四）[M]. 北京：中华书局，1981：329.
[⑦] 侯文绍. 唐宋考试制度史[M]. 台北："台北商务印书馆"，1973：18.
[⑧] Black P J. 1998. Testing: Friend or Foe? Theory and Practice of Assessment and Testing[M]. London: Falmer Press，1998：8.
[⑨] 孙立平. 科举制：一种精英再生产的机制[J]. 战略与管理，1996（5）：38-45.
[⑩] 胡先骕. 选举制度与考试制度对于中华民族之影响[J]. 新自由，1946（3）：4-7.
[⑪] 吕思勉. 中国制度史[M]. 上海：上海教育出版社，1985：731.
[⑫] 吴鼎. 中国历代考试制度之演变[J]. 新时代，1964（5）：21-24.

隋唐时代科举考试的建制，在一定程度上破除了"门资取士"的陋习，但门资观念在隋唐时代仍然存在。直至宋代科举才形成"开孤进之路，辟至公之门"①，"取士不问家世"②的局面，从而"使寒俊之士，由乡里以升闻；世禄之家，自成均而出仕"①。直至明朝洪武三年"特设科举，使中外文臣皆由科举而进，非科举者毋得与官"③。钱穆先生一派，把科举作为中国社会平等的表征。即无贵无贱，无贫无富，都需经过考试，考试不因富贵而保证其不败，亦不因贫贱而阻碍其成功。

但科举考试，也不是采取完全的"自由竞争"和"唯才是择"。朝廷采取"逐路取人"的分配规则来对"唯才是择"进行了限制。宋明以后的科举制度在"唯才是择"的基础上，另设置了一道"逐路取人"的地域性限制④。按理说，这种选拔人才的考试，应该"唯才是择"。若照顾区域性，已是一种不公正。⑤"逐路取人"和"分省定额"的制度设计说明科举考试并不完全遵循"唯才是择"的原则，而是有着政治和社会等方面的多重考虑。

科举考试"于稠人广众之中，拔取少数而富贵之，成败之数，非士子所能自信。于是夤缘奔竞，遂成风气"。陈东原在《中国科举时代之教育》中说，"科举时代，表面是凭文擢拔，骨子里非营私不可"⑥。科举制度虽然为世人所诟病，但它的考试精神是不能磨灭的。否则夤缘时会与攀龙附凤者据高位，卢牟六合与经天纬地者永无出头之日了⑦。

### （三）考试时代：人才选拔又以什么作为标准？

沈兼士在《中国考试制度史》中说道，"推究考试制度所以能保持悠久的历史和不朽的价值，盖缘自由竞争，则无由行私；凭才取士，则无法幸致；且足以泯除贫富阶级之限制，使平民得以参加政治，尤符民主政治的真谛。故以考试为选拔人才的权衡，究不失为公正平允的法则"⑧。

正如《申报》之社评所言，在选人与用人问题上，若施行公开考试和严格铨叙，就"无所谓私人情感的爱恶，只依才能的质量为标准，有才干者委任适称的重任。尸位素餐者就须罢黜。登庸之选，既以才能为衡量的标准，夤缘躐等的流

---

① 四川大学古籍整理研究所. 全宋文（第五册）[M]. 成都：巴蜀书社，1989：158.
② （宋）郑樵. 通志（卷二十五）[M]. 杭州：浙江古籍出版社，2000：志439.
③ （清）张廷玉，等. 明史[M]. 北京：中华书局，2000：1133.
④ （美）余英时. 试说科举在中国史上的功能与意义[J]. 二十一世纪评论，2005（3）：4-18.
⑤ 罗志田. 高考改革请多为贫寒子弟着想[N]. 南方周末，2011-06-24.
⑥ 陈东原. 中国科举时代之教育[M]. 上海：商务印书馆，1934：86.
⑦ 疾风. 青年与考试[J]. 浙江青年，1936（3）：1-7.
⑧ 沈兼士. 中国考试制度史[M]. 台北："台北商务印书馆"，1980：1.

弊，可以改善。而使抱具才干之士，不致抑郁于野而克展所长"①。

我国向来是一个爱讲人情的国度，无论什么芝麻大的一点小事情，总要走门路讲人情，才办得通。以至于一点小事，照着规矩去办，本是很简单的，经过门路人情这样一来，变得极繁难了。②"为了挽救门路人情的颓风，应用考试实在是一个良好的工具。因为任何人除了平日培养他的学识才能，对于正式的考试，即别无门路人情。考试确是扫除门路人情的一把快刀。"②正因为如此，教育测量专家王书林在《考试方法改进问题》一文中就指出，"选拔人才的方法，以考试最为公允"③。

现世社会处于一个考试时代，考试场域的一种主导逻辑为能力原则，其后遵循贤能主义（meritocracy）的技术路线，即"成就"取决于考生的"智力"与"努力"。④高考领域所遵循的就是贤能主义，即以高考成绩作为录取的主要依据，"在分数面前人人平等"。但是这种看似客观公正的贤能主义，以过程的公开、个体的公正遮蔽了优质资源分配过程的权力性因素，招生录取场域中的政治原则（各省均占一定比例的代表制）所惠及的却主要是边远省份的干部子弟，在这类地区，精英集团的再生产呈现出更强的封闭性。贤能主义在此真是一层光鲜漂亮的面纱！④

"公开考试，公平竞争，才华至上，择优录取"，是现代竞争性考试的实施原则，考试时代，人才选拔宣称奉行"才华至上"与"公平竞争"的精神。但考试并不可能完全采行自由竞争主义。"考试若只采自由竞争主义，则文化昌明之腹地，其被考取者必多，多则'烂羊窦养'之讥，在所难免。其文化低落之边远省区，被考取者必少，少则'凤毛麟角'盖世所无。究其极，多者愈多，少者愈少，斯岂国象鼓舞群伦，奖励多士之至意？"⑤

高考虽然是一种选拔性考试，但它并不是一种完全采取自由竞争主义的考试。考试并不是选拔标准，考试不承担选拔职能，考试最多只是提供应试者素质和能力差异的测量指标，从而让具体的选拔主体在选择时使用。所以拿什么样的标准来选拔人才，并不是由考试来决定的。也就是说考试时代的人才选拔标准，并不是考试的标准，而是社会对于人才的衡量标准。考试作为一种社会制度，往往与社会领域的其他因素扭合，以至于社会人才选拔标准除了考试本身以外，还被牵扯进了额外的诸种因素。就拿高考制度来说，除考试所提供的

---

① 申报社. 论人才与用人[J]. 申报社评选，1944（3）：30-33.
② 韩清泉. 论考试制度[J]. 邮汇生活，1946（3）：33-35.
③ 王书林. 考试方法改进问题[J]. 新政治，1940（4）：23-26.
④ 刘云杉，王志明，杨晓芳. 精英的选拔：身份、地域与资本的视角——跨入北京大学的农家子弟（1978-2005）[J]. 清华大学教育研究，2009（10）：42-59.
⑤ 李祥生. 论清代乡试设定名额之意义[J]. 政治建设，1941（3）：53-57.

分数信息外，地域性因素、族群性因素、录取规则性因素等考试之外的诸因，单独作用或共同作用于人才选拔的具体过程。综上所述，考试作为一种社会制度，从来都不是"唯才主义"，即使是现今的考试时代，人才选拔亦不可能完全采行"唯才主义"。

### 三、"效率工具"的实质

按照一定的分类标准，社会中的考试大致可以分为评价性考试、资格性考试和选拔性考试。不论是上述哪种考试，均有其考试的宗旨和目的，但无论是何种具体的目的，均包含着提升效率的需求，考试可以说是一种追求效率的工具。

科举制度借由考试之法来"拔取真才""牢笼俊义"，其意在革新魏晋南北朝以来的登庸人才之径。作为一种社会制度，此制有着多重的价值追求，不独在于对社会公平的关注，且在于对朝廷选贤任用和行政效率的追求。正所谓"增进政府的效率，选贤与能是各个政府的最先要图"①。

袁伯樵曾指出，"高等教育是一种专门教育，享受此种教育的必须为禀赋优良的真才，所以大学或专科学校必须有入学考试，目的是在选择真才而去庸才，以增进高等教育的效率"②。这种观点虽然属于高等教育精英化阶段的观点，但在事实上表明，高等教育入学考试表面上看起来是追求高等教育入学机会的公平分配，实际上追求的是增进高等教育的效率。正如教育心理学家艾伟所指出的，"大学教育为一种特殊教育，其目的在于选拔优秀青年，而培植之，以冀养成专才而对国家有所贡献也，在入学试验中，其所录取或选拔者若皆优秀青年则在培植之时，必事半而功倍，目的能早达到，否则在各方面均不合乎经济（效率）原则"③。

不容否认，在中国考试发展史上，无论是古代科举还是近现代的考试制度，它们对考试公平的追求也是矢志不渝的，但追求公平并不是考试的直接目标。科举考试的宗旨"首在取士"，尽管这一考试制度背后隐藏着其他的目的。例如，在选人和用人问题上运用考试的办法，其目的不在于追求公平，而在于提升效率。

考试活动为什么必须追求效率？对效率追求的目的是什么？人类追求其活动的效率确实旨在解决手段或过程问题，可是它最后所指向的仍然是特定活动的目的。④换言之，人对活动效率的追求表面上是对手段的追求，实质上却是对活动

---

① 邹文海. 自由和权力的保障[J]. 民族杂志，1936（1/6）：679-706.
② 袁伯樵. 改进大学入学考试之商榷[J]. 中华教育界，1949（10）：32-35.
③ 艾伟，孙敏. 大学入学、在学及测验三种成绩之相关研究[J]. 教育心理研究，1942（1）：22-33.
④ 郭湛. 人活动的效率[M]. 北京：人民出版社，1990：18.

目的的追求。考试活动作为人类社会特有的一种社会活动，是追求效率的产物，为此很自然就包含着对活动效率的追求。考试在不同领域的应用，是人类社会用来追求该应用领域特定活动的效率工具。

为什么要应用考试？持平而论，考试这一方法和工具的运用，若不是为了追求效率，那么可能也就没有应用它在教育和人事行政领域对人的素质、能力等进行测量和甄别的必要了。在教育领域，考试所方便的是教学和管理人员，考试工具的运用是适应教育教学的需要；在人事行政领域，考试所方便的是人事任用部门，考试工具的运用是提高人事行政效率的需要。虽然应用考试的目的，即考试宗旨，从来不直接表达考试活动对效率的追求，但追求效率真正是考试活动的最终归趋。

公平是人与人的利益关系问题，严格来说，"公平"本不是考试本身考虑的问题，而是考试作为一种社会制度时面临的价值选择。考试本身最应注重的就是如何准确地甄别、测量和预测，将应试者在素质和能力上的差异表示出来，也就是考试的科学性。简而言之，就是实现考试在甄别、测度人素质和能力上的效能。

## 四、"考试公平"的假象

"考试者，至公至当之制也。"[①]考试制度确立以来，公平一直被认为是其核心精神，在选拔人才的事业上，只要有考试制度的存在，就被认为是公平的。清初大儒魏象枢也曾说过，"天下至公之事，莫如考试"[②]。考试不一定能真正取到人才，但考试制度究竟是一个光明公平的办法。[③]

长时间以来，科举考试被誉为一项"至公若权衡"的社会制度，它一革魏晋南北朝以来选举制度之弊，让平民子弟在理论上有擢升的可能性，所谓"拔擢寒士者，莫如考试"[④]。但正如第三章所述，科举考试实际上有着一定的经济门槛，但长年累月的应试并不是普通平民百姓所能承受得起的。在科举考试中获益的，自始至终均是庞大社会群体中的极小一部分。科举考试的"至公"，不过也只是一种假象，假象所依凭的正是"机会"的公平，即所谓"朝为田舍郎，暮登天子堂"的梦想。

科举时代其实并不鼓励大规模的社会流动，无论是横向的流动还是纵向的流动，封建王朝的统治者均只给予了十分有限的社会流动性，所谓"拔擢寒士"也是为了"牢笼俊乂"。姑且不论科举考试是否做到了"至公"，就是做到了"至

---

① 汤新. 吾国考试制度之沿革[J]. 光华月刊, 1941（1）: 47-50.
② 魏象枢. 清魏敏果公象枢年谱[M]. 魏学谥, 等, 手录. 台北: "台北商务印书馆", 1978: 72.
③ 韩清泉. 论考试制度[J]. 邮汇生活, 1946（3）: 33-35.
④ 锡山居士. 论考试利弊[J]. 万国公报, 1893（51）: 13-18.

公",也是一小部分人的"至公",科举考试用一小部分人的"至公",损害了绝大多数社会成员的利益。

对考试颇有研究的杨鸿烈曾言:"无论古今东西,考试制度的真实意义,社会上需要的真实程度,就是在乎审查被试者的知识才力,合不合乎试者所预定的标准,并决其在何种程度之上,然后来做分配职业地位的参考。"① 高等教育考试是什么性质的考试呢?高等教育考试主要是甄别、测度应试者素质与能力的个别差异,以供高等教育机关选择和决策使用的。

考试本身是一种测量,若能真正准确地测度应试者素质和能力的个别差异,就是完成了其本职,这种考试本身就是公平的。若不能真正准确地测度应试者素质和能力的个别差异,就是不公平的。从广泛意义上来说,所谓考试的不公平,除了考试本身的客观性、正确性和可靠性等要求之外,主要表现为考试招生制度的不公平。究其因,主要是考试作为甄别和测度应试者素质和能力差异的手段,其结果同时也是招生的重要参考,而招生录取名额或高等教育机会分配规则的制定,受到考试外部的政治、社会、文化等因素的制约。"大众语"所谓的考试制度,包含了招生规则。换言之,"大众语"背景下的考试制度,同时作为一种社会制度的考试,在高校招生考试领域与分配资源的招生制度合为一体。在现实社会,最容易产生不公平事实和现象的,正是考试制度中的招生部分。

从考试内容来说,以高考为例,考试内容的设计显现出某种城市化的倾向,从而使农村应试者在考试竞争中处于一种相对弱势的地位。这就是考试的科学性问题,只有考试是科学、准确的,考试才可能是公平的。就像英国兰卡斯特大学(University of Lancaster)教育研究院 Mathews J C 所说的,如果考试在事实上支持社会中某一特定的阶层,或者让另外一个社会阶层处于不利地位,那么这种考试就被认为是不公平的。②

从考试文化来说,考试补习或考试培训文化的形成,扩大了经济因素对考试结果的影响。在社会经济发展的过程中,高等教育考试经济渐渐兴起和发展。一方面,确实满足了考试主、客体对考试的需求;另一方面,考试培训产业的发展对考试培训文化起到了推动作用。高等教育考试的准备已经形成了一种应试培训的文化,随着高等教育考试的应试者接受考试培训的比例上升,由于购买能力的差异,社会经济地位处于弱势的应试者在考试竞争中就处于弱势。

近年来全国重点大学农村生源所占比例下降问题得到了社会各界的广泛关注。普通解释是源于家庭文化资本的差异。那么家庭的文化资本又源于何处,

---

① 杨鸿烈. 考试制度的研究[J]. 教育丛刊,1922(3):1-10.
② Mathews J C. *Examination: A Commentary*[M]. London: George Allen&Unwin, 1985: 120.

或者说家庭的文化资本又是如何形成的呢？从表面上看，重点大学农村生源比例下降，反映着农村应试者在高等学校入学考试竞争上的失利；实际上这并不仅仅或并不一定是因为农村应试者在考试竞争上的失利，而是受制于建立在入学考试制度基础上的高校招生制度。高等教育考试作为测量和甄选的一种工具，本身只提供选择和决策信息。至于如何选择和决策，从根本上取决于考试主体和考试最终用户的价值导向和行为选择。这种行为选择的典型代表就是需要虑及多种因素同时受多种因素影响的招生政策和招生制度。高校招生政策和制度涉及高等教育机会和资源的分配规则，而考试结果只是其中的重要参考指标，但并不是唯一的依据。只要考试制度还是高校招生制度的核心构件或者依旧建立在考试制度基础之上，高等教育考试对高等教育机会和资源的分配，就仍然具有标志性或决定性的意义。

2013年在网络媒体和平台上广为流传的一幅"高考成本变迁图"，生动描绘了中华人民共和国成立以来高考经济成本逐步增长的现实：30余年，普通高考成本暴涨了约八万倍。社会普通民众在高考竞争上所遇到的经济压力越大，越没有竞争优势，他们唯一能够做的可能就是不断地发挥其主观能动性，从而弥补这些在应试环境和能力上的差异。

考试虽然是一种甄别应试者素质和能力的差异的方法或工具，选拔性考试理应选拔的是真才，而这种真才的标准，就是考试用户所决定的选拔标准。考试实际上并不发挥选拔功能，而只是甄别应试者素质和能力的差异，从而供考试最终用户的选拔和决策所用。考试只是相对地撇开了人情关系的因素，并不是"客观"的选拔方法，它是一种主观见之于客观的评价活动，考试主体依据一定的标准，凭借考试中介对考试客体进行评价，从而甄别、测度其素质与能力。

教育测量学专家王书林指出，"考试在理论上是选拔人才之最公平的方法，但是反对考试者以为考试不可为凭，并不能达到真正的公平状况。考试之可凭与否，以及如何改良考试方法使其达于公平的境界，是心理学的问题。无论如何以考试方法选拔人才，总比以私人关系选拔人才为公平，可以断言"[1]。

高等教育也并非真正地施行"人才主义"。"虽然入学考试也很不易，然而有的是钱，国立不得入，私立还可上，最没办法，野鸡大学总得进门吧！而且是竞争考试（其实这种考试能否选拔真才还有问题）。然而能参与这种考试的毕竟还是一部分比较有钱的人，其有天才而困于资者根本就连中学也上不了，虽欲竞争而不可得！真正的人才也许早摒弃在小学的门墙之外！"[2]时任复旦大学教育

---

[1] 王书林. 考试与考绩[J]. 教育通讯, 1940 (35): 4-11.
[2] 徐国启. 我国大学教育的检讨[J]. 史地半月刊, 1937 (32): 18-28.

学系教授郑若谷在《谁应该受大学教育》一文中也指出，大学是育人才的地方，并不是为一般人而设，而是为少数具有特别才能的青年而设，大学选择人才的原则应以其才能合宜与否为标准。大学既以才能为根据，当然不应注重受教育者的经济地位。①

## 第三节 "鲜花"还是"毒瘤"：考试经济的孰是孰非

考试经济是"鲜花"还是"毒瘤"，这是一个价值判断问题，从不同的价值标准出发，就会有不同的评价结论。那么到底应该用什么样的价值标准来判断考试经济是"鲜花"还是"毒瘤"呢？这正是本部分要商探的问题。

### 一、考试经济之利益

考试经济，尤其是高等教育考试经济，在社会人群追逐的热潮中，正像一块硕大的"蛋糕"，蕴含着巨大的利益，以至于不同的利益集团都想借着考试经济的发展势头分一杯羹。而这些所蕴含的巨大利益其实正是考试经济发展的真正驱动力。

高等教育考试经济不同于一般意义上的考试经济，这主要是由高等教育考试的性质和特点所决定的。高等教育乃一国之命脉，高等教育考试是应用于高等教育领域的考试。在高等教育大众化阶段，获得精英高等教育是决定社会成员能否成为社会精英的关键。因此，精英高等教育就成为高等教育机会竞争的重心。高等教育考试中的高校招生考试，作为一种资源分配性考试，在资源紧缺的情况下就容易成为一种高利害性考试。由于人口、教育等具体国情的特殊性，高等教育考试又无可避免地成为一种大规模性考试。考试大规模、高利害性的特点，使高等教育考试经济在考试经济家族里占有特别重要的地位。

利益是一个复杂的问题，其实质是人与人之间关系的问题，由于高等教育考试性质的特殊性和复杂性，高等教育考试经济的利益亦属相当复杂的利益问题。而这种复杂性，主要体现为不同利益主体的利益之别。对于考试需求方来说，高等教育考试经济满足了高等教育考试需求方的需要。对于考试经济主体来说，高等教育考试经济满足了考试经济主体获取经济利益的需要。利益还牵

---

① 郑若谷. 谁应该受大学教育[J]. 现代学生，1931（7）：1-8.

扯到一种对人的欲望的满足。这就是说，利益之所以重要是因为它用以满足主体的需要；利益是通过人的活动来具体实现的；利益是一种客体对象。考试经济的利益，主要是考试经济活动对于主体需要的满足所表现出来的、一定数量的客体对象。考试经济的利益，概括而言，主要有以下几点。

### （一）满足考试主体的需要

考试主体承担着举办、主持、组织、设计和实施考试的一系列活动，这一系列活动的正常进行均需要物质和技术条件的支持。考试的科学性和考试的公平性，取决于考试主体的行为的良窳。满足维系考试活动正常进行所需的物质和技术条件所带来的利益，正是考试经济发展的根本动因。

在我国现行制度安排下，高校招生考试和高等教育自学考试等主要高等教育考试，其主导机关均为教育考试机构，大学英语四、六级考试的主导机关在全国大学英语四、六级考试委员会，这些机构主要是考试的组织者，对于考试设计和实施过程中所需要的技术条件，其本身往往并没有自我满足的条件和能力，必须仰赖外部的生产者来供给。教育考试机关应用先进的技术条件来为考试设计和实施服务，是推动考试技术进步，提高考试科学性和活动效率所必需的。

考试主体设计和施行考试的需要，推动着考试经济的发展，孕育了一批专业从事考试设计和考试技术服务的市场主体，它们紧紧盯着考试主体在考试的设计和实施等运行过程对考试物质和技术等的需求，研发新产品和新技术，其意义不独在推动了考试技术的进步，还在于提高了考试的科学性，而考试的科学性正是考试公平性的题中之意。

对于考试主体来说，考试经济发展为考试活动的正常进行提供了一定的保证，满足了考试主体对考试活动的物质和技术需求。考试产业及考试相关产业的发展，为考试设计和实施提供了物质和技术上的支持，为考试运行效率的提高，提供了技术和流程上的保证。

考试主体作为考试的举办者和实施者，其使命和任务本身包含着对考试公平性的要求，若是不注意维护考试的公平性，考试的公信力就会丧失，考试的生命力就会受到侵害，考试最终也会走向消亡。考试产业在发展中不断地设计和开发新技术，解决考试实施过程中遇到的新问题，这些考试技术在合理使用的前提下，也相对有效地助益于考试公平的实现。例如，防止考试作弊的问题，考场标准化的问题，防止阅卷、统分过程中人为误差的问题；等等，均有助于消除人为因素对考试结果的影响，使考试的客观性得到一定程度的保证。

## （二）满足考试客体的需要

对于考试的应试者来说，考试经济的发展满足了应试者在应试过程中的各种需要，为应试者完成考试活动提供了相对便利的条件。在一定意义上，还提高了完成考试活动的效率。

考试的公平性是应试者普遍关心和广泛关注的问题，考试产业的形成，推动着考试技术的进步，这些技术运用于考试实施过程中，为维护考试公平做出了重要贡献。例如，海云天科技股份有限公司研发的标准化考场系统。网上评卷系统不仅是在为教育考试机关服务，更是在为促进考试公平而效力，也就是说，它实际上满足的也是应试者对考试公平的需要和期待。

考试的科学性是另外一个关系应试者切身利益的问题。这种科学性既包括考试设计的科学性还包括考试实施的科学性，而科学性是实现考试公平的前提。考试产业的发展，将考试的设计、实施、结果处理等具体任务交由专业考试机构或考试公司来完成，考试技术的进步提升了考试的科学性，真正客观准确地甄别和测度应试者的素质和能力的差异，而这正是应试者所期冀看到的。

高利害、竞争性考试的应试过程不仅漫长而且十分残酷，这一过程既要有物质经济条件作基础，还得有知识和技能的充分准备。在民国公、私立大学实行单独招生考试的时期，考试的举行地点主要集中于少数大中城市，一定的物质条件和经济基础是报考大学的前提条件，"参加考试之费用浩大，多数贫穷而优秀之青年，因此不得入升学之门"[1]，可见应试者若没有一定的物质条件，就只能"望考兴叹"了。"考试登龙"可以说几乎是每一位应试者的愿望，运筹在"考试战争"中如何能克敌制胜，也是每一个应试者须要面对的问题。

考试相关产业的发展满足了应试者对物质条件的需要，或者说满足了应试者对衣食住行等经济生活的需要。在所有考试所引起的诸种经济现象中，满足应试人群的衣食住行而发生的经济行为占了相当大的部分，这是每一位应试者均会被牵扯进去的经济活动。古往今来，只要有考试制度存在，就会有应试者对衣食住行方面的需要，只是不同时代和不同条件下满足这种需要的方式不同罢了。

考试培训产业和考试出版产业的发展，直接满足了考试客体对应试知识和技能准备的需要，从根本上是满足了应试者利益竞争的需要。随着考试竞争的日趋激烈，为了在竞争性考试中取得好成绩，借助考试培训活动和考试用书来补充应

---

[1] 袁伯樵. 中学会考与大学入学考试合并举行之检讨[J]. 教育通讯，1943（18）：6-9.

试所需的知识和技能，成为越来越多应试者的选择。

在传统条件下，考试的基本流程在考试结束时也就结束了，考试结果的使用无非有两种：一是考试结果供考试最终用户作甄选之用；二是考试结果供教育主管部门作质量评价之用。而在大数据时代，考试结果不再仅仅作为教育选择、教育决策和教育评价的依据。在大数据时代背景下，如何实现对海量考试数据的分析利用，是摆在教育考试机构面前的一项紧要任务。这种大数据分析，不仅有益于考试主、客体，对于中等学校和高等学校来说，也是具有极大帮助的。它不仅可以为应试者个人素质和能力的测评和诊断提供服务，还可以为考试最终用户的科学选才提供服务，更能为中等教育和高等教育的质量改进提供数据服务。随着考试产业的发展，考试服务成为满足市场需要的商品，考试机构或考试公司通过对考试结果的分析来为应试者、考试用户和考试利益相关者提供相应的诊断和数据服务，从而实现考试结果的价值增值。

### （三）满足社会发展的需要

效率与公平是人类社会所追求的核心价值，社会的发展需要效率和公平。考试经济即在某种程度上能够满足社会发展对考试效率和考试公平的需要。

一方面，考试经济的发展，推动着考试技术、产品和服务的改进，助益了考试活动效率的提升。这种效率包括两个不同的方面：一是考试主体组织和施行考试活动的效率；二是考试客体应对考试活动的效率。

另一方面，考试经济的发展，推动着考试技术的进步，在一定程度上也能起到维护考试公平的作用。这种维护主要是由两方面构成：一是技术的应用提升了考试的客观性，减少了人为因素对考试结果的影响。这方面的考试技术典型包括网上评卷技术、机读答题卡技术等。二是技术的应用提高了考试的科学性，使考试的信度、效度更高。这方面的考试技术典型有计算机考试技术、在线考试技术、智能化考试技术等。

考试经济本身就是一种综合性的经济形态。在诸种经济形态中，有的能起到维护考试公平的作用，有的却在一定程度上会损害考试的公平性。例如，考试培训产业的兴起虽然满足了应试者的应试需要，但对于贫寒子弟而言则可能会顾忌到经济方面的因素，是故无法享受到应试的产品和服务。因此，在认识考试经济对考试公平的影响时，还应加以区别性的对待。

对于考试经济的运营主体而言，借由提供相应的考试产品和考试服务，考试经济的发展为考试经济主体带来了可观的经济效益。

为社会培植和增益产业发展。考试经济对于社会而言培植了相关产业。考试产业就是在考试经济的发展过程中逐步形成的。考试产业的形成，有助于提升考试活动的专业化水平，提高考试科学性和考试活动的效率。考试经济的发展还催生了满足应试人群需要的考试培训活动，开创了中国考试培训行业，而考试培训行业正是教育培训和民办教育行业发展的雏形。高等教育考试经济进一步发展的方向，将推动和引领着教育培训行业的发展与转型。考试经济对于社会而言，增益了相关产业。规模宏大的应试人群的应试需要，增益了社会图书出版产业，文教类图书推动着中国图书出版市场的持续繁荣，与考试相关的出版，始终占据着教辅类图书出版的半壁江山。

为社会提供大量就业机会。考试经济是一种综合性经济形态，存在着诸种与之相关的不同产业，包含着诸种不同的考试经济行为主体。考试的专业化发展，需要专门的人员和机构来组织和实施考试，同时需要专门的人员和组织为考试活动的正常运行提供相应的技术、产品和服务。在这个过程中既满足了考试主、客体的需要，又为社会成员创造了大量的就业机会，而这正是社会和经济发展所需要的。

## 二、考试经济之流弊

天下之事，不能尽利而无害也。[①]本书第一章已就大众舆论对考试经济现象的"观点交锋"做了详尽梳理和系统研究。在观点交锋的正反两派中，与那些赞扬和鼓吹考试经济发展的舆论观点所不同的是，考试经济也被其中一方认为是生长在考试健康机体上的"一颗毒瘤"，而且是一种"劳民伤财的'毒瘤'"。考试经济的放任或无序发展最终损害的，不仅仅是考试主、客体的利益和考试机体的健康发展，对于整个考试系统而言，也是一种致命的威胁。

考试经济牵扯到和人有关的教育、考试和经济活动，考试经济之流弊，可以从考试经济所牵扯到的下述四个方面进行观察。

对于人的方面来说，考试是人与人之间的对象性活动，反映着人与人之间的关系。"经济"也是满足人的欲望的一种物质活动，考试经济首先离不开人的活动。因此，我们首先尝试从人的方面来论述它的流弊。进一步言之，这里所谓的"人"就是指考试的主体、考试的客体及其相关人员组成的考试群体。第一个层面的流弊就是对于考试群体而言的。

其一，放任考试经济的发展，可能会增加应试人群的经济负担。2013年，流行于网络的"高考成本变迁示意图"，就充分地说明了应试人群考试成本增加的事实。该示意图显示，从20世纪70年代参加一次高考所需0.5元，到现在经历一次高考平均要花费约4万元，40余年来，中国考生的高考成本已增长了8万倍。

---

[①] 樊甄培. 考试问题[J]. 崇明旅沪学生会杂志，1922（2）：76-78.

考试经济的发展，将拓展考试经济的活动领域；考试经济活动还将影响和改变施考者和应试者的考试行为，这些均有可能增加应试人群的经济负担，这种局面的形成显然不利于那些处于弱势经济地位的应试人群。

其二，放任考试经济的发展，可能会损害考试主、客体的实际利益。由于考试经济的服务对象主要是考试的主、客体，所以这种利益的受损主要是考试经济行为失范给考试主、客体所带来的利益损害。这种利益损害的构成主要包括：考试产品的缺陷和考试服务的不周所致的损害，考试的施行有失公允所带来的对考试公平的损害以及其他考试经济行为的失范对考试主、客体利益所带来的损害。

对于考试来说，考试经济对于考试活动有着极强的依赖性，但考试经济不是被动的依赖，而是会对考试活动本身、对人们的考试观念和考试行为产生重要的反制作用。考试观念和考试行为的影响均会反映在考试活动领域。第二个层面的流弊主要是对于考试活动本身所造成的危害和不良影响。

其一，放任考试经济的发展，可能会扰乱考试活动的正常秩序。一种是考试培训活动对考试活动秩序的影响。例如，2012年的考研泄题事件就是一起典型的考试培训机构的考研培训活动对考试活动正常秩序的严重破坏。还有一种就是不法分子或机构的违法行为对考试活动正常秩序的影响，对考试活动的正常秩序造成了冲击，严重损害了国家教育考试的公信力。

其二，放任考试经济的发展，可能会破坏考试活动公平、公正。前文已述及经济因素虽然不是决定考试结果的根本性因素，但深具影响。通俗言之，应试者经济实力的强弱，集中表现为应试条件上的巨大差别，即"境遇"的不同。境遇不同而面对同一样的考试，除非有证据表明境遇的差别对考试的结果没有影响，或者考试所测量的内容不受个人境遇的影响，否则又何谈考试的公平？应试者可能会受不良考试的影响，而被不公平地淘汰。

其三，放任考试经济的发展，可能会影响考试的信度、效度。信度表示一种考试的精准度，不管测量的方法为何，一种考试对它所测量的东西很精准，此种考试的信度就很高。效度表示一种考试的有效性，即一种考试所测量的，必须是它所要测量的东西。这样的考试才是有效度的。

时任国立四川大学教育系教授刘绍禹曾说，"入学考试之目标，在甄别学力。具有预测之作用：凡经考试录取者，即认为有受某种教育之学力，凡在入学考试为前名者，即假定其人入校之后成绩亦优"[①]。时任国立中央大学教授龚启昌也指出，"考试以外的因子，气候、环境以及学生个人身心的健康与否，都是

---

① 刘绍禹. 入学考试之正确性[J]. 教育半月刊，1938（9）：2-7.

足以影响考试的成绩"①。考试经济越发展,考试以外的因素对考试成绩的影响就越大。

对高等教育来说,高等教育考试是其发展进程中必不可少的一部分,高等教育考试经济对于考试群体和考试活动的影响,均会关联性地影响到高等教育的某一阶段或全局。举个简单的例子来说,高等教育考试中的入学考试(考验),"将以察来考学生之程度果与己校相合否,已定去留"②。时任私立金陵大学教授袁伯樵有言:"入学考试的功用有二:一为社会及人民选择真才;二由入学考试可以将这份珍贵而稀罕的教育机会,加给在一位智能学力较高及人民可寄重大希望的青年身上。"③入学考试(考验)所提供的是一种选择和分配的信息,而这种选择和分配信息的优劣与高等教育机会分配的公允与否以及高等教育质量之良窳休戚相关。

其一,高等教育考试之良窳,关乎高等教育的质量。入学考试是当下高等学校招募学生的主要办法,也是决定学生入大学深造机会的主要途径。所以,入学考试才为"高等教育之门户",亦可称"高等教育之始端"。正如袁伯樵所言,大学入学考试"决定了高等教育素质"④,因为学生素质的优劣是直接影响教育素质的。学校就好似一架纺织机,学生就好比是纺织的原料,若送进去的原料是劣等的粗纱,则出来的一定是劣等的细布。同样的一种教育,素质的优劣取决于进去原料的优劣。高等教育阶段的入学考试就掌握着"选择高等教育原料"的大权。高等教育考试经济的发展,将应试教育的行为模式延伸和影响至高等教育领域,对高等教育领域应试主义的泛滥至少起到了推动的作用。

其二,高等教育考试之良莠,关系高等教育的效率。诚如国立中央大学教授艾伟、孙敏二氏所论,"在入学试验中,其所录取或拔选者若皆优秀青年,则在培植之时,必事半而功倍,目的能早达到,否则在各方面均不符合经济(效率)原则"④。袁伯樵则直言,"大学或专科学校之必须有入学考试,目的是在选择真才而去庸才,以增进高等教育的效率"④。

对于社会来说,考试经济是一种社会现象,同时亦是经济活动的一种特殊形态。它的流弊容易产生在经济活动的运行过程中,也就是说,考试经济在这个层面的流弊与其他经济活动的流弊有着共同之处。无外乎经济行为的失序,从而导致价值的失落。在功利和价值之间产生矛盾。第三个层面的流弊主要是对于考试活动本身及全社会所造成的危害和不良影响。

---

① 龚启昌. 论入学考试[J]. 教育通讯,1948(9):8-10.
② 入学考验问题[J]. 教育杂志,1909(1):2.
③ 袁伯樵. 改进大学入学考试之商榷[J]. 中华教育界,1949(10):32-35.
④ 艾伟,孙敏. 大学入学、在学及测验三种成绩之相关研究[J]. 教育心理研究,1942(1):22-33.

其一，放任考试经济的发展，容易滋生考试领域的经济主义，考试经济行为的失范，可能破坏市场经济的竞争秩序。考试经济现象的无限滋长，强化并放大了考试的经济功能，使考试领域的经济主义盛行。考试培训市场的无序竞争，甚至是不正当竞争，均对市场经济秩序造成严重损害，同时被损害的还有消费者群体的切身利益。

其二，放任考试经济的发展，在一定程度上塑造并影响着社会风气。考试经济的发展，可能会塑造和纵容一种"钻营投机"的社会风气。这种社会风气在科举时代就已造就基因。科举时代后期的应试士子抛开儒家经典不读，而专务钻研制举用书，企求速成。最终导致诸多应试士子对于制举用书内容之外的儒家经典一无所知，他们这样做只为谋求在科举考试中竞争胜利。与科举时代的应试主义一样，现代考试经济的发展，为应试人群提供了各种各样的应试产品和应试服务，虽然满足了应试人群的应试需求，但忽略了平时的素质和能力的提升以及知识的储备，希望凭考试经济所创造并提供的应试产品和服务，在考试中取得竞争胜利，助长了考试活动中的投机或机会主义。

### 三、考试经济存在"是非"标准吗？

考试经济的"是"与"非"，是一个涉及经济伦理的问题。权衡利弊总要站在一定的立场上，持以一定的价值标准。所以权衡考试经济的利弊，也需要先将对考试经济利弊的最终判断依据提出来商讨。合乎所立标准者，谓之"是"，反之谓之"非"。探究考试经济的"是"与"非"，就是得寻求或设立一个判断"是"与"非"的标准。

其一，一种经济活动或经济现象是否有"是""非""善""恶"之分？

任何一种经济活动或经济现象均是客观存在的，所谓的"是""非""善""恶"均是对于人的利益而言的一种价值判断。我们在这里借由"灰色经济""地下经济""寄生经济""影子经济"等经济形态的命名规则及其主要特征来检视考试经济的价值判断问题。"灰色""地下""寄生""影子"等前缀主要是用来表征该种经济形态的典型或共同特征，它们均带有浓厚的价值判断意味。考试经济这一概念本身并不包含价值判断，而只是表明经济活动的主要发生领域。

一种经济活动或经济现象是否存在"是""非""善""恶"？这是一个涉及经济价值判断的问题。它往往和社会的主导性价值高度相关，这种价值判断同时还受社会主流价值导向左右。考试经济的"是""非""善""恶"问题，既要检视其经济活动的特征，又要对照社会的主导性价值。

如前所论，考试经济无疑是一种相对复杂的社会现象，但不管它如何复杂，它总是和考试相伴在一起的，与考试难舍难分。考试经济的形成既是考试活动发展的副产物，也是社会经济发展的必然结果。与其大张挞伐考试经济这一盛行于世的社会现象，还不如对其进行缜密研究，摸清其发生与发展的机理，让考试经济的发展为考试事业和人类社会谋福祉。

其二，考试经济"是"耶"非"耶？"善"耶"恶"耶？

考试经济从根本上并不存在"是"与"非"的问题。"是"与"非"也是相对而言的，站在不同的立场来看待考试经济现象，此处为"是"，它处即可为"非"。换言之，在不同的立场上，"是"与"非"的观念可能截然不同。

考试经济是为人类服务的，具体来说是为考试主、客体服务的。若非要对其进行评判，也有一条相对可行的标准，那就是考试经济的发展不能损害考试主、客体的根本利益。再进一步言之，还不能损害教育的核心利益。这是因为，教育考试从根本上是为教育服务的。如果考试经济的发展损害了教育的核心利益，不利于教育的发展，那么就要检讨这种社会现象的存在和行为界限了。

从任何经济活动来说，是否符合社会生产力发展的需要是一条最根本的标准。因此，追问考试经济"是"与"非"的问题，实际上就是一个判断考试经济的社会价值问题。考试经济若仅仅停留在为"应试"服务，而不是促进考试生产力的进步和考试活动效率的提升，那么考试经济的存在价值就不得不大打折扣了。

我们不能否认考试经济存在的合理性，但任凭考试经济如何推演，总得有一条底线——这种推演不能以损害和牺牲考试宗旨（考试目的）为代价，考试宗旨（考试目的）是考试存在的根本依据。所以，考试宗旨（考试目的）是判定考试经济"是"与"非"的最高标准。

同时，公平性是所有具有竞争性质的考试应有的基本特征，但不是其目标。所以无论考试经济整体何去何从、如何发展，都不能损害或侵蚀竞争性考试所应具备的公平性这一"大道普化之基"[①]，维系竞争性考试的公平性也是一条重要的底线。

## 第四节 "限制"还是"发展"：考试经济的政策困境

欲要抉择考试经济应该"限制"还是"发展"，必然会涉及以下三个重要问

---

① 慧济. 论公平为大道普化之基[J]. 卍字月刊, 1939（7）：1-4.

题：其一，考试的"量"的问题。即考试是不是越多越好？这是由于，无论是"限制"还是"发展"，均涉及考试的"量"的问题。其二，考试的"规模"问题。易言之，就是考试存不存在一个适度规模或者考试的规模是不是越大越好？这主要是由于，无论是"限制"还是"发展"，也均与考试的规模有关。其三，"限制"还是"发展"的价值标准问题。或者说"限制"还是"发展"的判断依据是什么？

## 一、考试是不是越多越好？

正如前文所说，考试经济是依附于考试活动的经济现象，具有极强的依附性。所以在政策上若是要大力发展考试经济，就必须得有考试在数量和质量上的跃升。换言之，大力发展考试经济中的"发展"也就意味着既要有数量上的增长，也要有质量上的提升。而其中的"大力"意味着从主观上想尽一切办法推动考试经济的发展，从客观上实现考试经济从数量到质量上的大发展。从数量增长上来说，这就不仅仅是考试种类的增加，还有考试规模，也就是考试相关群体规模的扩大，还有考试经济规模和考试经济效益在数量上的增长；从质量提升上来说，这也就不仅仅是考试质量的提升，还有考试经济逐步朝着良性健康的方向发展，造福于考试相关群体和考试事业的发展，并最终助益于人的发展和社会的和谐进步。

随着社会的发展进步，考试的应用领域日渐广阔，"新近在政界、军界、工界或商界各方面，应用考试方法来选择人才的，一天普遍一天，而且获有很大的成效"[①]。这是考试的功用至为广博的结果。考试制度应用于不同的领域，其考试目的就不可能完全相同。又因考试方法和应用领域的差别，就会产生诸种不同的功用。考试本身的功用虽然是多样的、宝贵的，但考试并不是越多越好，合理地使用考试，充分利用考试这一"解决各种教育问题的必要工具"和"推进各种事业的良好法则"[①]。

任何一项制度的施行，总是既有利又有弊。"考试制是不得已的办法，并不是具有万能力的"[②]，况且无论是何种制度，行之既久，总不免会生出流弊，终至于有名无实或名与实不相应的状况。[③]考试作为实现某种特定目的的手段或工具，必然是为这种特定目的服务的。

所以社会上的考试绝不是越多越好，而应在尤宜用考试的领域，科学地运用

---

① 杜佐周. 现代考试方法的评判与改进[J]. 中山文化教育馆季刊, 1937（1）: 275-292.
② 漫厂. 考试制度[N]. 教育周报, 1924-06-13.
③ 吴雷川. 清代科举制度述略[J]. 教育学报, 1936（1）: 1-8.

考试。某一领域是否需要考试，需要什么样的考试，取决于社会的实际需要。考试的目的是根据社会的需要和应试者的身心特征由主试者确定的。确定需要什么样的考试，设计什么样的内容，达到什么样的考试目的，完全取决于社会的实际需要和应试者的身心特征这两个条件。

## 二、考试规模是不是越大越好？

欲求发展考试经济，必然会引起考试规模的扩张。考试规模愈益扩张，也就意味着考试市场的不断扩大，可能带来的经济效益就越高。大力发展考试经济，就必然追求开拓考试市场，将考试的应用领域进一步拓展，应用于社会生活的各个领域，以发挥考试的诸种功能。就必须谋求让更多的人参加考试，投身于考试活动和考试事业之中。

考试规模主要代表的是应试者人数的多寡。考试方法的应用，主要是为测度或甄别应试者的素质和能力。无论应试者众，还是应试者寡，考试均执行着同一标准，其目的均在于测度或甄别这些应试者的素质和能力。这一考试基本属性与应试者的多寡并无关系。实际上，考试规模对于考试目的并无实质性的影响。考试规模无论是大还是小，均无损于考试目的的实现。换言之，考试规模并不影响预期考试目的的实现。

考试规模对考试本身又会造成何种影响呢？考试规模不仅影响考试的内部关系，而且还会影响考试与外部的诸种关系。

考试规模对考试内部关系的影响，即考试规模对考试系统本身的影响。由于考试系统是由考试主体、考试客体和考试中介三要素组成的集合体。对考试主体而言，考试规模影响考试主体对考试的主持、设计、实施和监督等整个程序。对考试客体来说，考试规模影响考试客体的应试行为。对于竞争性考试的应试主体来说，在考试规模扩大而考试取录规模没有同步增加的情况下，提高了考试客体的考试难度，也就是说这种考试规模的扩大意味着考试客体之间的考试竞争可能会更加激烈。在考试系统中，考试中介这一要素本身包含了四种具体要素，即组织要素、工具要素、方法要素和信息要素。[①]考试规模的变化，影响考试中介系统内组织要素的组织形式，工具要素的供给数量，方法要素的运行程序和规则，信息要素的政策、法规导向。

考试规模对考试外部关系的影响，即考试规模对考试系统外部的影响。一般情况下，考试的规模越大，其社会性就越强，考试的社会影响也就越大，不仅关系到社会公平、大局的稳定，而且还被赋予了考试之外的政治、经济和社

---

① 廖平胜. 考试学原理[M]. 武汉：华中师范大学出版社，2003：121.

会诉求。大规模考试往往具有极强的社会性，同时具有一种社会控制功能。[①] 考试规模增大以后，考试利益相关群体庞大，牵扯面广，利益关系复杂，社会对考试公平的关注度高。同时，考试规模越大，其运行过程就会越复杂，对考试管理的要求也就越严，考试运营管理所耗费的成本就越高。不过由于应试者数量的增加，在收取相应考试报名费用的情况下，也会在一定程度上补充和部分抵消这种考试成本的增长。上述所论的是考试规模的扩充对考试本身带来的不同影响，而对于考试经济的发展来说，考试规模的扩充却是福音。考试规模越大，这也就意味着考试市场就越大，考试活动所能带来的相关经济利益空间就越广阔。

由此可见，考试的规模也并非越大越好，适当的考试规模有助于考试目的的实现，也更加有利于考试事业的健康发展。

既然考试规模对考试内外部的影响至深且巨，那么考试规模有哪些影响因素呢？考试规模的大小，从根本上取决于社会的考试需求，与一定时期社会的人口因素有关，同时还受考试主体的具体考试政策制约。

一定时期的考试规模大小与社会的人口因素有关。尤其是高等教育考试，其考试规模与基础教育阶段受教育人口和高等教育阶段受教育人口的总体规模呈正相关。我国近年来高考人数和考研人数急剧上升，背后的主要因素之一就是受教育人口数量的增长。

考试规模的大小还取决于社会的考试需求，这是考试规模的决定性的影响因素。1977年我国恢复高考招生制度，当年全国共计有570万名考生参加考试，这主要是因为"文化大革命"期间考试制度被彻底破坏，教育领域一片荒芜，广大知识青年有着旺盛的升学需求。

考试规模还受考试主体制定的考试政策影响，即考试主体对考试资格做限制与否。对应试者考试资格不做任何限制，不设门槛，就是完全开放性的考试；对应试者的考试资格做一定的限制，这就是运用强制性手段，将其中一部分人排除在应试者群体之外，这主要是考试主体满足对于实现特定考试目的的需要。

既然考试的规模并非越大越好，那么有什么办法可以适当地控制考试规模？一是"疏"，即调整考试次数和频率，以达到分流考试人群的目的，使单次考试规模得以减小；二是"堵"，即限制应试资格或提高应试门槛，使一部分潜在的应试者失去应试资格，从而达到减少应试人数、控制考试规模的目的。

---

[①] 张宝昆. 大规模教育考试的社会控制功能研究[M]. 昆明：云南大学出版社，1999：45.

## 三、考试经济:"发展"还是"限制"?

"发展"还是"限制"是一个政策导向的问题。考试经济是一种依附性极强的经济形态,它对考试也有着深深的依赖性。通俗地说,考试经济以考试活动、考试制度的存在为前提,考试经济的内容、范围、规模等均随考试活动、考试制度的改变而变化。既然考试与教育、考试与经济之间存在这种错综复杂的关系,那么要研讨应对这种涉及教育、考试和经济活动的社会现象的方案,就必须弄清两个问题,即考试究为何来?考试经济所为何事?回答了这两个问题,然后才有可能解决考试经济是"发展"抑或"限制"的这个政策困局。

### (一)教育考试:究为何来?

对于教育考试而言,考试为手段,教育是目的。教育考试的根本意义在于为教育服务。教育学家陈友松在《现代考试原理》一文中,就教育与考试的关系有过专门论述,"教育的任务,在发展培养并增加我们的才能。考试的任务,在证验评品与衡量此才能的高下与多少。要人尽其才,人人须受教育,人人须有考试"[1]。

科举考试的目的在于登进人才而录用之。也就是说,科举考试旨在选拔治国理政之才。科举考试是一种综合性的考试,它既具有文官考试性质,也有教育考试性质,而且还是一种高等教育考试。[2]虽然科举考试具有高等教育考试性质,但张耀翔认为"科举是一种智力测验,不是学科测验,也不是职业测验"[3]。科举考试的应用并不在高等教育领域,科举考试并不是为科举时代的教育服务,而是政府用人之计,科举时代的教育,亦是一种"养士的教育"[4]。

高考、研究生入学考试等高校(科研机构)招生考试,旨在为高校选择合适生源,其第一要义在于选择。袁伯樵在《中华教育界》撰文指出,高等教育是一种选择教育,施用"选择"的理由有二:第一,大学的容量有限,不得不加以选择,使优秀的青年有优先享受此种教育的机会。第二,高等教育是一种专门教育,享受此种教育的,必须为禀赋优良的真才,所以大学或专科学校必须有入学

---

[1] 陈友松. 现代考试原理[J]. 周论, 1948(20): 2-4.
[2] 刘海峰. 论科举的高等教育考试性质[J]. 高等教育研究, 1994(2): 86-90.
[3] 张耀翔. 论科举为智力测验[N]. 晨报副刊, 1926-02-16.
[4] 陈东原. 中国科举时代之教育[M]. 上海:商务印书馆, 1934: 14.

考试，目的是选真才，去庸才，以增进高等教育的效率。①由此可见，满足教育机关选择学生的实际需要，是教育招生考试的根本使命。

职业教育学家杨卫玉以教育的眼光来看待考试，认为学校之所以要有考试制度，有三种意义：考试是整个学校的测量；考试是对教学成就的总检讨；考试为改进学校的根据。②规模宏大的大学英语四、六级考试的本旨，实际上是要为大学英语教学服务；学业成绩考试是教学过程的一个重要环节，其本旨在于为学校的课程与教学服务。时任汉口明德大学③副校长向绍轩在《学衡》杂志发表通论——《学校考试与教育前途》，认为"考试者，学校促进青年成学之一种方法也"，与教育前途关系至大：

学校所以必有考试者，其理由有二：一曰以验学子读书之勤惰，因而鼓励之、督促之，使勤者显而惰者亦奋。故考试必取严格主义，盖不严则勤者无以自见，惰者则得以自欺者欺人。如此则不独失学校行考试之本质，且有破坏青年德性之害。二曰以别学子天赋之高低，因材施教，使愚者有进于明，柔者有进于强之机会。盖天赋低者与天赋高者求学之功，相去甚远。教师藉考试以观其相去之程度，因得于日常教授之间，寓扶植调剂之道，使天赋低者不甘自弃。人一己百，人百己千，亦断无不能成学之事。④

综上所论，无论是古代的科举考试，还是近现代的各类教育考试，从其性质来看，教育考试的应用领域均在教育领域，在本质上是为教育发展服务的。在此，本书有必要进一步追问，狂热地追求考试的经济价值，是否会"亡失"或"妨碍"考试的本旨？不论考试经济追求哪种价值，不论它究竟如何发展，均不能损害考试活动本身的正常进行，不得令其妨碍考试目的的达成。如果考试经济的发展阻碍了考试活动的正常进行，破坏了考试的核心精神，那么就必须将其调试到合理的程度上。

（二）考试经济：所为何事？

对于考试经济而言，考试仅是手段，经济才是目的。但对于考试经济来说，考试也并不是纯粹的手段，考试经济所追求的经济目的，是通过为考试活动提供产品和服务而得以实现的。考试经济发展的手段或途径须要依靠考试活动，具有极强的依赖性。考试对于考试经济来说，有着工具性的价值。考试不是考试经济

---

① 袁伯樵. 改进大学入学考试之商榷[J]. 中华教育界，1949（10）：32-35.
② 杨卫玉. 教育眼光看会考[J]. 文萃，1947（5）：17-18.
③ 汉口明德大学（1919~1926年），前身为1912年设于北京的私立明德大学，1919年在汉口复办，故称"汉口明德大学"。胡元倓（子靖）任校长，向绍轩任副校长。1926年夏，该校因经费不支而停办。
④ 向绍轩. 学校考试与教育前途[J]. 学衡，1924（29）：9-14.

所追求的目的，考试对于考试经济来说，不具有目的性的价值。考试经济的最终目的在于经济，其在本质上是一种经济现象而非教育现象。所以考试经济现象的出现，是考试和社会发展的结果，它所孜孜以求的，并不是考试的发展，而是考试发展所蕴含的商机和所能带来的实际的经济利益。

### （三）考试经济之方策指南

应对任何一种经济活动，均有三种方案可供决策者选择：一是采取放任的政策；二是秉持发展的态度；三是谋求适当的限制。在一般的社会条件下，采取完全放任的政策，是不太可能的。所以"发展"和"限制"就成为经济活动方策的选项。本书想要追问的是，对于考试经济而言，"发展"抑或"限制"的依据到底何在？"发展"的应是什么？"限制"的又当是什么？

抛开不同学科领域的概念歧见，就其普遍意义而言，"发展"总是蕴含着价值判断，通常是一种积极变化和一个逐步完善的过程，乃量变与质变的统一。从一般意义上来讲，"限制"集中体现为对行为的约束，并让其局限在一定的范围之内。换言之，论及"限制"必然存在着一个"界限"的问题。弄清楚这个所谓的"界限"是"限制"的前提。就考试经济而言，从"发展"与"限制"的关系来说，"发展"就是要为其"指路"，"限制"就是要为其"纠偏"。

1. "发展"就是为其"指路"

对考试经济秉持"发展"的态度，考试经济的"发展"取径，无非着眼于"规模"和"质量"，即在"规模"和"质量"上下功夫、做文章。

一方面，所谓的"发展"表现在数量的扩充上，就是考试数量和考试规模的问题。考试数量也与考试规模相连，考试规模越大，考试需求越大，从而在理论上扩大了考试市场，为考试经济提供了足够的发展空间。但正如前文所论及的，考试规模并不是越大越好，考试的规模必须要适应经济社会发展的需要。

另一方面，所谓的"发展"还表现在质量的提升上，就是考试经济的质量问题。考试经济的质量提高，就是要通过考试经济的发展，不仅更加适当地满足考试主、客体的需要，为考试的科学性和公平性服务，还要发挥和扩大考试经济对于经济社会发展的正能量。

2. "限制"就是为其"纠偏"

谋求对考试经济的适当限制，其"限制"的取径，无非也还是"规模"与"质量"，仍然难以逃脱在"规模"和"质量"上做文章。不过"限制"的取向与"发展"有所不同，"限制"的主要目的，就是要让考试经济的发展局限于一定的界限之内。之所以要这样做，从根本上来说，必然是因为考试经济的过度发展会造成不可挽回的弊病。而"限制"的最终价值归依,就在于为这些弊病"纠偏",从而让其产生积极的示范效应。

在"规模"上,所谓"限制"就是要设法控制考试经济的发展规模,让其规模限制在一定的范围之内,而这个范围进一步而言就是一个合理的范围,就是一个不对考试活动本身造成不良影响,不损害考试目的的实现,不破坏全社会追求的核心价值的行动范围。

在"质量"上,所谓"限制"主要是要控制考试经济的质量,规范考试经济的行为,借此提高其发展水平,使考试经济的发展最终造福于人类社会。

不论是从规模还是从质量上进行"限制","限制"的价值指向都是要"兴利除弊",而其重点在于"除弊"。就是不让考试经济的发展走上"邪路"和"不归路"。考试所引致的诸种问题,并没有绝对的利弊之分,其所出现的流弊也是"人谋之不臧,而非制度之未善"。考试经济的方策所要做的就是寻求一条充分利用考试经济的利益,充分发挥考试制度最大效能的发展道路。

# 第六章 考试经济的政策前瞻

现今社会不仅是一个考试制度的时代,也是一个考试经济的时代。考试制度的历史如此悠久,传播的地域如此广大,应用的方面又如此众多,这绝不是强制执行,凭空宣传,或代代相因的结果,完全是由于考试本身具有实际的、宝贵的功用所致。考试的功用到现在,已不仅为解决各种教育问题的必要工具,且是一种推进各种社会事业的良好法则。[①]考试经济遍行于世,影响的方面也是极广的,虽然这本不是考试本身所固有的功能,但在事实上完全成为考试在市场经济时代所具有的一种功用。

## 第一节 考试经济的价值导向

威斯波格学派心理学家杜尔(Duerr E)解释"价值"为"规定人的行为的目的方向的东西"[②]。而所谓价值导向,就是指被社会或群体、个人确定为追求方向的价值取向。

考试经济具有高度综合性的特点,其所牵扯到的利益面广而繁复。作为一种盛行于世且相对纷杂的社会现象,考试经济的发展难免会存在诸种不同的价值取向。在这诸种不同的价值取向中,选择将什么发展方向确定为社会、群体和个人追求的价值取向?这是在系统梳理了考试经济的逻辑与问题之后,急需考试理论和实践工作者回答的一个问题,也是考试经济在发展实践的过程中所产生的理论需求。

从行为动机与价值归趋来说,确立考试经济的价值导向,主要是为了规避考试经济可能引致的流弊,使考试经济行为朝着有利于考试事业和人类社会良性发

---

[①] 李钦瑞. 论学校考试的功用[J]. 教育与科学,1946(7):30-32.
[②] 蒋径三. 教育的价值论之建立[J]. 教育杂志,1931(12):1-9.

展的方向迈进。

本书立足于历史和现实的视野，从考试的旨趣出发，结合一般经济活动和考试经济活动的性质与归趋，来探求和理性地思虑考试经济发展的价值导向。本书认为，"适应考试人群之需要""统整考试与人之关系""提升教育考试之质量""推动考试事业之发展"等，可作为考试经济在现阶段和未来的价值导向。

## 一、适应考试人群之需要

按照美国经济学家伊利（Ely R T）的解释，"经济是一种人类财富获得、财富施用的动的社会现象，其主要的意义，在满足社会需要"[①]。这里的"社会需要"，实际上即"社会人的需要"。对于考试经济而言，其意义也就在于满足考试人群的实际需要。

那么何谓考试人群，考试人群的实际需要主要有哪些，考试人群的需要存不存在一个合理的分别，为什么说"适应考试人群之需要"可作为考试经济的价值导向？

所谓考试人群就是与考试活动有直接利益关系的群体，或者直接参与考试活动全程的群体。从委托-代理关系来看，考试人群包括了考试的主办者、考试的设计者和考试的施行者。从考试系统来看，考试人群包括了考试的主体和考试的客体，或者说主要是考试组织者和考试的应试者，同时还包括了考试结果的使用者——考试的最终用户。

考试人群所需要的，对于考试主体来说，无疑是维系考试活动正常进行并推动考试效率和质量提升所需要的物质和技术条件。考试主体所需要的不仅仅是维系考试活动的正常运营，还要追求科学地设计和施行考试，持续性地提高考试活动的效率，以期让考试活动的价值与功能发挥到极致。对于考试客体而言，主要是在应试过程中所需要的物质和精神需要。考试客体所需要的不仅仅是参加考试所需的衣食住行等各方面的便利条件，还有着对考试的公平、公正等的强烈诉求，需要借由考试的应备和训练，谋求考试竞争胜利，从而实现其所追求的考试利益。对于考试的最终用户而言，考试的最终用户所需要的就是对考试质量的要求，就是考试的科学性和可靠性，就是考试所提供的信息要能够准确地反映被试者的素质和能力。考试的最终用户所需要的这种考试结果反馈的信息，要能真正地帮助其进行选择和决策。无论是上述哪个方面考试人群的需要，都抽象和集中地反映在对考试活动效率和考试活动公平的需要上。

---

① Ely R T, Adams T S, Lorenz M O, et al. Outline of Economics[M]. New York：Macmillan, 1930：3.

实际上，人的需要本身也有一个合理与否的问题。①所以考试经济在价值导向上适应考试人群的需要，但也应注意这种需要"合理与否"的问题。

罗廷光在《新中华》杂志撰文指出，经济活动是一种"获取及利用经济物品时之社会活动"。它既不是唯物的，也不是唯心的；乃由于人类生活而有种种欲望，须借各种经济物品以为满足，便在这个满足的历程上，而现出种种社会活动，予以增加经验，改变行为。所以从广义上来说，"经济生活实与社会生活同其范围，经济活动实与社会活动同其目的"②。简言之，经济生活在某种程度上就是社会生活，经济活动的目的，同样也是社会活动的目的；不管是经济生活还是社会生活，均为一种满足人类生活需要的社会活动。与其他社会经济活动一样，满足人类社会生产和生活的实际需要，是考试经济活动最根本和最高尚的价值。考试经济要以满足考试人群的实际需要为生存条件，离开了这种对考试人群需要的满足，考试经济既没有存在的必要，也没有存在的可能。

## 二、融合考试与人之关系

1942 年，郑阳和在《教育通讯》杂志撰文探讨入学考试问题，郑阳和认为考试与人的生活工作具有一种"不可分际的关系"。"人对于学，不可不有实验，人对于事，不可不有试验，所以人对于人，在学与事两方面，即不可不有考试。"③考试为人所创设，"一个有志气的人，必能从考试中磨炼身手，准备接受考试，不但要从考试中，测验自己的能力，表现自己的能力，并且要从考试中，发觉自己的缺欠，以求知其所不知，'增益其所不能'"③。考试对于人的重要性，约可于是见之。

那么考试与人之间到底是何种关系？概括来说，考试是手段，人的发展是目的。考试是人发明的一种方法，或者说创设的一种手段，考试的产生从根本上是人类社会生产和生活的需要，或者说"根源于人类追求自身发展的内在需要"④。

考试活动是在人的社会联系中展开的，考试活动所反映的关系，就是人与人的社会关系。所以，考试活动与人之间的关系，实质还是人与人的关系。考试作为一种作用于人的社会活动，虽然表面上反映的是考试主体对考试客体的测度、甄别和评价，但考试的诸种关系在本质上是人与人之间的社会关系。考试作为一种测量工具，穷根究底所反映的还是人与人之间的关系，也就是人们通过考试这

---

① 赵士发. 论合理需要的基本规定[C]//武汉大学马克思主义哲学研究所. 马克思主义哲学研究. 武汉：湖北人民出版社，2004：111.

② 罗廷光. 经济与教育[J]. 新中华，1933（3）：29-35.

③ 郑阳和. 入学考试问题之探讨[J]. 教育通讯，1942（12）：9-13，16.

④ 廖平胜. 考试与人的发展[J]. 湖北招生考试，2002（4）：1.

一测量工具来认识个体的人的素质和能力。

考试主体所设计和施行的考试,代表了一定的考试目的,这种考试目的就是一种主观愿望,代表了某一时代某一群体的意志。考试设计和施行的过程,集中体现了考试委托人与考试代理人之间的关系,考试命题人与应试者之间的关系,考试评卷人与应试者之间的关系,考试最终用户与应试者之间的关系。也就是说,考试主体设计和施行考试最终反映的也是人与人之间的关系。

所以,正如考试学专家廖平胜所言,"考试活动是为了人的发展的活动,服务于人的发展,促进人的发展,是考试活动的灵魂所在,也是考试赖以存在发展的根本价值所在"[①]。"考试活动之所以伴随人类社会的始终,归根结底是因为它是促进人的发展的活动。服务于人的发展,实现人的发展,应该而且必须是作为考试活动灵魂的考试活动的目的。"[②]

考试的产生是人类的需要,是为人类服务的,是一种为人类谋福祉的社会活动。尽管人们对考试性质的认识"众说争鸣,莫衷一是",但无论是什么性质的考试,教育考试也好,人事考试也罢,考试的直接指向或宗旨尽管也有所不同,如教育考试是为教育教学服务的,人事考试是为人事行政服务的,但考试的最终价值指向总是一致的,考试的最终指向均是谋人之发展,是为谋人之幸福而服务的。这即廖平胜先生所说,"无论是考试主体设计实施考试,还是考试客体应考,都以满足某种社会、群体或个人的需要为目的。这既是人们组织或参与考试活动的内在动力,也是考试活动能给人以强烈、广泛、持久影响的本质原因所在"[②]。

对于竞争性考试而言,"公平"还别具一番价值和意义。戴文礼在《公平论》中,洞穿公平问题的本质,认为"公平问题是人与人的利益关系问题"[③]。考试人群所普遍关心的考试公平问题,其实质也是反映的人与人之间的利益关系问题。

英国埃克塞特大学 Charles Desforges 教授撰有 Testing and Assessment 一书,贯穿该书的主题是"testing are like fire—they are a good servant but a bad master"[④]。Charles Desforges 教授论及的"servant"和"master"的隐喻就涉及"考试是驾驭人抑或考试服务人"这一考试所要面临的一个重要的价值选择问题。从前文所述的考试与人的关系可以明了,考试是不应该成为生活的主宰和教育的目标,考试的归途应是服务于人类而不应是驾驭人类。

中国古代先贤凭借聪明智慧在寻常的政治与教育实践中发明了纸笔考试,为

---

① 廖平胜. 关于考试与人类社会发展的几点思考[J]. 湖北招生考试,2003(12):27-31.
② 廖平胜. 考试与人的发展[J]. 湖北招生考试,2002(4):1.
③ 戴文礼. 公平论[M]. 北京:中国社会科学出版社,1997:3.
④ Desforges C. Testing and Assessment[M]. London:Cassell Education Limited,1989:3.

政治和教育实践服务。①但在现实中读书人却屡屡为考试所累，或为考试所役，激烈的竞争导致不少士子终身困顿于场屋而不得一第，以至于科举考试成为隋唐以后中国古代社会的重心，成为统领科举时代社会生活的核心机制。

在今日的考试时代，考试似乎已变换成应试人群面临的"头号大敌"，尤其是竞争性考试，应试者不得不投入大量时间和精力来为考试做准备，训练考试将要考察的知识和能力，以求在考试中获得胜利。

考试在事实上成为一种"指挥棒"，考试导引着教育，它不仅统治了教育，还成为应试者日常生活的主宰，一切生活围绕着考试在转。人在考试面前沦为被检阅的奴仆。在教育发展进程中"考试最大"，为了应对考试，可以不惜牺牲其他活动的时间，从而使考试成为日常生活的统领。"为应考而受教育，引人于求资格而不求实学实德之途，此历来教育家所同深痛惜者。"②"考试原是读书程途中常遇到的家常便饭"③，但渐渐发展成学生"视考试为畏途"，并且怀疑考试的价值。

有评论甚至认为，"考试就是中国人的宗教"④。人们投射在考试上的热忱与执着，完全是一种类似的狂热。"无论做教师的，做学生的，都把考试的一桩事，本来是促进研究学问的一种手段，拿来认做读书的目的。"⑤青年作家蒋方舟曾作《考试奴隶》一文，指"考试"的表面目的是为各种的社会填充物挑选材料，然而，"考试"的核心目的则是恐惧。恐惧是最强韧的链条，绑得人屏气凝神，万众一心。⑥

《中国新闻周刊》也刊载过《考试奴隶》一文，指"考试披着漂亮的外衣，戴着神圣的面具，它施舍给我们一个不足四位数的分数，而我们可以用这个分数换取社会的褒奖，换取'远大前程'，于是有了一批又一批的考试人"⑦。在现实生活中，或许"谁都不会坦言直认，读书是为了考试，而考试背后的推动力，就是为了一纸文凭！然而，随着实际情况的发展，考试与文凭，毕竟又顺水推舟，成为最终的泊岸之处"⑧。人就在这个过程中不觉地沦为了考试的奴隶。

当代以应试为行为目标和价值导向的"应试主义"充斥于教育领域，全面导

---

① 李弘祺认为"声称中国人发明了考试的观念，是一个令人难以接受的说法。考试，亦即评估教育进展或学识程度的方式，是所有教育系统自然而然都会产生的制度。"（李弘祺. 学以为己：传统中国的教育[M]. 香港：香港中文大学出版社，2012：595.）
② 余家菊. 会考问题商榷[J]. 中华教育界，1936（6）：1-8.
③ 彭桂萼. 怎样考试？[J]. 教育与科学，1938（5）：169-180.
④ 李国卿. 我们信仰考试[N]. 经济观察报，2006-07-04.
⑤ 绍基. 我之考试观[N]. 民国日报·觉悟，1922-01-16.
⑥ 蒋方舟. 考试奴隶[J]. 意林，2010（22）：39.
⑦ 万石，钟敏. 考试奴隶[J]. 中国新闻周刊，2000（11）：14.
⑧ 蒋方舟. 考试奴隶[N]. 香港文汇报，2007-04-01.

引教育活动，已形成令人十分痛恨但又无可奈何的"应试教育"。应付考试成为最重要的教育目标，应试之外的其他教育目标服务乃至让位于应试目标。显而易见，读书求学自有正大的目标，决不专为应付考试。"考试不是学习的终结，乃是学习的过程。学习的目的在获得真知活识去立身处世，而考试不过用以测验学习的收获到底怎样。"① 鲍国宝在《清华学报》上发表过有关学校考试的论文，鲍氏认为，"（学校）考试之宗旨，在辅助学生，而不在察验学生"②。意思就是主张考试从根本上是辅助和服务于学生的工具。

考试经济的价值导向，就是要让"人"从考试中解放出来。这句话是有两层含义的。其一，从考试主体来说，借着考试经济的发展，提高考试活动施行的效率，提供考试活动所需的物质和技术条件，将考试主体从纷繁复杂的考试事务中解放出来。例如，各级教育考试机构应用深圳海云天科技股份有限公司提供的阅卷技术，不仅简化了考试组织流程，提高了考试阅卷效率，还节约了人力、物力和财力，同时减少了人为因素对考试结果的影响，使考试的科学性得到进一步提高。其二，从考试客体来说，考试经济的发展，为应试者提供了便利的考试条件，提供了高质量的考试服务，将应试者从应试过程中解放出来，提高应对考试活动的效率。

考试经济所凭依的是考试活动，但它反映的仍然是一种人与人的关系。考试经济发展的价值导向之一，就是要统整、融合考试与人的关系。考试是人类设计的规则和制度，或者说是人类创造的工具和技术，这种规则、制度或工具和技术，只能服务于人，而不能统治人，人不能臣服于考试，成为考试的奴仆、奴隶。考试被人设计出来，其目的不在于统御人，而在于为人类生产、生活服务。从不同类型的考试来说，教育考试是教育发展过程中所必需的，最终服务于教育、教学活动的需要，而教育、教学活动最终也是为人类谋福祉，服务于人类社会发展的现实和未来需要；人事考试是提高人事行政效率的工具，要服务于提高人事行政效率的需要，而人事行政直接目的在于谋事业之发展，最终也是服务于人类社会发展，为人类自身发展而服务的。

## 三、提升教育考试之质量

考试经济既然是在满足考试人群需要的过程中以求发展，其影响必及于考试，也会影响考试的质量。而质量是考试的生命线，考试经济要期求发展，必须想方设法极力地满足考试人群的需要，并且这种满足既要符合考试人群的根本利益，又要符合考试的发展规律。

---

① 彭桂萼. 怎样考试？[J]. 教育与科学，1938（5）：169-180.
② 鲍国宝. 学校考试之研究[J]. 清华学报，1918（4）：13-18.

那么何谓考试质量，考试质量到底是对谁而言的质量，考试经济的价值为什么要导向考试质量的提高呢？

所谓考试质量，显然是包含了考试制度的质量。而考试制度的质量，主要是考试制度的设计和施行的质量。"考试制度，本身无缺，惟视考试制度如何方式而判其优劣也。"[①]此意是以考试制度的"如何方式"来判断考试制度的"优劣"。这里的"如何方式"，即考试制度的施行方法。

探究考试质量，须先将一个问题予以明了，即所谓考试质量存不存在一个对象的问题？易言之，考试质量是否存在一个对谁而言的质量？是对考试主体而言的考试质量，还是对考试客体而言的考试质量，还是对考试最终用户来说的考试质量？本书所言的考试质量是包括了对于考试主、客体和考试最终用户而言的质量。考试质量不仅指考试本身的质量，还包括考试活动全过程的质量。

那么什么是考试本身的质量呢？凡是符合优良考试特征的，就属于高质量的考试，就代表考试的质量"优"。反之，不符合优良考试特征的，就属于低质量的考试，就代表考试的质量"劣"。那么优良考试有哪些必备的条件呢？概括而言，主要有以下几点：其一，正确性，或者说效度。表示一个考试是否真正测量其所欲测量的东西，或测量它所想测量的事物或能力的程度。假若一个考试不能真正测量其所欲测量的东西，那么这个考试就毫无价值，就失掉其所以执行的意义；其二，可靠性，或者说信度。表示一个考试是否测量得准确，能切实表现其功能。或测量它所测量的事物或能力的准度；其三，客观性。表示一个考试的计分是否能够尽量免除或减少个人主观的影响。"人类每不免有癖性、成见和偏爱，因之各人的主观判断，必不能完全相同。"[②]此述三项为一项优良考试的最基本条件。

在此基础之上，史美煊还提出了一种经济性，或者说便宜性，用以表示一个考试"须谋教师和学生在时间和精力上的经济"[②]，令"教员易于施行和校阅，学生易于受试"[③]。而且还以一种"融洽性"作为评价考试价值的重要标准，"考试要有充分的趣味与刺激，并造成一种安适的感情"[③]。此外，还应建立一种适当的标准，以资比较。考试具有上述这些特征程度的高低，决定了其本身质量或品质的优劣。但考试质量并不仅仅是指考试本身的质量或品质。

一般而论，"考试质量，系指考试的效度、信度、难度和区分度"[④]。这种观点实际上仍然表示的是考试作为一种测量工具本身的质量。正若有论者所指出

---

① 陈祖功. 中国考试制度[J]. 天籁，1936（1）：138-158.
② 杜佐周. 现代考试方法的评判与改进[J]. 中山文化教育馆季刊，1937（1）：275-292.
③ 史美煊. 优良的考试之特征[J]. 测验，1932（2）：1-6.
④ 吴国华. 考试学学科理论的认识和研究[J]. 教育科学，1989（3）：23-27.

的,"考试质量包括两层含义:一是试题的质量;二是试卷整体的质量"①。换言之,考试本身的质量集中体现在试题和试卷上。试题的质量表现为考试的难度和区分度,即从考试的难度和区分度来进行判断;试卷整体的质量表现为考试的信度和效度,即从考试的信度和效度来进行评判。

但考试活动毕竟不只是试题和试卷这么简单,这两者仅是考试的中介,是考试活动一个不可或缺的组成部分。况且考试从根本上是人与人之间的关系活动,考试活动要想正常和高质量地进行,须注重考试活动全过程的质量。那什么是考试活动全过程的质量?这不仅包含了考试主体或者说考试机构所提供的考试中介的质量,还包括考试活动施行过程中所体现出来的服务于应试者和考试最终用户的质量。

考试既要科学,又要公平,但仅仅只是要求科学和公平是不够的。考试科学了,但如果考试编造和施行的代价太大、成本过高,考试的价值也会大打折扣;考试公平了,但若实现和维系考试公平的代价太高,亦不利于实现考试的本来目的。

在今天这样一个考试盛行的时代,考试活动不仅要追求考试效率,而且还应注重对于应试者及考试最终用户的各种服务,在提升服务应试者和考试最终用户需要的方向上着力。这从根本上是因为,考试是追求效率的一种工具,它所企求的是提高选才和育人的效率,考试对各种资源的配置,追求的同样也是资源配置的效率。正是资源的有限性和稀缺性,才有了进行竞争性选择的必要,考试的产生正是人类社会追求经济或者说效率的产物。而且归根结底,考试的需要,还体现为考试最终用户的需要,考试主体设计和施行考试的目的,就是要让考试所反馈的信息为考试最终用户的选择和决策所用,而这种应用大致可以归为"拔才"和"育人"两途。

考试质量对于考试而言有着什么样的重要性?考试经济的价值为什么要以考试质量为最终的检验标准之一?考试质量从根本上决定了考试价值的大小,事关考试的效能是否可以得到正常的发挥,同时也是考试自身能否赢得考试人群和社会认可的根本依据。在市场经济条件下,考试质量是考试的生命线。评判考试质量好坏的主体不再是考试的施考机关这个一元主体,而是同时包含了考试的应试者和考试的最终用户。

考试最初仅被认为是一种相对客观公平的选拔政府后备官员等人才的方法,长时间以来并没有"考试质量"这一概念。直到20世纪初期,"新法考试"引入国内以后,考试"优劣"与否,才具备一些可以相对客观评判的标准。

在科举考试时代,蒲松龄描述了士子在科举场屋应考时的惨状——"有七

---

① 支敏. 教育评价的基本原理及运用[M]. 贵阳:贵州人民出版社,2006:306.

似焉"①。清光绪二十九年《申报》刊载了一篇题为"论士子应试之苦"的短文，生动描述了应试士子的"场屋之苦"，"若夫入场时之苦累，更有不可以言语形容者……迨既入场中矮屋，卧则难以转侧，坐则无从屈伸，日中则焱旭如焚，兼有炉火之相逼。夜半则寒风透骨，不能帘□之遍遮。有时号舍与厕所相连，则臭味差池，尤觉棘心刺鼻，种种恶趣，非人所堪"②。由此可见，科举时代的应试者，无论是在肉体上还是在精神上均是备受摧残的，甚至可以说根本就没有什么人格尊严可言。尤其是处于科举全盛时期的明清两代，朝廷"养士特隆"，"在家有廪饩之赐，在朝有俸禄之颁，而于围场中供给饭食、瓷碗、茶汤、蛋糕、月饼各物"③。但这种隆恩在实际施行的过程中相关人等难免有所怠慢，"咸丰以前，供应颇觉不佳，火肉切片而不块，盐齑又不及皮蛋，粥饭和灰水而煮，不堪取食"。"当天气燥热，阴霉狼藉，粥饭处处皆是。"④而对于应试者而言，尽管不免会有怨言，但恐怕也只有默默接受的份。所谓"士子有言难告，莫敢指禀。亦以嘉赐所在，不便创论建言耳"③。

科举考试具有极其重要的社会地位，居于古代社会（科举时代）的重心（或中心），考试权操控于朝廷，考试的具体组织者只要在形式上确保考试程序公平，不至于出现科场弊案，考试就被认为是"至公"之事。科举考试的组织者实际上是代表天子举行"抡才大典"，"为国择才"，而且最后一级的考试乃天子亲试于廷，自然无人敢对科举考试的良莠做评判。科举时代的士子可能也不太会关注科举考试的良窳，而是仅关心在科举考试中竞胜与否，或能否中式。科举时代哪里还会有什么"质量"的概念所言，也不太可能有今日所谓的权益观念。科举既是读书人进身入仕的核心通道，也是科举社会历代朝廷选拔人才的主要手段。在社会进身之阶狭窄没有选择余地的情形下，无论科举考试如何施行，读书人均会趋之若鹜。

实际上，"质量"仅仅是一个晚近才使用的概念。西方近代心理学和教育测量学兴起以后，"新法考试"得到普遍的应用和认可。考试的科学性问题才被教育理论和实践界提上议事日程，在这个过程中，考试的"优劣"或者说"质量"问题才得到广泛的关注。

考试到底能不能"拔取真才"，考试所提供的信息是否准确，入学考试拔取的"人才"适不适于学校实际需要，考试施行过程中给予应试者的服务体验到底如何？对于这些问题的回答，从根本上就属于考试"质量"所关注的范畴。考试经济的发展，主要在于能提供一种监督和激励考试质量的机制。

---

① （清）蒲松龄. 聊斋志异（下册）[M]. 济南：山东友谊出版社，1997：1582.
② 论士子应试之苦[N]. 申报，1903-07-28.
③ 文闱供应说[J]. 益闻录，1893（1310）：464.
④ 论乡闱士子供给折钱助赈[J]. 万国公报，1882（710）：81-83.

在现行的国家教育考试制度安排下，教育考试的设计和施行由国家主导，委托隶属于政府教育行政部门的教育考试机构负责办理，任何其他组织和个人未经国家批准均不得擅自举办国家教育考试，否则将被追究相应的法律责任。

考试的质量究系何如？一方面是考试主体即考试的设计和施行者需要缜密研究和审慎判断的问题；另一方面也是考试客体和考试的最终用户必能有所感观和体验的东西。

那么考试公平是否是考试质量的组成部分呢？从目前的情形来看，教育考试机构所关注的焦点，依旧主要在于怎样公平地组织和施行考试，从而获得政府和社会的认可。也就是说，教育考试机构已经将教育考试质量基本或大致等同于考试公平。换言之，考试是否公平，已成为评判考试质量高下最重要的标准。

考试权在国家，是我国自古以来的考试传统。在教育领域，我国目前在入学考试和部分水平性考试上，实行的是国家教育考试制度：教育考试权集中于国家设立的教育考试机构。或者说国家垄断了部分的教育考试权。这就意味着，国家教育考试的设计和施行均为教育考试机构负责。这样的制度设计造成了教育考试的设计和施行缺乏提升和控制质量的激励机制。

另外，现行考试虽然普遍实行的是考试收费制（学业考试除外[①]），但国家设立的教育考试机构的主要活动经费来源于政府的财政性拨款，所以它们主持设计和施行教育考试的质量如何，对于其获取发展资源而言，并没有什么实质性的影响。

考试经济的发展将在一定程度上建立和完善考试市场，培育出一批专业化的考试产品和考试服务供应商、考试公司，这对于提升教育考试的质量来说，是大有裨益的。

引入市场机制，让市场主体提供考试产品和考试服务，这并不是说要"革"国家考试权的"命"，让政府完全放弃教育考试权，而是部分地让渡教育考试权，将教育考试权进行适当的分解，既保证教育考试的权威性，又保证教育考试的专业性和经济性。解放观念，将教育考试的设计和施行交由市场化的机构来负责办理，政府只是来购买考试产品和考试服务，提供给广大应试群体和考试的最终用户。

从20世纪80年代初期开始，"应试主义"统治和困扰了我国教育近40年，至今仍未显现什么实质性的转机，究其缘由可能是多方面的，但一个重要的原因就是在考试领域中至今没有引入有效的质量优化机制，对于教育考试机

---

[①] 高等学业考试虽然没有采取直接收费的形式，但高等学校所收取的学费中应是包含了这项费用的。

构来说基本上是缺乏竞争的，考试的质量与考试的生产者之间基本没有多少利益关联，没有质量监督和"退出"机制，仍然维持着行政权力对考试权的垄断局面。

简而言之，我国现行考试系统还缺乏必要的改革动力和质量优化机制。"考试的科学化水平高低，考试质量的好坏，考试改革进度的快慢，与考试主管机构和主管人员的切身利益没有多大关系。考试科学化水平再低、质量再差、改革进度再慢，有关机构和人员仍然可以继续主管考试。"[①]有鉴于此，教育测量学专家谢小庆曾撰文呼吁，"政府应退出考试研究领域，为考试研究引入优化机制，借助市场机制来提高考试质量，实现考试的质量控制"[②]。

我国每年都在举办着各种类型的考试活动。这些考试的规模不可谓不大，其利害不可谓不高。但这些考试真正实现了"标准化"的可谓凤毛麟角。究其原因，可归结于观念和体制两个方面。从观念方面来说，社会民众对"国家考试"有一种"膜拜"心理，认为"国家考试"就一定是神圣的、公平的。考试的形式使人们看到了形式上的平等和公平，却忽视了实际上可能存在的不平等和不公平。从体制方面来说，考试大多数是由政府部门或由隶属于政府部门的机构来组织的。这些部门或机构可以通过行政力量来"培育"和"分割"市场。在这种情况下，不同的考试能否生存或壮大，不取决于考试本身的质量，而是在很大程度上取决于行政命令。政府部门或隶属于它的机构的"官方"或"半官方"背景会在表面上增加考试的"权威性"。这就使得民众更加不会怀疑其科学性和有效性。民众的笃信不疑从另一方面消减了对考试质量的监督，使得考试的组织机构会在不经意间放松对考试质量的追求。[③]

## 四、推动考试事业之发展

前文已述，考试经济的产业形态具有极强的综合性，但诸种产业形态有一共同之处，在于它们均与考试活动相联系，以考试活动的存在和发展为凭依。考试经济活动与考试活动兼具同步性和非同步性。

就同步性来说，考试活动进行之时，就是考试经济活动最活跃之际。这一点可以从每年高考、全国硕士研究生招生考试，以及大学英语四、六级考试等大规模考试举行前后考试市场的繁荣景象中得到验证。

与此同时，考试往往具有一定的周期性，通常是在固定时间段或周期性地施

---

① 谢小庆. 必须认真清理考试领域中不合理的行政许可——兼谈考试应体现谁的意志[J]. 湖北招生考试，2004（20）：49-52.

② 谢小庆. 引入市场机制优化考试质量[N]. 中国青年报，2003-07-15.

③ 杨洋. 对标准化考试的误解和误用之校正[J]. 湖北招生考试，2009（16）：41-44.

行，有时其间隔时间甚至长达一年。在这一年的间隔期内，考试经济活动绝对不是全部销声匿迹了，而是部分地消逝或变化了形态，其依然在为考试主体和考试客体提供考试产品和考试服务。

考试虽然是在固定时间或周期性地施行，但社会对考试的相关需求永远存在，考试的应试者或潜在的应试者却是永远存在的，在某种程度上也可以说是连续性的，即可谓"薪火承传""前仆后继"。考试活动间隔时间的长短，对考试主体而言，意味着考试设计和施行准备时间的长短；对应试者而言，则仅仅意味着考试准备时间的多寡。也就是说，考试活动的需求在间隔期内也是普遍存在的。

就非同步性而言，考试又往往是周期性的，不太可能保持相当的连续性，考试频率亦并非越多越好。但考试经济活动应是连续性的，不可间断，否则就不能成为一种严格意义上的经济形态。

但同步性与非同步性丝毫不影响考试经济活动的进行，它只是考试经济与考试活动之间关系的一种表现形式。从考试经济对考试活动的依赖性来看，只要考试活动继续存在，就必然存在考试活动主、客体的考试活动需要，考试经济活动依然会持久地存在。只不过在这个过程中，会受制于内外部情势变动的影响，考试活动的性质、内容、规模和形式等也必然会发生诸种不同的变化，考试经济活动的内容、规模和形式等亦会与之相对应，从而产生新的变革。

由此，我们可以说，考试活动与考试事业是考试经济活动的领域，是考试经济的势力范围，同时也是考试经济谋发展的广阔舞台。不仅如此，随着考试专业化的推进和考试经济的良性发展，考试活动不仅成为考试经济活动的领域，而且会成为考试活动的主体，考试中介的提供者，同时还有可能成为考试的具体施行者。

严格来说，考试活动并不是考试经济的手段，但考试经济离不开考试活动。考试经济发展所借由的手段并不是考试活动，而是为考试活动提供考试主、客体所需要的考试产品、考试技术和考试服务。换言之，为考试活动的正常进行提供考试主、客体所需要的考试产品和考试服务是考试经济存在和发展的主要手段。

其一，为考试的发展提供物质和技术支持。

考试经济以考试的存在为发展的前提，以满足考试主、客体的需要为发展的根本依据。这种需要同时包含了物质和技术的支持。考试经济的发展，孕育出不少专业化的考试内容和技术服务商，催生了一批满足考试主、客体物质需要的市场主体，这些机构为考试的发展提供了专业化的物质和技术支持。

其二，为考试的组织和施行提供实践参照。

考试在本质上毕竟是贯穿教育程途并为之服务的一种工具或手段。因之，从任务上来说，完成其作为工具和手段的本职使命是第一位的。从效能上来说，唯有这种手段或工具本身是科学的,才能发挥其作用。考试就好比是"一杆秤",秤的度量如果不准,再怎么用它来称量物品,也不可能达到准确称量重量的目的。考试在发展过程中要追求考试的科学性或专业性,这是考试的生命线。竞争性的教育考试涉及教育资源的分配等现实利益问题,因而还须特别追求考试的公平性。

社会领域的考试需求日益多样化,对考试技术的要求日益提高。由临时组建的考试委员会主持考试,到设立专门的教育考试机构,再到适应市场需求成立专门的教育考试企业,这一变迁过程反映了专业的分化和分工的细化,其实也就是考试专业化程度的提升和考试的科学性提高,或者说是专业化进一步推动了考试的科学化。

考试经济的发展为考试制度改革提供了一种机遇;为考试改革提供了一种可能的实践参照,提供了一种新的考试组织和实施方式。考试的提供存在多种方式,考试经济的发展可培育考试供应商,提供科学专业化的考试全流程服务,从而有助于提升考试活动的效率,助益于考试公平性的提升。

考试经济的推展将市场机制引入考试领域,推动考试领域的改革。考试经济的发展,必须满足于考试主、客体的需要,为考试主、客体的考试活动提供高质量的考试产品、技术和服务,并在这个过程中极大地彰显了考试的效能,从而令考试获得生存的价值与持久的生命力。

## 第二节 考试经济的政策导向

考试经济与教育、考试和社会经济有着复杂的关系。考试经济的价值导向所要解决的是其发挥什么样的价值,对人而言有什么样的意义的问题。考试经济的政策导向,就是政策制定主体在应对这一复杂社会经济现象时所应秉持的政策方向。简而言之,考试经济的政策导向就是要回答政府及考试经济相关主体所制定的应对政策应朝着哪个方向走的问题。

### 一、引导考试经济的发展航向

考试经济的发展朝向何处去?这本应该是考试经济的主体在某种价值观念指导下的一种主观性的行动选择,但同时亦可以受考试经济的政策引导。考试经济政策导向之一,就是要引导考试经济朝着有利于考试和教育事业的方向发展,乃至于朝着人类社会的根本利益这一航向前进。

考试经济的发展并不是凭空产生或者自然而然发展的结果，而是受着两股推拉力量的制动。一方面，存在着考试主、客体的需求这一拉力因素，这是考试经济向前发展的"发动机"，或者说是考试经济发展的"火车头"。正是因着考试主、客体的考试需求，考试经济才有了产生的动力和施展的空间。另一方面，存在着考试经济主体对需求的满足这一因素，这是考试经济向前发展的"推送器"或者说"加速器"。正是有着考试经济主体对考试需求的满足，才推动着考试经济往纵深方向持续发展。

考试经济所涉及的关系重大。与其他诸种经济形态的不同之处在于，考试经济对考试有着极强的依赖性，是因着考试而产生的一种经济形态。考试不仅在教育发展进程中具有特别重要的地位，而且对于社会某类成员利益关系的影响也很重大。所以，考试在不同的时代总是会受到人们广泛的瞩目，考试经济在发展中也难免会受到这样或那样的掣肘。考试经济的发展业已显现出局部失范的特征。这种失范最终损害的还是考试主、客体的根本利益。考试与教育质量、效率等休戚与共。因着这等重要的利害关系，假若不加以引导和规范，其所损害的就不仅仅是考试主、客体的利益了，而且攸关教育的良窳。

政策代表着一种价值观念及方向。[①]经济政策则代表着一定阶级或利益集团的某种利益，同时也将指明一种经济活动的行动方向或将划定一种经济活动的行动范围。考试经济政策就是要循着这一路径，指明考试经济的行动方向，同时限定其行动的范围。其政策主体在制定和推动政策时所要导引的方向，就是考试经济所应追求的价值导向。借由考试经济政策的规制，企求考试经济的发展不至于偏离预先确定的价值导向，否则就将失去考试经济发展的价值与意义。

## 二、管控考试经济的发展品质

考试经济是一类满足并服务于考试主、客体的考试需要的经济活动。对于一种满足并服务于考试主、客体需要的经济活动，品质对考试经济而言有着什么样的特别意义？考试经济的政策导向为什么要管控其品质呢？

品质对于考试经济而言极具深意。一种经济形态发展的品质是确立该经济形态价值与意义的一条根本性的依据。考试经济要继续存在并体现价值，就需要一种优良的品质。考试经济的政策导向之二，就是要管控其发展品质，从而让考试经济为教育考试人群和全社会谋福祉。

---

① 林清江. 教育现代化的意义与策略[C]//比较教育学会. 文化传统与教育的现代化. 台北：师大书苑有限公司，1994：9.

政策导向就是代表某一群体、阶级或集团利益要求的政府政策的推动方向。所谓考试经济的政策就是要探求推动考试经济良性发展的政策措施。那么什么样的发展才算是良性的发展呢？考试经济是服务于考试主、客体需要的一种综合性的经济形态，是否满足了考试主、客体的需要，以及满足这种需要的质量究系何如，就是一个最为关键的问题。因着这个"是否满足"和"满足的质量"，我们可以说所谓良性的发展就主要集中体现于该经济形态的高品质（high-quality）。

考试经济的品质不同于考试的质量，但考试经济的品质与考试的质量却是统一的。考试经济以考试为活动的领域，主要服务和满足于考试主、客体的需要。考试经济也有着提升考试质量的功用，致力于提升考试的质量也是考试经济的价值导向之一。

考试经济并不一定就能提高考试的质量，唯视考试经济的质量何如。考试经济的活动过程至少涉及考试的某一阶段，并且还极有可能参与考试的全过程，因此考试经济必与考试的质量有关。而优良的或者说高品质的考试经济，确实有助于提升考试的质量。但若任其发展，由于考试经济利益的诱导，极有可能导致考试经济行为的失范，这些行为与考试难舍难分，必将深刻影响考试的质量。

### 三、提升考试经济的发展效能

考试经济得以存在，必有其不可替代的价值。但它毕竟还是一种高度依赖于考试的经济活动，具有极强的依赖性和寄生性。考试经济要长久地生存下去，必须寻找并确立它的核心价值，不断提高其价值和意义，如是才能得到考试主、客体的认可和全社会的广泛认同。

在阐述这个问题之前，不可不先将以下诸问题加以论究：考试经济的效能是什么？考试经济政策为什么要旨在提升考试经济的发展效能，或者说考试经济政策为什么要关注效能价值？

为了使考试经济为考试活动和教育的发展贡献智慧、提供裨益，或者让其确立不可替代的价值，充分发挥其造福于考试主、客体和教育考试事业的作用，旨在追求价值导向的考试经济政策，要能够帮助其提升这种效能。

教育哲学家张栗原曾指出，"所谓教育的效能，有两方面之解释：其一为教育对于社会之作用，其他之一则为教育对于个人即受教育者之作用"[①]。由此可见，"效能"主要是指的某一事物或对象所起的作用而言。考试经济的效能，就

---

① 张栗原. 教育效能之理论的检讨[J]. 教育杂志, 1934（3）: 87-96.

是考试经济对于社会、教育和考试所起到的实际作用。

考试经济的政策导向之三在于提升考试经济的发展效能，这意思是要致力于谋求提升考试经济对于社会发展的价值和作用，以及对于考试的利益相关者——考试主、客体发展的价值与作用。

政策的目的在于要追求一种效能价值。[①]考试经济政策所追求的效能价值，就是要追求在最大限度上为实现考试经济的目的或者价值导向服务。本部分可参考褚宏启编著的《教育政策学》对"教育政策对效能价值的追求"的相关论述。

在高等教育领域中，考试经济的活动对象主要是与高等教育相关的教育考试机构和高等教育机会或资源的追求者。在高等教育考试领域中，考试经济的活动对象主要是高等教育考试活动的直接参与者和间接参与者。在社会经济领域中，考试经济的活动对象主要是该活动所牵扯到的利益群体以及潜在的考试活动的参与者。

政策导向旨在提升考试经济的发展效能，就是要想方设法促使考试经济在教育、考试和社会经济等领域发挥更大的价值和作用，既要满足于考试主、客体的需要，又得造福于考试事业的发展。

## 第三节　考试经济的政策选择

考试经济的价值导向，在一定程度上明确了其未来发展的价值与意义。考试经济的政策导向，则直接指明了其未来政策规管的价值方向。考试经济的政策选择，就是要阐明对于考试经济而言，有什么样的政策方法可供选择。具体而论，最终选择什么样的政策方法，可能还需要坚持具体的、历史的立场来分析。随着考试经济的发展，以及政治、经济、社会等外部环境的变换，在不同的时期宜采取不同的政策。从对考试经济的性质和特点的分析出发，检讨考试经济对考试、教育以及社会经济等领域的影响，同时综合社会和文化国情等方面的因素来全盘考虑。从理论和实际而言，我们可以归纳并胪陈下述四种可供选择的政策方法。

### 一、放任政策

放任政策信奉市场自由主义，其政策哲学即市场调节可以实现最佳的资源配置，可以自动调节市场供给和需求，依靠市场的力量完全可以让考试经济驶上良

---

① 褚宏启. 教育政策学[M]. 北京：北京师范大学出版社，2011：73.

性发展的轨道。考试经济是一种综合性的经济形态，是一种极其复杂的社会现象。因之，政府很难进行有效控制。

从政策表现来说，放任政策是一种不折不扣的"不干预政策"，意即政府完全忽略掉了考试经济的影响，市场的事情交由市场去解决，完全由市场来调节考试经济所属的活动，使之达到一种均衡的状态。放任政策的规划与执行者笃信：考试经济的盛行于世，是市场需求的结果。该经济形态在发展过程中所遇到的问题，理应交由市场来解决。换言之，依靠市场本身的力量，就能够解决好考试经济的问题。

在我国改革开放初期，社会转型刚刚起步，市场化程度不高，高等教育考试正处在重新建立或草创时期，考试的规模亦不足以与现今的考试规模相提并论，考试经济处于一种孕育和形成的时期。简言之，在改革开放初期，考试经济现象并不十分普遍，影响也并不那么突出，政府无意对其进行干预或规管。随着社会转型和市场社会的持续推展，考试的社会地位建立起来，带动了一系列商业活动，考试经济的活动内容逐步丰富，规模逐渐扩展，影响愈益扩大，发展成为一种日渐盛行且影响广泛的社会现象，同时扮演着重要的社会与经济角色。放任考试经济的发展，就会呈现出一种积极与消极并存的复杂图景，而随着这些负面影响的日渐突出，就会吸引政府及政策规划者的注意。所以放任政策宜用于考试经济发展的初期，在考试经济业已盛行于世的背景下，这种放任发展、完全不干预的政策实难展开和奏效，也难以获得广泛的民意支持。

## 二、规制政策

规制政策选择直面考试经济所带来的问题，主张借适宜的机制来应对这些问题，其政策哲学可以总结为考试经济的存在有其合理性，但也存在流弊，唯有"兴利除弊"才能让考试经济为考试事业和考试主、客体的发展谋福祉。

从政策表现来说，规制政策主要体现在对考试经济领域的行为进行不同程度的规范和控制。考试经济愈演愈烈，考试相关市场的行为失范，不仅深刻影响了考试经济活动，而且损害了考试的公信力和有效施行，侵害了考试主、客体的利益。所以政府及规划当局可考虑对考试经济采取必要的、积极的、干预性的规制措施，对其可能造成的不良影响进行政策性的预判，对已经出现的失范行为，进行规范性的纠偏和必要的行为控制，务求减低考试经济的负面影响。规范和控制这项工作建立在对考试经济全面了解和掌握的基础之上。也就是要全面了解考试经济的性质和程度、内容和规模及其经济影响、社会影响和教育影响等方面内容。

规制政策可能出现在考试经济发展的不同阶段，这主要取决于政策规划者对于考试经济这一对象的价值和事实判断。

### 三、鼓励政策

鼓励政策选择积极地面对问题,它承认考试经济的价值,着眼于考试经济存在的合理性,是一种典型的积极性政策。其政策哲学即考试经济在事实上满足了考试主、客体等考试人群的实际需要,鼓励和推动发展考试经济,不仅有利于教育考试和教育事业的发展,还将极大地有益于社会经济和民生的发展。

从政策表现来说,政府在政策上不仅不应对考试经济施以过多的干预措施,而且还应鼓励和推动考试经济的发展。考试经济的发展,既然在事实上可以适应并满足考试主、客体等考试人群的需要,就必能有利于考试事业的发展,就能够创造有利于经济发展和社会稳定的良好局面。

鼓励政策在某些领域通常还展现为对该领域的行为给予一定的扶持性政策。例如,政府制定的《中华人民共和国民办教育促进法》自2002年颁布以后,鼓励民间资本举办民办教育成为一种政策性和法律性的宣示,教育(考试)培训企业开始走上蓬勃发展的道路。2012年6月,教育部发布《关于鼓励和引导民间资金进入教育领域促进民办教育健康发展的实施意见》,鼓励和引导民间资金发展教育和社会培训事业,促进民办教育健康发展。这又是一种鼓励性的政策宣示。

鼓励政策除了与政策规划者所秉持的政策导向有关外,还适宜于一定的政策环境,也就是说,鼓励政策从根本上可能仅是一种阶段性的政策,在考试经济处于萌芽时期,或者考试主、客体需求旺盛而市场无法及时满足时,鼓励政策就能够名正言顺地发挥用武之地了。任何事物的发展,"有其利亦必有其弊"。是故,鼓励政策之后,可能还是会拟定一定的规制政策,在协助其发展的同时,充分利用其价值。

### 四、禁止政策

禁止政策聚焦于考试经济的负面影响,是一种极端的政策。其政策哲学即考试经济的蔓延将助长社会不公平,任由其发展最终所损害的将是考试事业的发展和考试主、客体的根本利益,乃至全社会的根本利益。

从政策表现而言,政府明令禁止考试经济所属的一切活动,是一种极端的政策方法。例如,教育行政部门严令禁止公办学校教师参与市场化的考试培训活动。在考研培训方面,2004年7月教育部办公厅下发《关于严禁研究生招生单位举办考研辅导班的通知》,2005年12月下发《关于做好2006年招收攻读硕士学位研究生工作的通知》,明确要求"各研究生招生单位一律不得举办或变相举办考研辅导班，各高校在职教师不应参加社会考研辅导活动"[1]。2007年10月，教育部又再次下发通知，"严禁任何高校等招生单位举办任何形式的考研辅导班，高校教师不得以任何形式参与考研辅导活动，也不得以其他形式划定考试范围，不得为学生考研而缩短正常的教学计划和授课时间"[2]。在2012年全国硕士研究生招生考试考务会议上，林蕙青要求，"强化对各类考研辅导活动的治理，严禁社会中介机构以任何形式介入研究生招生工作，禁止高校任何部门和工作人员举办或参与考研辅导活动，严禁社会培训机构进入校园进行考研辅导培训的招生宣传和组织活动"[3]。在高考培训、补习方面，各地教育行政部门均有出台禁令，严禁公办学校教师参与有偿家教、补习班、培训班等活动。

禁止政策有其局限性，这种局限性即政策理想与政策现实之间的矛盾。禁止政策通常是希望杜绝行为的不良影响，但有些行为依靠行政力量无法简单地消除，反而变换行为的方式和面貌，依旧发挥着积极或消极的影响。从这个意义来说，禁止政策往往只能"治标"，而非一种"治本"之策。

---

[1] 陈琛. 考研辅导班禁令要有后续政策跟进[N]. 华夏时报，2005-12-21.
[2] 何春雷. 禁止招生单位教师参加考研辅导[N]. 中国消费者报，2007-10-12.
[3] 张维. 教育部禁止高校办考研辅导，要求严惩舞弊行为[N]. 法制日报，2011-11-30.

# 跋

"看似寻常最奇崛,成如容易却艰辛。"本书大部分是我在厦门大学攻读博士学位期间完成的。参加工作以后,我在不同的部门和岗位锻炼,时间和精力上有所分散,常常只能利用晚上和周末的时间来进行阅读和写作。对于这部书稿也是改改停停,现在终于要出版面世了,个中曲折,如人饮水。

改革开放以来,考试制度在实践中不断发展和革新,不仅在教育活动中不可或缺,在社会生活中也扮演着重要角色,事关群众切身利益,攸关国家民族未来。因着这种利害关系,考试研究已成为教育研究中一个重要且敏感的议题。但遗憾的是,现有的研究主要聚焦于考试的内部关系,对于考试的外部关系则关注不多。

考试经济具有联系教育、考试和经济活动的属性,它对考试主客体的利益、考试事业的发展、教育公平及质量,都产生着广泛的影响。正因如此,以高考经济等为典型代表的考试经济,已成为政府及有关部门、相关经济主体、广大考生、考试机构和新闻媒体普遍关注的问题。对于这样一个社会广泛关注的现象,考试经济的实践虽然在发展,社会舆论和学术界对它的认识却"众说争鸣,莫衷一是",由此也就产生了不少理论和实践上的困厄。

进入21世纪后,社会上各种培训机构泛滥,考试经济已成为一种典型的教育经济现象,不仅影响着教育的健康发展,甚至阻碍了考试的优良运行。但是在教育研究领域,针对这种显著社会现象的研究往往难以系统和深入。人们在认识和应对这种社会现象时,仍面临理论尚付阙如的境地。基于此,本书尝试综合运用教育学、经济学和考试学等学科的相关理论,检视考试经济的舆论争鸣,考察考试与经济的关系,探究考试经济的历史图景,探讨考试经济的现实发展,探询考试经济的理论问题,把握考试经济的政策前瞻。在谋篇布局上,本书力求框架完整,但在研究视角、研究方法和研究深度上,还是留下了一些遗憾。因此,本书不会是我研究考试经济这一主题的结束,而是一个新的开端。

"落其实者思其树。"在本书即将出版之际,我要特别感谢厦门大学张亚群教授对本书给予的关怀和指导。从研究主题的选定到近年来相关资料的补充完善，都是在他的帮助下完成的。如果没有他对学生的严格要求、悉心指导和长远关怀，也就不会有这部书的顺利问世和我近年来的发展进步。厦门大学潘懋元教授、刘海峰教授、李泽彧教授、史秋衡教授、郑若玲教授、武毅英教授，西安交通大学陆根书教授等，对这项研究给予了宝贵的指导。厦门大学考试研究中心的学术成果为本书提供了研究养料。湖北省社会科学界联合会、湖北省社会科学基金提供了研究资助，本书也是湖北省社会科学基金一般项目的研究成果。湖北师范大学科学研究处、教育科学学院、教师教育学院等单位对本书的出版非常关心，在课题申报、项目管理和经费支持等方面提供了帮助。科学出版社编辑同志为本书的出版付出了辛勤劳动，谨在此一并表示感谢。学者的工作常不被非学者所理解，难能可贵的是还有家人一路以来的支持。如果没有他们的敦促和鼓励，本书还不知道什么时候可以出版。

"初生之物，其形必丑，其神也旺。"本书主题横跨了教育学、考试学和经济学等学科，对我而言是一个新的课题，在研究过程中每进一步，均有一种探险的意味。因此，本书对考试经济的研究仅仅是一个初步的探索，必然会存在不足之处，我诚恳地希望得到各位学界前辈和同仁的批评指正。

"书生报国无他物，唯有手中笔做刀。"作为新时代的青年学者，严谨教书育人，勤奋为国工作，是我的本分职责；开拓学术新域，拿出精品力作，是我的专业追求。大学是学者的集合，著作是学者的生命。我希望自己今后能有更优秀的作品奉献给大学和社会。

胡天佑

2020年5月4日